For Tariq,
reading you in English and
Gérard Noiriel in French has
been a constant inspiration.

Paris, 20.05.11

De l'invisibilité à l'islamophobie

Domaine **Mon**des

Dirigé par Ariel Colonomos et Lœtitia Bucaille

La Question migratoire au XXIe siècle
Migrants, réfugiés et relations internationales
Catherine Wihtol de Wenden
Collection Références
2010 / ISBN 978-2-7246-1181-6

La Politique internationale de la Chine
Jean-Pierre Cabestan
Collection Références
2010 / ISBN 978-2-7246-1157-1

Loin des yeux, près du cœur
Stéphane Dufoix, Karine Guerassimoff et Anne de Tinguy (dir.)
Collection Académique
2010 / ISBN 978-2-7246-1147-2

Théorie des relations internationales
3e édition mise à jour et augmentée
Dario Battistella
Collection Références
2009 / ISBN 978-2-7246-1124-3

Le Cambodge de 1945 à nos jours
Philippe Richer
Collection Académique
2009 / ISBN 978-2-7246-1118-2

Faire la paix
Nouvelle édition entièrement revue et actualisée
Guillaume Devin (dir.)
Collection Références
2009 / ISBN 978-2-7246-1117-5

SCIENCES PO
Mondes

De l'invisibilité à l'islamophobie
Les musulmans britanniques (1945-2010)

Olivier Esteves

Cecille Cet ouvrage a été publié avec le soutien du laboratoire
Cecille de l'Université Charles-de-Gaulle-Lille-3

Catalogage Électre-Bibliographie (avec le concours de la Bibliothèque de Sciences Po)
De l'invisibilité à l'islamophobie/ Les musulmans britanniques (1945-2010) /
Olivier Esteves – Paris : Presses de Sciences Po, 2011.

ISBN 978-2-7246-1210-3
RAMEAU :
- Musulmans : Grande-Bretagne : 1945-....
- Multiculturalisme : Grande-Bretagne : 1945-....
- Grande-Bretagne : Relations interethniques
DEWEY :
- 305.800 941 : Groupes ethniques et nationaux – Iles britanniques

Public concerné : public intéressé

Photo de couverture : limousine venant chercher des jeunes mariés musulmans à Halifax (Yorskshire) – Tim Smith

Photos des pages 33, 49, 67, 87, 103, 121, 153, 169, 185, 203, 217 : Tim Smith.

La loi de 1957 sur la propriété intellectuelle interdit expressément la photocopie à usage collectif sans autorisation des ayants droit (seule la photocopie à usage privé du copiste est autorisée).
Nous rappelons donc que toute reproduction, partielle ou totale, du présent ouvrage est interdite sans autorisation de l'éditeur ou du Centre français d'exploitation du droit de copie (CFC, 3, rue Hautefeuille, 75006 Paris).

© 2011, PRESSES DE LA FONDATION NATIONALE DES SCIENCES POLITIQUES

« Le compagnonnage humain me semble devenir plus intime et plus fraternel quand nous prenons conscience d'être tous exilés sur un rivage inhospitalier. »

Bertrand Russell, *Autobiography I, 1872-1914*

SOMMAIRE

REMERCIEMENTS   11

PRÉFACE
Gérard Noiriel   13

INTRODUCTION   21
Précisions terminologiques   23
La situation britannique vue de France   25

I - UNE CULTURE DU PROFIL BAS

Chapitre 1 / **LE MYTHE DU RETOUR**   35
Des pionniers à la chaîne migratoire   35
Ne pas faire de bruit   37
Le logement   42

Chapitre 2 / **L'IMMIGRÉ, UNE FORCE DE TRAVAIL**   51
L'emploi ouvrier   51
Travailler à son compte   57
Vers les années 1980 : un chômage endémique
et souvent dissimulé   63

Chapitre 3 / **LES ÉPOUSES ET ENFANTS,
OU L'INVALIDATION D'UN MYTHE**   69
Mythe du retour et lois sur l'immigration   69
Les épouses, le foyer et le marché du travail   72
Les Asiatiques d'Afrique de l'Est   75
L'entrée en politique   78

Chapitre 4 / **OBÉDIENCES ET RELIGIOSITÉ**   89
Les premières mosquées   91
Les branches principales   95

II - LA FRAGILISATION DU MODÈLE MULTICULTUREL

Chapitre 1 / **ENRACINEMENT DE LA SÉGRÉGATION
ET DES INÉGALITÉS SCOLAIRES** 105
    Autorités locales et gouvernement de Westminster 106
    L'affaire Honeyford (1984-1985) 111
    L'école au-dessus du pub : Dewsbury (1987-1988) 115

Chapitre 2 / **VIOLENCES ET DISCRIMINATIONS,
LA FIN DU PROFIL BAS** 123
    Violence et racisme, à l'école et ailleurs 123
    Le contexte national : des émeutes de Brixton (1981)
    à la *poll tax* (1989-1990) 128
    Les ripostes 131

Chapitre 3 / **LES VERSETS SATANIQUES,
UNE « BLESSURE INTERCULTURELLE »** 137
    Les conditions d'un malentendu 139
    Autodafé et amalgame 143
    La loi sur le blasphème 146
    Aliénation et intégration 147

III - LE NOUVEL « ENNEMI DE L'INTÉRIEUR »

Chapitre 1 / **TENSIONS CROISSANTES ET AVATARS
DE L'ISLAMISME DANS L'APRÈS-GUERRE FROIDE** 155
    La guerre du Golfe et la création du Parlement musulman 156
    Les indésirables : réfugiés et demandeurs d'asile 159
    Londonistan 162

Chapitre 2 / **MULTICULTURALISME CHIC ET *WHITE BACKLASH*** 171
    La quête de pouvoir et de respectabilité 171
    Le multiculturalisme : simple slogan électoral
    de *Cool Britannia* ? 175
    White et *Brown Backlash* 179

Chapitre 3 / **LES ÉMEUTES DE BRADFORD,
OLDHAM ET BURNLEY (AVRIL-JUILLET 2001)** 187
Les causes d'un embrasement 187
Les faits 191
Réactions et rapports officiels 192
Les peines de prison 197

Chapitre 4 / **DANS LE SILLAGE DU 11 SEPTEMBRE** 205
Community cohesion dans les cendres des tours jumelles 205
La mobilisation contre la guerre en Irak 211

Chapitre 5 / **DEPUIS LES ATTENTATS DE LONDRES (7 JUILLET 2005)** 219
Stigmatisation d'une communauté et dérive liberticide 223
Une autocritique balbutiante ? 232

CONCLUSION 239
Sur l'islamophobie 239
Communautarisme 245
L'avenir 257

BIBLIOGRAPHIE 261
Rapports 271
Presse 273
Divers 274

Remerciements

La première personne à remercier de tout cœur est Emmanuelle Le Texier (Lille 3), qui m'a proposé en 2007 de faire partie d'une équipe de jeunes chercheurs dans le cadre d'un projet financé par l'Agence nationale de la recherche (ANR). La participation à ce projet a servi de socle à cet essai. Qu'Emmanuelle en soit donc une fois encore remerciée.

Viennent ensuite les membres de l'équipe elle-même : James Cohen (Paris 8), Andrew Diamond (Lille 3-Centre d'études et de recherches internationales [CERI]) et Philippe Vervaecke (Lille 3), toujours de bon conseil, à la réactivité exemplaire, et qui a eu l'amabilité de lire une première version, sans doute très décevante, de mon manuscrit.

Lætitia Bucaille (CERI-Presses de Sciences Po) a relu mon manuscrit avec attention et a fait des suggestions extrêmement bienvenues : qu'elle en soit remerciée, elle et d'autres personnes au sein des Presses de Sciences Po : Marie-Geneviève Vandesande, Anne Rebière, Laurence de Bélizal, Pascal Montagnon, David Rochefort et d'autres que j'oublie sans doute.

Je pense également à quelques universitaires grâce à qui j'ai beaucoup appris, et surtout dont j'ai apprécié le sérieux, la rigueur, la polyvalence et enfin l'humilité, laquelle n'est hélas pas toujours contagieuse dans nos universités : Jean-Jacques Rosat (Collège de France), Gérard Noiriel (École des hautes études en sciences sociales [EHESS]), Denis Lacorne (CERI), dont on a également apprécié l'expérience et l'expertise au sein de notre équipe ANR.

En Grande-Bretagne, l'aide, le soutien et les conseils avisés des personnes suivantes auront été cruciaux : Andy Sykes, Phil Lewis, Lisa Cummings, Janet Bujra, Wahida Shaffi, S. M. Atif Imtiaj, Jen White, Altaf Arif, Bob Hill, Geoff Reid, Mike Latham, Ishtiaq Ahmed, George Moffat, Navid Hussein, Shahid Hussein, Kamran Yunis, Martin Baines, Phil Read, Mohammed Yunis Alam, Mohamed Ali, Riaz Ahmed et toutes les personnes interrogées à Bradford, Danièle Joly (Warwick), Catherine Kaisermann, Jim House et Sean McLoughlin (Leeds), Tariq Modood (Bristol).

En Autriche, Farid Hafez a été un correspondant précieux. En Belgique, merci à Marco Martiniello. Aux États-Unis, j'ai pu apprendre notamment de discussions avec Paul Silverstein, Paul Gronke et Thomas Sugrue. En France, différents collègues à Lille 3 ou Sciences Po Lille ont toujours accueilli avec enthousiasme mes suggestions de projets, de cours, etc. : Thomas Dutoit, Richard Davis, directeur d'UFR dévoué et exemplaire, Pierre Mathiot, Emmanuel Roudaut. D'autres ont relu différentes parties de mon manuscrit, apportant leur pierre à l'édifice, notamment Sylvain Feucherolles et Ludovic Decouture.

Merci enfin au laboratoire Cecille (Centre d'études en civilisations, langues et littératures étrangères) de Lille 3 de contribuer à la publication de nos travaux, à l'ANR et enfin à Jean-François Delcroix, gestionnaire administratif que le monde nous envie.

Aussi bizarre que cela puisse paraître, je souhaiterais remercier les quelques personnes qui, lors de débats passionnés sur les thématiques de cet essai ou suite à la publication d'un article dans la presse écrite ou en ligne, m'ont traité d'islamo-gauchiste, de *dhimmi* ou, au contraire, m'ont associé à Éric Zemmour. Ces personnes ont confirmé à quel point il était difficile, en France, de débattre sereinement de certaines questions. À titre personnel, elles ont également confirmé que je me situe dans un espace entre ces deux extrêmes : c'est très bien ainsi.

Merci à tous les étudiants ayant participé ces dernières années à mon séminaire sur les musulmans britanniques : leurs questions, aussi bien intelligentes que naïves, m'ont fait avancer.

Merci à tous les collègues d'universités françaises qui travaillent sur des thématiques très proches des miennes et dont les points de vue ont toujours été très utiles : Vincent Latour et Romain Garbaye notamment. Merci aux collègues de Lille 3 avec qui il est possible de parler d'autre chose que de Jacques Derrida : Matthieu Duplay, Alexandra Poulain, Fiona McCann, Salhia Ben Messahel, Cyril Auran, Vanessa Alayrac-Fielding, Ronald Jenn, Claire Dubois, Pascale Tollance, Bernard Escarbelt, Isabelle Boof-Vermesse, Kathleen O'Connor, Eoghan O'Duill, Ronald Jenn, Anne Ullmo, Francine Lafrance, Odile Thieffry, Muriel Perrin.

Merci bien sûr à mes parents, Nadine et Antonio, pour leur soutien indéfectible depuis mes premières années d'université. Merci mille fois à mon épouse Claire pour ses suggestions fines et, surtout, sa patience. Je pense enfin très fort à notre fille Lucille, née il y a quelques mois à peine. C'est à elle que je dédie cet essai, elle qui commence à maîtriser les livres de bain.

Préface

Gérard Noiriel

Depuis le début des années 1980, les « immigrés » font la une de l'actualité française. Mais comme j'ai eu souvent l'occasion de l'écrire, cet intérêt tenace pour les étrangers n'est rien d'autre que l'exacerbation du narcissisme national. L'ignorance dans laquelle se trouvent la plupart des Français des débats que suscite l'immigration dans les pays voisins est l'une des meilleures preuves de ce nombrilisme. Il faut donc remercier Olivier Esteves de nous proposer dans ce livre un dossier très documenté sur le cas britannique. Centrée sur l'immigration musulmane en provenance du sous-continent indien, son étude retrace l'histoire des discours et des conflits politiques qui ont abouti à l'émergence de cette nouvelle forme de stigmatisation qu'on appelle « l'islamophobie ».

L'un des grands mérites de cet ouvrage tient à son souci de tenir à distance les jugements de valeur. Cette posture savante est particulièrement difficile à assumer jusqu'au bout lorsqu'on étudie des questions comme les « discriminations » ou le « racisme » parce que les termes qui nous servent à nommer ces réalités viennent du champ politique. Loin d'être neutres, ils ont une forte charge dénonciatrice. Qualifier une personne de « raciste » est aujourd'hui la pire des insultes. Même les chercheurs ont souvent tendance à confondre la défense d'une cause et l'étude d'un problème, ce qui les conduit à occulter les faits qui contredisent leurs convictions, de crainte qu'ils ne soient exploités par « l'adversaire ». Le livre d'Olivier Esteves échappe à cette critique. Sa sympathie pour les mouvements antiracistes et le multiculturalisme ne l'empêche pas en effet d'en souligner les contradictions.

L'histoire des immigrants venus du sous-continent indien pour travailler au Royaume-Uni ressemble beaucoup à celle des immigrants venus du Maghreb pour travailler en France. Issus de régions ayant une longue tradition migratoire, ils ont été embauchés par les entreprises britanniques après la seconde guerre mondiale pour reconstruire l'industrie nationale. La plupart d'entre eux sont partis avec l'espoir du retour chevillé au corps. Mais dès les années 1960, la législation restrictive adoptée par l'État britannique commence à rigidifier le processus migratoire et, dans les années 1970, le retournement de la conjoncture économique contraint la grande majorité de ces travailleurs à se fixer au Royaume-Uni. Ils font venir leurs épouses, des enfants naissent sur place et, progressivement, le centre de gravité de l'immigration se déplace vers la seconde génération. Aujourd'hui, près de la moitié des musulmans du Royaume-Uni sont nés dans ce pays. Recruté pour occuper les métiers les plus difficiles, ce nouveau prolétariat est la première victime de la crise économique. En 2001, 24 % des musulmans étaient sans emploi, alors que le taux de chômage de la population active totale était de 3,7 %. Dans le même temps, on assiste à un fort développement de la xénophobie. Des émeutes éclatent dès 1958 contre les immigrants venus des Caraïbes. Les violences racistes se multiplient dans les décennies suivantes, se focalisant de plus en plus souvent sur les immigrés musulmans. Une étude réalisée par des chercheurs de Glasgow University révèle qu'en 1989, 80 % des Pakistanais, Indiens et Bangladais de la ville avaient déjà été la cible d'insultes racistes et que 20 % d'entre eux avaient été agressés physiquement.

Exploitée par des activistes d'extrême droite comme le célèbre Enoch Powell, cette haine de l'étranger a d'abord été massivement condamnée par les élus de tous bords. Mais en gommant ses formulations extrêmes, Margaret Thatcher parvient à l'intégrer dans le projet politique qui lui permet d'accéder au pouvoir en 1979. La question de l'immigration devient alors un enjeu majeur de la vie politique britannique, opposant les conservateurs qui exploitent le filon national-sécuritaire et les travaillistes qui dénoncent le racisme et prônent le multiculturalisme. L'année 1979 peut être considérée comme une année charnière puisque cette date marque aussi l'avènement de la république islamiste en Iran. Le flot des discours hostiles aux musulmans que déclenche cette révolution ne fera que grossir dans les années suivantes, alimenté notamment par l'affaire des *Versets sataniques* de Salman Rushdie (1988), les attentats du 11 septembre 2001 à New York puis ceux de Londres le 7 juillet 2005.

Comme on le voit à travers ce résumé succinct, l'histoire de l'immigration au Royaume-Uni présente de nombreux points communs avec la France. Bien que les politiques publiques et le droit de la nationalité soient différents – j'y reviendrai plus loin –, les mécanismes fondamentaux qui produisent aujourd'hui la stigmatisation de la population musulmane sont identiques des deux côtés de la Manche. C'est surtout sur cette question que je voudrais insister dans cette préface.

Pour comprendre ces similitudes, il faut partir d'un constat confirmé par une multitude d'études historiques, anthropologiques ou sociologiques. Les discriminations ne sont pas une spécificité du monde moderne. On les rencontre à toutes les époques et dans tous les groupes humains, sans doute parce que l'opposition entre «eux» et «nous» est un facteur décisif dans la construction des identités individuelles et collectives. Comme l'a montré Reinhart Koselleck, ce clivage existait déjà au Vᵉ siècle av. J.-C., chez les Grecs qui se définissaient comme des êtres civilisés (les «Hellènes») par opposition aux «Barbares». À leurs yeux, ces derniers «n'étaient pas seulement des non-Grecs, des étrangers au sens formel du terme ; ils étaient définis négativement comme étrangers. Ils étaient, disait-on, pusillanimes, goinfres, cruels et n'avaient aucun goût pour l'art[1]».

L'exclusion des étrangers a donc été légitimée, dès l'Antiquité, par l'affirmation d'une supériorité des autochtones, justification que l'on retrouve tout au long de l'histoire. Ce qui change au cours du temps, c'est la forme prise par ce clivage entre «eux» et «nous». Pour la question qui nous occupe ici, le moment décisif se situe à la fin du XIXᵉ siècle, lorsque se produit l'intégration des classes populaires au sein de l'État. Une nouvelle division du monde s'impose alors, fondée sur l'opposition entre les nationaux et les étrangers.

Même si la définition du national varie d'un pays à l'autre, le processus que j'appelle la «nationalisation du monde social» se rencontre partout. Plutôt que de voir dans la nation une «communauté imaginée», comme l'a fait Benedict Anderson[2], je pense qu'il vaut mieux l'envisager comme un groupe social à caractère politique, dont les membres sont liés entre eux *à distance* pour conquérir ou pour conserver leur «liberté», c'est-à-dire leur État souverain.

En mettant l'accent sur les relations à distance, on se donne les moyens de comprendre le rôle essentiel que jouent les politiciens (en tant que représentants du peuple) et les journalistes (en tant que porte-parole de l'opinion publique) dans la construction du «nous» national. Le problème majeur est d'expliquer comment les représentations collectives véhiculées par les élus, les journalistes, les écrivains, etc., alimentent

---

1. Reinhart Koselleck, Le Futur passé. Contribution à la sémantique des temps historiques, *Paris, Les éditions de l'EHESS, 1990, p. 197.*
2. Benedict Anderson, L'Imaginaire national : réflexions sur l'origine et l'essor du nationalisme, *Paris, La Découverte, 2006.*

les perceptions du monde social que les individus construisent dans les interactions de la vie quotidienne.

L'élucidation de ce problème nécessite d'étudier *en même temps* la construction et la réception des discours sur l'immigration. Les polémiques visant à savoir si les médias sont «responsables» du racisme ou si celui-ci est imputable aux classes populaires sont stériles. Le racisme, au sens actuel du terme, est né à la fin du XIXe siècle (en France, les mots «racisme» et «xénophobie» ont été inventés pendant l'affaire Dreyfus pour dénoncer le camp antisémite), au moment où triomphe la démocratie de masse. Les nouveaux moyens de communication à distance permettent aux politiciens et aux journalistes de mobiliser à leur profit les pulsions qui poussent les hommes à rejeter les «étrangers» pour défendre leur identité. C'est en convoquant l'actualité de son temps que le journaliste Édouard Drumont est parvenu à mobiliser le «nous» national contre les «juifs allemand», présentés comme des ennemis menaçants[3].

On ne peut pas comprendre, à mon sens, la montée de l'islamophobie en Europe sans la rapporter aux mutations qui ont touché le champ journalistique à partir des années 1980, l'émergence de chaînes télévisées comme CNN ayant imposé le règne de l'information-spectacle. Pour séduire le public transnational auquel elles s'adressent, ces chaînes ont remodelé le «nous» national, en lui donnant une dimension «occidentale». La forme la plus récente du clivage grec entre les «civilisés» et les «barbares» est illustrée par l'opposition entre les «Occidentaux» et «l'islam».

Olivier Esteves montre bien dans son livre comment cette nouvelle rhétorique s'est progressivement imposée au Royaume-Uni. Invisibles au départ dans l'espace public, les immigrants ont été ensuite nommés en puisant dans le lexique de la «couleur» (1950-1960), de la «race» (1970-1980), de «l'ethnicité» (1990) et enfin de la «religion», l'affaire des *Versets sataniques* ayant joué un rôle majeur dans le déclenchement de cette dernière version.

Le rôle essentiel que jouent les médias dans la mise en forme du clivage entre «eux» et «nous» est dû au fait que les journalistes sont dans l'obligation de recourir aux techniques du *storytelling* pour élargir leur audience. En mettant constamment en scène des victimes, des agresseurs et des justiciers, ils fabriquent les stéréotypes que les

---

3. *Pour une analyse détaillée de ce processus, voir* Gérard Noiriel, Immigration, antisémitisme et racisme en France, *Paris, Fayard, 2007.*

citoyens mobilisent fréquemment quand ils ont besoin d'exprimer *publiquement* leurs souffrances et leurs revendications.

Évoquant l'histoire du mouvement ouvrier, Pierre Bourdieu disait que le langage des revendications salariales avait permis aux syndicats d'exprimer le malaise des prolétaires. Mais en disant «j'ai mal au salaire» au lieu d'avoir mal partout, les syndicats avaient du même coup refermé l'éventail des revendications possibles[4]. L'effondrement du mouvement ouvrier et la présence de plus en plus envahissante des médias incitent aujourd'hui un nombre croissant d'individus à affirmer «j'ai mal à l'immigré» au lieu de dire «j'ai mal partout».

La crise économique qui a profondément affecté la société britannique a renforcé ce phénomène car lorsque se produit un déclassement social, le sentiment de supériorité qu'éprouvent la plupart des autochtones face aux étrangers se transforme alors en puissant sentiment d'injustice[5]. Le *white backlash* analysé par Esteves peut donc être lu comme la version britannique d'un phénomène général. Étant donné que les autochtones placent les étrangers en dessous d'eux dans l'échelle sociale, le fait qu'ils soient concurrencés sur le marché du travail par des immigrés, qu'ils soient obligés de vivre dans des quartiers d'immigrés ou de placer leurs enfants dans des écoles d'immigrés accentue leur sentiment d'humiliation. Et les leçons de morale antiraciste des professeurs de Cambridge ou d'Oxford, qui envoient leurs propres enfants dans des écoles privées, n'arrangent pas les choses.

C'est ce ressentiment qu'exploitent les politiciens de droite et d'extrême droite pour capter les suffrages d'une partie des classes populaires. Les raisons économiques et sociales qui expliquent les émeutes ayant secoué le nord de l'Angleterre pendant quatre mois en 2001 sont ainsi occultées et présentées comme un problème «d'intégration», un manque de «loyauté» à l'égard de la nation britannique. C'est exactement le même type de raisonnement que l'on a vu fleurir en France au cours de ces dernières années.

Le livre d'Esteves fournit donc de multiples arguments pour contester les raisonnements des experts qui opposent rituellement le «modèle français» et le «modèle britannique» d'immigration. Il ne s'agit pas pour autant de nier les différences entre les politiques publiques mises

---

4. Pierre Bourdieu, Questions de sociologie, *Paris, Minuit, 1979, p. 262.*
5. *J'ai montré que le massacre des Italiens qui a eu lieu à Aigues-Mortes en 1893 s'expliquait en bonne partie par un processus de ce genre ;* Gérard Noiriel, Le Massacre des Italiens, *Paris, Fayard, 2010.*

en œuvre dans ces deux pays, mais de les relativiser en les rapportant à l'histoire respective des deux États. Trois points méritent ici d'être soulignés.

Le premier concerne le type de régime : république *vs* monarchie parlementaire. Il explique le rôle différent joué par la nationalité dans l'action du gouvernement pour maîtriser les flux migratoires. Dans la France républicaine, étant donné que c'est la nation qui détient le pouvoir souverain, il ne peut exister plusieurs catégories de citoyens (la nation est dite «une et indivisible»). Pour satisfaire les attentes des fractions xénophobes de l'opinion publique, les gouvernants sont donc enclins à réformer sans cesse le Code de la nationalité (qui définit légalement ce qu'est un «Français»). Au Royaume-Uni, les citoyens sont des sujets de Sa Majesté. Le *British Nationality Act* de 1948 a accordé le statut de «citoyen du Royaume-Uni et des colonies» à toutes les personnes nées au Royaume-Uni ou dans l'une des colonies de l'Empire. Pour restreindre l'accès des immigrants au territoire britannique, le gouvernement britannique a donc choisi de créer à l'intérieur de cette communauté plusieurs catégories de citoyens, définies à partir de leur origine.

La deuxième différence majeure entre la France et le Royaume-Uni concerne la place faite à la religion. La République française est laïque, alors que de l'autre côté de la Manche, l'Église anglicane est un rouage essentiel de l'État. A cela s'ajoute – et c'est la troisième grande différence – le contraste dans la répartition des pouvoirs : alors que le système politique reste très centralisé en France, les pouvoirs locaux ont une grande importance au Royaume-Uni.

Il faut avoir à l'esprit tous ces éléments pour comprendre la place prise par le «multiculturalisme» dans la société britannique. Olivier Esteves explique très clairement pourquoi l'affaire des *Versets sataniques* a eu un tel impact outre-Manche. Si la communauté musulmane a demandé que ce livre soit condamné pour «blasphème», c'est parce qu'au Royaume-Uni, pays où il existe encore des tribunaux religieux, le blasphème de la religion chrétienne est un délit qui peut être puni par la justice. On ne voit pas dans ces conditions pourquoi les droits accordés aux anglicans seraient refusés aux musulmans.

Voilà pourquoi le même clivage entre «eux» (l'islam) et «nous» (l'Occident) a été nommé dans l'espace public avec des langages différents. En France, l'État républicain ayant imposé la «laïcité», c'est sous cette bannière que la droite mène aujourd'hui son combat contre l'islam, alors qu'au Royaume-Uni, le rejet de la religion musulmane est légitimé par les conservateurs au nom du caractère anglican de l'État britannique. Les travaillistes ont dénoncé ces discriminations religieuses en prônant le multiculturalisme, encourageant du même coup la politisation de la communauté musulmane. Ils ont favorisé ainsi l'émergence d'une élite issue de ses rangs. Mais globalement ce type de politique publique n'a pas été plus efficace dans la lutte contre les discriminations que celle qui a été appliquée en France.

Dans ses travaux sur l'immigration, Abdelmalek Sayad a souvent insisté sur le fait que les dominés perpétuent la domination dont ils sont victimes en reprenant à leur compte le langage des dominants[6]. L'ouvrage d'Esteves fournit une nouvelle confirmation de ce phénomène. Les musulmans du Royaume-Uni ont été les victimes et non les responsables du repli communautaire qui s'est accentué depuis une vingtaine d'années. La stigmatisation de l'islam les a placés face à la nécessité de défendre leur dignité, ce qui les a incités à se mobiliser contre *Les Versets sataniques* et contre la guerre en Irak, alors qu'ils ont été absents du grand mouvement social contre la *poll tax*. Tout se passe donc comme si l'islamophobie avait eu pour effet d'exacerber leur identité religieuse en « anesthésiant » leur identité de travailleurs.

Mais Olivier Esteves constate qu'une nouvelle génération de musulmans britanniques, à peine née quand la polémique sur *Les Versets sataniques* a éclaté, arrive aujourd'hui sur le devant de la scène. Très présents dans les mouvements altermondialistes, ses membres (et parmi eux, beaucoup de jeunes femmes) s'émancipent des formes d'assujettissement qu'ont subi leurs parents et parviennent à articuler des revendications qui paraissaient auparavant antinomiques. Les mouvements sociaux qui ont éclaté ces derniers mois au Maghreb et au Moyen-Orient ont été qualifiés de « post-islamistes ». Le livre d'Olivier Esteves nous incite à penser que le même processus est en train de se produire sous nos yeux en Europe.

---

6. Abdelmalek Sayad, La double absence, Paris, Seuil, 1999.

Introduction

> « Cependant ton Seigneur,
> envers ceux qui ont émigré
> après avoir subi des épreuves,
> ceux qui ensuite ont lutté et ont été constants ;
> oui, ton Seigneur sera, après cela,
> celui qui pardonne et qui fait miséricorde. »
> Le Coran, Sourate An-Nahl (« Les abeilles »), XVI.110

L'histoire du Pakistan est emblématique des liens inextricables entre islam et émigration, symbolisés à l'origine par l'Hégire (622). C'est ainsi que le pays lui-même peut se concevoir comme une nation d'immigrés, de *mohajirs*, terme urdu d'ailleurs apparenté à l'arabe *hijra* (Hégire). En effet, l'indépendance du Pakistan est un acte de migration inscrit en lettres de sang, provoqué par la partition de l'Inde (1947)[1] : les recensements indien et pakistanais de 1951 font état de sept millions de déplacés dans le sens Pakistan-Inde, de sept autres millions dans le sens inverse, à quoi s'ajoutent des centaines de milliers de morts au Penjab et au Bengale, pour lesquels toute évaluation précise apparaît illusoire[2].

L'exil violent à l'intérieur du sous-continent indien fit place, à partir de 1950, à une immigration transcontinentale privilégiant notamment l'ex-puissance coloniale. C'est pourquoi, selon le recensement britannique de 2001, 42,5 % des musulmans outre-Manche sont issus du Pakistan, 16,8 % du Bangladesh, 8,5 % d'Inde, pour un total de 1,6 million de musulmans. 1,5 million d'entre eux vit en Angleterre, faisant de la question des musulmans en Grande-Bretagne une question principalement *anglaise*. Trois villes (Londres, Birmingham et Bradford) rassemblent à elles seules 51,7 % de la population musulmane nationale[3].

---

1. Christophe Jaffrelot (dir.), Le Pakistan, Paris, Fayard, 2000, p. 33-35.
2. Voir Claude Markovits (dir.), Histoire de l'Inde moderne, 1480-1950, Paris, Fayard, 1994, p. 584-585. Sur le Penjab, voir Ahmad Salim, Lahore 1947, New Delhi, India Research Press, 2001.
3. Voir Peter Hopkins et Richard Gale (eds.), Muslims in Britain, Race, Place and Identities, Édimbourg, Edinburgh University Press, 2009, p. 4.

Hormis cette majorité issue du sous-continent indien (67,8 %), la Grande-Bretagne compte des musulmans du monde entier. Historiquement, ce sont les Yéménites qui s'y installèrent les premiers, formant à Liverpool, South Shields (près de Newcastle) et Cardiff de petites communautés de marins précaires appelés «lascars[4]». Enfin, en particulier depuis la fin de la guerre froide, des bouleversements politiques multiples ont provoqué l'exil de musulmans issus d'Irak, du Kurdistan, de tout le golfe Persique, d'Afghanistan, du Maghreb, des Balkans, du Nigeria, de Somalie, etc. C'est cette diaspora transnationale musulmane assez récente qui inspira le vocable *Londonistan* dans les années 1990, dont on décrira les linéaments tout autant que le caractère réducteur, voire sensationnaliste.

Lorsque l'on recoupe les enseignements ethniques et religieux du recensement de 2001, le caractère pluriethnique des musulmans britanniques apparaît de façon manifeste, si bien qu'il devient impossible de parler d'une seule communauté musulmane. C'est pourquoi le choix a été fait de traiter ici presque exclusivement des musulmans originaires du sous-continent indien, dont le profil historique et sociologique correspond à d'autres classes ouvrières ou sous-classes (*underclass*)[5] musulmanes européennes : Maghrébins en France, Turcs en Allemagne, Marocains du Rif aux Pays-Bas. En effet, malgré les multiples *success stories* permettant, comme aux États-Unis, de montrer que dans un système capitaliste tout un chacun a la possibilité de gravir les échelons d'une méritocratie impitoyable mais réelle, les musulmans dont il est ici question ont subi de plein fouet la crise économique et la désindustrialisation du pays, parfois vantée comme une «destruction créatrice» pour reprendre l'expression de Joseph Schumpeter. Beaucoup n'en ont ressenti, en fait, que l'effet destructeur : ainsi, en 2001, 24,1 % des musulmans se retrouvaient dans la catégorie «chômeur de longue durée ou n'ayant jamais travaillé», alors que la moyenne nationale était de 3,7 %[6].

---

4. Voir Fred Halliday, Arabs in Exile : Yemeni Migrants in Urban Britain, *Londres, I.B. Tauris, 1992.*

*5. Nous utilisons ici ce terme dans le sens assez vague de classe ouvrière durablement précarisée par la crise. Sur le sens et le vif débat autour de la notion anglaise d'*underclass, *surtout aux États-Unis, voir Michael B. Katz (ed.),* The Underclass Debate, Views from History, *Princeton (N.J.), Princeton University Press, 1993.*

6. Voir Peter Hopkins et Richard Gale (eds.), Muslims in Britain..., *op. cit., p. 7-8.*

Précisions terminologiques

Très loin de l'hydre du *Londonistan* évoquée plus haut, la minorité dont il est question ici se caractérisa pendant longtemps par son invisibilité, illustrée par le vocabulaire : en effet, jusqu'à la fin des années 1980, les musulmans du sous-continent indien (c'est-à-dire non blancs) étaient mis sur le même plan que d'autres immigrés et leurs descendants issus de la zone caribéenne, et se trouvaient souvent réunis sous le qualificatif de «noirs» (*Blacks*)[7]. Qu'il s'agisse d'une «ethnicité attribuée» plutôt que d'une «ethnicité choisie[8]» apparaît clairement si l'on se rappelle la fascination qu'exerce la blancheur de peau dans le sous-continent indien, où le mot sanskrit pour caste (*varna*) signifie également «couleur». Comme le reconnaît Anne Phillips, «avec le recul, il semble ahurissant qu'universitaires, pouvoirs publics et politiciens aient pu utiliser de concert un terme auquel n'avait pas recours la majorité de ceux que ce terme était censé représenter[9]».

Le discours public sur les minorités s'est articulé autour des notions de «couleur» (années 1950 et 1960), puis de «race» (années 1970 et 1980), d'«ethnicité» (années 1990) – souvent comprise par le commun des mortels comme une version politiquement correcte de «race»[10] – et enfin de «religion» (depuis 2000)[11]. L'historiographie des années 1960 et 1970 sur ces questions ne mentionne presque pas l'islam et les musulmans[12], deux mots qui firent irruption dans le débat public au moment de l'affaire des *Versets sataniques* (1988-1989), roman publié par un citoyen britannique issu d'une famille musulmane, Salman Rushdie, et qui devait provoquer un tollé international dont on analysera l'aspect britannique. Beaucoup de musulmans prirent pleinement conscience de leur identité religieuse à ce moment-là, comme le raconte

---

7. *Ce fait est regretté par Tariq Modood dans* Multicultural Politics, Racism, Ethnicity and Muslims in Britain, *Minneapolis (Minn.), University of Minnesota Press, 2005, p. 44-53.*
8. *Sur ces deux notions, voir John Rex,* Ethnicité et citoyenneté, la sociologie des sociétés multiculturelles, *Paris, L'Harmattan, 2006, p. 47-49.*
9. *Dans* Multiculturalism Without Culture, *Princeton (N.J.), Princeton University Press, 2007, p. 57.*
10. *Sur ce point, voir Simon Clarke et Steve Garner,* White Identities, a Critical Sociological Approach, *Londres, Pluto Press, 2010, p. 90.*
11. *Voir Tahir Abbas (ed.),* Muslim Britain, Communities under Pressure, *Londres, Zed Books, 2005, p. 18.*
12. *Voir par exemple Paul Hartmann et Charles Husband,* Racism and the Mass Media, *Londres, Davis/Poynter, 1974 ; Eliot Joseph Benn Rose (ed.),* Colour and Citizenship, A Report on British Race Relations, *Oxford, Oxford University Press, 1969.*

le journaliste A. Yawar : « C'est Salman Rushdie qui, malgré lui, nous a fait comprendre qu'en tant que communauté, c'était avant tout la religion musulmane qui nous définissait[13] ».

Ces propos renvoient aux critères d'appartenance à une communauté, envisagée sous l'angle de l'imaginaire collectif propre aux minorités ethniques issues d'une diaspora. Selon Pnina Werbner, qui a beaucoup travaillé sur les Pakistanais de Manchester, trois imaginaires collectifs sont placés en concurrence ici : celui de la « communauté morale », qui définit la responsabilité vis-à-vis des autres membres de la minorité, celui de la « communauté esthétique », définie par la culture, la connaissance, la créativité, et enfin celui de la « communauté politique », comprise dans le sens de communauté de souffrance (*community of suffering*), laquelle implique une participation au débat public et la défense de droits face à un pouvoir hégémonique[14]. Si la remarque de ce journaliste musulman sur l'affaire Rushdie renvoie sans ambiguïté à cette dernière, cet essai analyse les trois dimensions morale, esthétique et politique, avec une priorité donnée à la première et dernière.

Au-delà, qu'entend-on au juste par « musulman » ? Qui inclut-on dans les « musulmans britanniques » ? La première réponse doit nécessairement exclure la condition de pratique religieuse. Le rapport du Runnymede Trust[15] intitulé *Islamophobia, a Challenge for Us All* (1997), qui contribua activement à introduire la notion d'« islamophobie » dans le débat public, précise dans son introduction que le terme « musulman » fait référence à toutes celles et tous ceux qui sont nés dans une famille musulmane, indépendamment de la religiosité de ces hommes et femmes. Un parallèle est d'ailleurs fait avec la situation nord-irlandaise, où l'identification en tant que « protestant » ou « catholique » renvoie, nous dit-on, à « une identité considérée à l'aune d'une tradition culturelle propre à une communauté prise au sens large, sans que soient nécessairement prises en compte les croyances et la pratique religieuses des individus[16] ». C'est dans ce sens que les catégories religieuses introduites lors du recensement britannique de 2001 doivent également être comprises.

---

13. Cité dans Q-News, mars 1999.
14. Voir Imagined Diasporas among Manchester Muslims, Oxford, James Currey, 2002, p. 61-71.
15. Fondée en 1968, ce think tank fait la promotion du multiculturalisme et produit de nombreuses études sur des thématiques liées aux minorités ethniques et à la discrimination.
16. The Runnymede Trust, Islamophobia, a Challenge for Us All, Londres, The Runnymed Trust, 1997, p. 1.

Des études, sondages et analyses de toutes sortes insistent depuis quelques années sur le caractère central de l'identité religieuse chez les jeunes musulmans britanniques[17]. Le poids démographique de ces jeunes nés en Grande-Bretagne – 33 % de la communauté a moins de 15 ans selon le recensement de 2001, contre 20 % si l'on fait la moyenne des autres groupes religieux – confirme la prépondérance de cette identification musulmane, cristallisée par une atmosphère délétère où le 11 septembre et les attentats de Londres (7 juillet 2005) ont semblé valider pour beaucoup la thèse huntingtonienne du «choc des civilisations».

Malgré ce récent surcroît de religiosité, il est clair que ces immigrés et leurs enfants et petits-enfants ne peuvent se réduire à cette seule identité religieuse, comme le rappelle Fred Halliday : «Les gens ne consultent pas les textes sacrés lorsqu'ils achètent une voiture, vont au travail, se brossent les dents, ou lorsqu'ils assistent à un match de foot[18]». Aussi prosaïque soit-il, ce point de vue rappelle qu'une citoyenneté britannique et des habitudes communes souvent depuis la naissance – en 2001 46,4 % des musulmans étaient nés en Grande-Bretagne[19] – sont trop souvent occultées par une attention médiatique, voire politique, focalisée sur le spectre de l'islam à l'exclusion du reste.

La situation britannique vue de France

Dès l'après-guerre, la France et le Royaume-Uni attirèrent des travailleurs immigrés issus des colonies ou ex-colonies afin de reconstruire des pays dévastés et de remettre à flot des pans entiers de leur industrie nationale. Ainsi, les deux nations partagent, dans les grandes lignes, une histoire parallèle : invitation à émigrer en masse, domination statistique des hommes le plus souvent issus de régions rurales[20], «mythe du retour» partagé dans les deux cas, puis regroupement familial des deux côtés de la Manche, crise identitaire d'enfants le plus souvent nés en Europe mais trop souvent assimilés à une présence étrangère,

---

17. Voir par exemple Tahir Abbas, Muslim Britain..., op. cit. ; Philip Lewis, Young, British and Muslim, Londres, Continuum, 2008.
18. Cité dans Elizabeth Poole et John E. Richardson, Muslims and the News Media, Londres, I.B. Tauris, 2006, p. 33.
19. Voir Peter Hopkins et Richard Gale (eds.), Muslims in Britain..., op. cit., p. 5.
20. Cette origine rurale renvoie aux lois de l'immigration établies en 1885 par le géographe allemand E.G. Ravenstein, dont l'une stipule que les migrations se font le plus souvent des zones très rurales aux zones fortement urbanisées.

expérience du chômage massif dû à la récession, la désindustrialisation et la discrimination. On peut difficilement pousser les comparaisons plus loin, et ce pour quatre raisons principales. La première est d'ordre statistique : l'adoption par nos deux pays de modèles de recensement très différents rend difficile une comparaison précise des populations d'origine immigrée en France et au Royaume-Uni, notamment depuis l'introduction de statistiques ethniques (1991) et religieuses (2001) outre-Manche. La deuxième touche à l'histoire de la législation britannique en matière d'immigration. Tout d'abord, le vote du *Nationality Act* de 1948 créa deux types de citoyens britanniques : des « citoyens du Royaume-Uni et des colonies » et des « citoyens des États indépendants du Commonwealth », les deux jouissant du droit d'entrée libre en Grande-Bretagne et des droits politiques. Ces derniers permirent aux immigrés de Jamaïque, d'Inde ou du Pakistan de voter aux élections et d'être éligibles, mais aussi de se réunir en associations. Malgré l'importance historique de la législation de 1948, votée grâce à un consensus bipartisan, force est de constater qu'elle ne fit qu'*officialiser* une situation préexistante, même si avant guerre la question de l'immigration massive de populations caribéennes ne se posait pas[21]. Sur ces questions touchant aux droits des immigrés et à la législation, le contraste entre les deux pays est on ne peut plus patent[22].

La troisième différence avec la France est liée à la nature des deux États. La Grande-Bretagne est un État non laïque où le monarque est à la tête de l'Église d'Angleterre (anglicane), et où il est plus facile de reconnaître, voire d'incorporer, les institutions religieuses au sein des structures publiques de l'État. C'est vrai en matière politique, où la Chambre des Lords, pour ne citer qu'un exemple, inclut des membres représentant des minorités religieuses, en plus des 26 *Lords spiritual*, évêques ou archevêques de l'Église anglicane. En matière judiciaire, la création de tribunaux musulmans au début des années 1980 répondait à l'existence, depuis le début du XVIIIe siècle, du prestigieux tribunal juif (Beth Din) de Londres, bientôt suivi par d'autres tribunaux du même type. Enfin, entre 1997 et 2001, quatre écoles musulmanes publiques ont été créées : deux à Bradford, une à Brent (nord de Londres) et une à

---

21. Voir Randall Hansen, Citizenship and Immigration in Post-war Britain, Oxford, Oxford University Press, 2000, p. 45-52.
22. Sur ces deux points, voir Danièle Joly, L'Émeute, ce que la France peut apprendre du Royaume-Uni, Paris, Denoël, 2007.

Birmingham, répondant là aussi à l'existence d'écoles confessionnelles financées par l'État, qu'elles soient catholiques, méthodistes ou juives.

En France, bien que la question de la laïcité dans l'éducation ait été en sommeil entre la Libération et les années 1980 – à un moment où c'était «la question sociale» qui dominait[23] –, les affaires de voile, surmédiatisées depuis 1989[24], ont généré une crispation autour d'un supposé empiétement de l'islam – à travers «le»[25] voile – sur l'école de Jules Ferry.

Quatrièmement, une grande partie des décisions politiques affectant la vie quotidienne des minorités (emploi, éducation, application des lois en matière de lutte contre la discrimination dans le cadre du *Race Relations Act* de 1976, logement, rénovation urbaine) est prise au niveau local en Grande-Bretagne, ce qui, d'une certaine manière, arrange le gouvernement de Londres. La différence avec la France est également nette en la matière.

Les politiques publiques en matière d'immigration ont été dominées, dans la Grande-Bretagne d'après-guerre, et plus encore à partir de 1965, par des notions telles que *race relations, ethnic minorities* ou encore *cultural toleration*, ce qui induit une approche se fondant sur le pragmatisme (il faut améliorer, concrètement, les «relations» entre les «groupes raciaux») mais aussi, pendant longtemps, sur le multiculturalisme. Celui-ci est lié à une certaine définition britannique de l'intégration, résumée en 1966 par le ministre travailliste de l'Intérieur Roy Jenkins : «[Elle] ne constitue pas un processus d'uniformisation visant à aplanir les différences mais une combinaison de diversité culturelle et d'égalité des chances dans un climat de tolérance mutuelle[26]». Cette approche est à contraster avec la définition française d'intégration, basée sur l'universalité du modèle républicain, que la tradition libérale politique britannique, renvoyant à John Locke ou John Stuart Mill, tend à considérer comme un «aplanissement» ou une «uniformisation», pour reprendre les termes de M. Jenkins.

---

23. Nacira Guénif-Souilamas (dir.), *La République mise à nu par son immigration*, Paris, La Fabrique, 2006, p. 64-66.
24. Thomas Deltombe, *L'Islam imaginaire, la construction médiatique de l'islamophobie en France, 1975-2005*, Paris, La Découverte, 2005, p. 101-104.
25. *Les guillemets s'imposent ici puisqu'il y a plusieurs sortes de voiles, et beaucoup plus de raisons encore de le porter.*
26. Voir Revue française de civilisation britannique, *«Le défi multiculturel en Grande-Bretagne»*, 2007, Vol. XIV, n° 3, p. 6.

En dépit de ces différences historiques capitales, le terme «d'intégration», au sens d'assimilation, fait florès depuis 2005 de chaque côté de la Manche, la France et le Royaume-Uni se renvoyant la balle d'une «intégration ratée». Pour beaucoup de Britanniques blancs, «intégration» est appréhendé comme un synonyme d'assimilation, c'est-à-dire d'abandon unilatéral des différences culturelles[27], un peu comme en France d'ailleurs. Certains médias français ont glosé sur la nationalité britannique des quatre terroristes[28] ayant perpétré les attentats de juillet 2005 à Londres, tandis que, quelques mois plus tard, leurs homologues britanniques (notamment les *tabloids*) décrivaient – tantôt avec frayeur, tantôt avec une délectation à peine dissimulée – l'état de «guerre civile» révélé par les émeutes françaises de l'automne 2005[29]. De chaque côté de la Manche, on souhaitait donc se rassurer sur son propre modèle[30], en évacuant ses doutes par le biais d'une dénonciation sans nuance du modèle adopté par le voisin. Plus généralement, il convient de traiter avec circonspection certains discours sur «l'intégration»: ainsi que le rappelle avec force Gérard Noiriel, parler «d'intégration» en soi n'a tout simplement pas de sens, car «dans le monde d'aujourd'hui, les relations familiales et professionnelles, la sociabilité de quartier, les loisirs, la religion, le sport fournissent de multiples opportunités de participation à des activités collectives[31]». Voilà autant d'aspects qui seront développés dans les pages qui suivent, le but étant de dresser un état des lieux d'une communauté dont on sait finalement très peu

---

27. Voir Simon Clarke et Steve Garner, White Identities... op. cit., p. 96.
28. Mohamed Sidique Khan, Shehzad Tanweer, Hasib Hussain sont nés en Grande-Bretagne; Germaine Lindsay est né en Jamaïque. Pour un portrait détaillé de chacun, voir Milan Rai, 7/7, The London Bombings, Islam and the Iraq War, Londres, Pluto Press, 2006, p. 25-50.
29. Voir, sur les attentats de Londres, Le Figaro, 14 juillet 2005, 6 septembre 2005; Libération, 13 août 2005, 9 juillet 2005; Le Monde, 20 août 2005, 23 août 2005. Sur les émeutes françaises vues de Grande-Bretagne, voir The Financial Times, 13 novembre 2005; The Independent, 8 novembre 2005; The Guardian, 9 novembre 2005; The Observer, 13 novembre 2005.
30. Une partie du débat repose sur la polysémie du terme de modèle, selon qu'on le comprend de façon descriptive (modèle en tant que simple façon de faire) ou de façon normative (modèle à suivre par d'autres). Voir la distinction opérée par Gérard Noiriel dans Didier Fassin et Éric Fassin (dir.), De la Question sociale à la question raciale?, Paris, La Découverte, 2006, p. 159-161.
31. Cité dans Immigration, antisémitisme et racisme en France, XIXe-XXe siècle, discours publics, humiliations privées, Paris, Fayard, 2007, p. 526.

de choses en France, passée la myriade de clichés médiatiques sur les fanatiques de la mosquée de Finsbury Park emmenés par l'imam fou Abou Hamza Al-Masri, et sur le « communautarisme » comme corollaire nocif d'une politique britannique se fourvoyant dans la voie d'un « multiculturalisme » naïf, où tout ce qui est extrême en France est considéré comme modéré passée la Manche[32].

---

32. *Pour des exemples de ce type de discours, voir* Le Nouvel Observateur, *27 octobre 2005 ;* L'Express, *26 janvier 2006 ; voir aussi Pierre-André Taguieff, « Le multiculturalisme, ou le cheval de Troie de l'islamisme », sur www.communautarisme.net*

I - UNE CULTURE
DU PROFIL BAS

*Le propriétaire du Richmond Photo Studio,
à New Dudial (Mangla Valley, Cachemire),
posant devant les photos d'immigrés en Angleterre.*

Chapitre 1 / LE MYTHE DU RETOUR

«Je revois ma mère, allant et venant dans la pièce principale, où s'entassaient des cartons qui contenaient nos vêtements, de la vaisselle, des draps, des serviettes... Je l'entends encore se dire, à elle-même: "L'année prochaine, on s'en va! On repart au pays."»

Yamina Benguigui, Mémoires d'immigrés, 1997

Des pionniers à la chaîne migratoire

Jusqu'aux années 1970, beaucoup de musulmans du sous-continent indien partageaient l'intime conviction que leur séjour en Grande-Bretagne était un passage, et rien d'autre. Ils pensaient que, au terme d'une dizaine d'années à *Vilayat* (Angleterre), ils repartiraient jouir de leur fortune dans leur village natal du Cachemire ou du Penjab. Il n'y a là rien d'exceptionnel bien sûr car, comme le rappelle Abdelmalek Sayad, «on n'accepte de vivre en étranger dans un pays étranger [...] qu'à la condition de se persuader que ce n'est là qu'une épreuve, par définition passagère, une épreuve qui comporte en elle-même sa propre résolution[1].»

Les premiers incarnaient les pionniers de l'immigration. Présents sur le sol britannique dès les années 1940, certains étaient des «lascars», ces marins précaires issus du Yémen ou du sous-continent indien qui avaient quitté leur bateau afin de tenter leur chance sur la terre ferme. Beaucoup se retrouvèrent colporteurs de marchandises diverses, disséminés à travers le pays; on en trouvait même quelques-uns, semble-t-il, dans les zones les plus septentrionales d'Écosse, comme à Stornoway. Parmi cette catégorie d'immigrés, ceux qui étaient parvenus à réunir un petit pécule ouvrirent des *fish and chips*, d'abord sur les stands de marché, avant d'espérer, peut-être, avoir pignon sur rue.

---

1. Cité dans L'Immigration ou les paradoxes de l'altérité, Bruxelles, De Boeck Université, 1991, p. 63-64.

La demande en armement avait, pendant la seconde guerre mondiale, accru la nécessité de recruter une main-d'œuvre sous-payée et docile, notamment dans des villes comme Coventry, Leeds, Birmingham et Bradford. Des marins s'installèrent à Bradford pour travailler en usine : il y avait là sous forme embryonnaire la communauté musulmane de cette cité textile du Yorkshire, qui comptait en 1944-1945 à peine une trentaine de personnes[2]. Enfin, quelques étudiants musulmans présents sur le sol britannique dans les années 1930 avaient prolongé leur séjour, et vivaient d'emplois divers, le plus souvent bien inférieurs à leurs qualifications[3].

La chaîne migratoire commença dès 1945 mais le mouvement d'ensemble fut d'abord assez lent : ainsi, en 1951, on comptait environ 5 000 Pakistanais en Grande-Bretagne, pour une population totale d'environ 50 millions. En 1961, le nombre estimé de Pakistanais avait atteint 24 900, avant d'exploser en l'espace de 5 ans, pour compter 119 700 personnes en 1966. Je reviendrai plus loin sur les causes de cet accroissement subit.

Dès le début des années 1950 se mit en place un vaste système d'entraide où les membres d'une même *biraderi* (mot urdu qu'on peut traduire par « famille élargie » ou « clan ») s'assuraient que leur frère, cousin ou beau-frère du Pakistan trouverait accueil, emploi et logement au sein de cette même *biraderi*. La solidarité était très forte, permettant de préserver la cohésion de la communauté et aussi de montrer à la famille restée au pays que les immigrés en Grande-Bretagne ne les avaient pas oubliés, et qu'ils étaient à même, financièrement, de venir en aide aux néo-arrivants.

La modernisation de l'économie pakistanaise à coup de grands travaux accéléra l'afflux migratoire. Ainsi, la construction d'un barrage dans la vallée de Mangla (Mirpur), au tout début de la décennie 1960, provoqua le départ de milliers de personnes, dont les villages seraient bientôt engloutis. L'État pakistanais autorisa le départ de villages entiers vers la Grande-Bretagne. Pour beaucoup de ces candidats forcés à l'immigration, un tel déplacement massif de population constituait une étape obligée vers la modernisation d'un État nouvellement décolonisé. Une grande partie de ces immigrés issus du Cachemire se retrouva dans les Midlands et le Yorkshire. Au total, on estime qu'environ deux tiers des

---

2. Voir Humayun Ansari, The Infidel Within..., op. cit., *p. 47-50*.
3. Voir Kathleen Hunter, History of Pakistanis in Britain, Norwich, Page Bros, 1962, p. 5.

immigrés pakistanais outre-Manche sont issus de cette région isolée du nord du Pakistan.

La construction du barrage de Mangla ne fit qu'accélérer une immigration déjà institutionnalisée, avec ses agences de voyage au Pakistan et ses conseillers en tous genres, autour desquels évoluait une foule interlope d'experts en falsification de documents, de permis de travail, de visas, ainsi que le rappelle cet immigré : « Je suis allé à Karachi, et en 1961 il y avait plein d'agences qui vous organisaient votre billet et tout le reste. Il fallait quelqu'un qui se porte garant en Angleterre, et 6 000 roupies pour le voyage. Donc, mon frère m'a envoyé de l'argent, j'ai payé cette somme aux agents et je suis parti en Angleterre[4]. » Jusqu'en 1962, cette dernière accueillait les immigrés du sous-continent mais, sauf cas particulier (le barrage de Mangla), l'État pakistanais n'était pas prêt à laisser partir tout le monde, même s'il allait dépendre, dans les décennies à venir, des envois massifs de fonds émanant de l'immigration britannique et de celle, beaucoup plus nombreuse, installée dans le golfe Persique.

Ne pas faire de bruit

Cette « culture » du profil bas est en partie explicable par le fait que la minorité musulmane issue du sous-continent indien partage une longue histoire du déplacement. En effet, à l'époque du *Raj* (l'Empire britannique des Indes), les hommes du Cachemire et du Penjab se caractérisaient par leur mobilité, dans l'armée ou la marine par exemple. Ainsi le Penjab constituait-il un vivier éminemment stratégique pour Londres car, pendant une grande partie de l'époque coloniale, près de 50 % des soldats de l'armée indienne en étaient issus[5]. Les Mirpuris, eux, étaient très souvent marins dans la marine marchande. Les gens de Sylhet, dans ce qui deviendrait le Pakistan oriental (puis le Bangladesh), étaient également particulièrement mobiles. De nombreux hommes furent aussi recrutés dans la construction de ce vaste réseau de voies ferrées indiennes qui faisait la fierté du vice-roi. La perspective d'un long voyage en mer n'effrayait guère musulmans et sikhs, contrairement à beaucoup d'hindous, pour qui naviguer en mer représente en soi

---

4. Bradford Central Library, oral archives, C0123.
5. Le contraste est saisissant avec les Bengalis, qui étaient eux très peu représentés. Voir Alison Shaw, A Pakistani Community in Britain, Londres, Basil Blackwell, 1988, p. 19-20.

une souillure[6]. Inutile de dire, donc, que le mouvement, l'immigration provisoire, les séjours de travail s'étalant sur plusieurs années avant un retour véritable ou hypothétique, avaient été le lot commun de multiples communautés rurales du Cachemire, du Penjab, de Sylhet et, dans une moindre mesure, du Gujarat.

Qu'ils aient par le passé déjà émigré ou non, la plupart des immigrés dont il est question ici partagent l'expérience de constituer une minorité, cela dès avant leur départ pour la Grande-Bretagne. L'Inde est très majoritairement hindoue, même si dans de multiples zones – le Cachemire par exemple – ce sont les musulmans qui dominent, avant comme après la partition de 1947. Au-delà des affiliations religieuses, beaucoup d'Indiens ou de Pakistanais ont, avec leur passé de colonisés, intériorisé le fait d'être des citoyens de seconde zone. Selon un immigré recruté comme chauffeur de bus dans le West Yorkshire en 1962, ce profil bas constitue une force historique du peuple du sous-continent. Il avance que certains immigrés avaient certes une santé assez faible au début des années 1960, qu'ils n'étaient pas habitués au climat, vivaient seuls, travaillaient beaucoup et étaient la cible d'agressions ou d'insultes racistes, comme celles des *Teddy Boys*[7], mais il conclut bien vite : «D'une certaine façon, les gens du sous-continent ont une façon à eux d'encaisser tous les coups, après tout c'est ce qu'ils font depuis des siècles[8].»

L'héritage séculaire de «coups reçus» renvoie également au caractère central du système de castes qui, s'il n'a aucune justification coranique, imprègne bel et bien la société pakistanaise, illustration d'une certaine perméabilité religieuse dans le sous-continent[9]. Dès lors, immigrer en Grande-Bretagne constituait pour de nombreuses personnes une manière d'affranchissement. C'est d'autant plus vrai que la plupart des immigrés du Mirpur sont issus de basses castes, comme les Morchi (cordonniers) ou les Majaar (travailleurs agricoles sans terre). Immigrer, c'était donc

---

6. Voir Colin Holmes, John Bull's Island, Immigration and British Society 1871-1971, Basingstoke, MacMillan, 1988, p. 223.
7. *Les Teddy-Boys émergèrent dans les années 1950 : ils font référence à une mode vestimentaire, à l'avènement de la société de consommation après l'austérité de l'après-guerre et surtout à la «culture de gang» des jeunes délinquants, dont le caractère xénophobe constitue un des éléments principaux.*
8. Bradford Central Library, oral archives, C0104.
9. *Pour une présentation de ces castes et des distinctions géographiques régionales, voir Christophe Jaffrelot (dir.), Le Pakistan, op. cit., p. 321-358. Historiquement, beaucoup de musulmans sont des hindous convertis.*

s'émanciper au moins partiellement de ce système, d'autant plus que l'acte d'immigration lui-même représente en soi une forme de promotion : des Pakistanais de castes inférieures purent se marier avec de jeunes femmes restées au pays et issues de castes supérieures, précisément car ce type d'union rendait possible l'émigration prochaine de ces dernières[10]. Une fois en Grande-Bretagne, l'État providence ne faisait aucune différence entre castes dans l'accès à l'éducation, à la santé, au logement. La possibilité d'un apprentissage de la langue anglaise (*vilayati*) était en outre un symbole fort d'émancipation[11]. Tout ceci est vrai, même s'il est indéniable qu'au départ, les immigrés n'ont pas fui la misère pour s'installer en Grande-Bretagne : beaucoup étaient de petits paysans possédant un peu de terre et souhaitant émigrer afin d'améliorer leur existence et celle de leur famille, non point afin de simplement survivre[12].

Le profil bas était également lié au caractère qu'on pensait provisoire de l'immigration. Rien n'atteste mieux cette réalité que la réticence à rejoindre un syndicat, ici exprimée par un immigré travaillant dans une filature de Dewsbury (West Yorkshire) : « On pensait tous : ça sert à quoi, d'abord, de se syndiquer ? On va rester ici, quoi, dix, douze ans, après on retourne au Pakistan, donc il faut gagner le plus d'argent possible et puis repartir[13]. » Réciproquement, la pratique du *closed-shop* (où le recrutement dans une entreprise est conditionné à l'appartenance à un syndicat) était indirectement discriminatoire puisque beaucoup de syndicats avaient tendance à refuser les populations de couleur, du sous-continent indien comme des Caraïbes. L'Indian Workers Association, dont le but avant guerre était de promouvoir l'indépendance indienne, se mit à combattre cet ostracisme après 1945, notamment par le biais de sa branche de Birmingham, créée en 1958. Bientôt verraient le jour des équivalents pakistanais, cachemiri et bangladais de cette association. Malgré cela, le profil bas demeurait de mise pour l'immense majorité des immigrés. Ainsi, entre 1965 et 1970, presque aucune plainte pour discrimination raciale émanant de Pakistanais ne fut déposée auprès

---

10. Voir Eliot Joseph Benn Rose (ed.), Colour and Citizenship…, op. cit., p. 452.
11. Sur tous ces points, voir Ikhlaq Din, The New British, the Impact of Culture and Community on Young Pakistanis, *Aldershot, Ashgate Publishing*, 2006, p. 20-22.
12. Voir Roger Ballard et Marcus Banks (eds.), Desh Pardesh, The South Asian Presence in Britain, *Londres, Hurst & Co.*, 1994, p. 9-11.
13. Bradford Central Library, oral archives, C0123.

du Race Relations Board, organisme mis en place dans le cadre du *Race Relations Act* de 1965. Dans les colonnes des deux magazines pakistanais outre-Manche – à savoir *Mashriq* et *Asia Weekly* –, aucun courrier publié dans les années 1960 n'évoque la discrimination raciale, les bas salaires, les conditions de logement, etc.[14] Corollaire de cette acceptation passive de la précarité, voire de la discrimination : ces immigrés n'avaient, le plus souvent, aucune volonté de s'assimiler, et n'entendaient pas modifier leur culture afin de l'adapter à un pays d'accueil où, de toute façon, leur séjour était considéré comme transitoire.

Toutefois, beaucoup d'immigrés ne tarissaient pas d'éloges, tout au moins dans les premières années, sur le système d'éducation britannique, qui jouissait d'un immense prestige en Inde. L'idée qu'on puisse recevoir une instruction solide et, surtout, gratuite suscitait admiration et gratitude. Il en allait de même par rapport aux services de santé, dont l'efficacité et la gratuité contrastaient avec la situation pakistanaise ou indienne. De plus, le népotisme n'avait pas droit de cité au sein de ce système, au rebours d'une corruption endémique dans le sous-continent[15]. L'État providence, dans les années 1960, faisait donc prendre conscience à beaucoup d'immigrés de la chance qui était la leur, même s'ils ne le sollicitaient que très peu[16]. En effet, même malades, beaucoup d'ouvriers continuaient à aller travailler, et rares étaient ceux qui sollicitaient des aides, même s'ils pouvaient légitimement les réclamer auprès du National Assistance Board[17]. D'autres, enfin, déploraient que cet État providence crée les conditions d'une société d'assistés, à l'instar d'ailleurs de membres (notamment âgés) des classes ouvrières britanniques blanches.

Un certain nombre d'immigrés, rompus à la corruption pakistanaise et méfiants vis-à-vis de la seule notion d'État – un legs de près de deux siècles d'histoire coloniale –, omettaient de déclarer aux autorités fiscales toutes sortes de revenus. Les administrations locales, par

---

14. Voir Eliot Joseph Benn Rose (ed.), Colour and Citizenship..., op. cit., p. 445-446.
15. Beaucoup d'immigrés insistaient sur cette différence. Voir Alison Shaw, A Pakistani Community in Britain, op. cit., p. 139-140.
16. Voir John Rex et Sally Tomlinson, Colonial Immigrants in a British City : a Class Analysis, Londres, Routledge & Kegan Paul, 1979, p. 62.
17. Voir Kathleen Hunter, History of Pakistanis in Britain, op. cit., p. 67. Néanmoins, leur méconnaissance de l'anglais induisait des besoins en traduction de documents administratifs. Sur ce point, voir Robin Cohen, Migration and Its Enemies, Global Capital, Migrant Labour and the Nation-State, Aldershot, Ashgate, 2006, p. 141.

Le mythe du retour

exemple, traquaient certains immigrés connus pour leur propension à l'évasion fiscale[18]. Les services de la répression des fraudes fiscales, dans une étude sur 1 000 immigrés pakistanais, révélèrent que 55 % de leurs demandes d'exonération fiscale étaient frauduleuses, faisant perdre plus de vingt millions de livres sterling à l'État[19]. Dans la plupart des cas, les immigrés exagéraient le nombre de leurs enfants restés au pays, dans le but de réduire leurs impôts sur le revenu. Ce « profil bas » décrit plus haut pouvait donc également se muer en art de l'esquive, toujours dans le but d'envoyer un maximum d'argent (souvent jusqu'à 50 % de ses revenus) au pays natal[20]. Il a ainsi été estimé que pour la seule année 1963, 26 millions de livres sterling furent renvoyés au Pakistan par des immigrés en Grande-Bretagne[21].

Dans les années 1960, l'éloge de l'État providence n'empêchait pas non plus qu'on déplore la déchéance morale d'une Angleterre « où tout est permis » (*permissive society*) : si on louait l'État britannique et son *Welfare State* en matière d'éducation, on pourfendait volontiers la décadence de la *société* britannique, gangrenée par l'individualisme, l'alcool, la drogue ou le nombre des divorces montant en flèche, aux antipodes d'une société rurale où la notion de famille et de communauté est au centre de tout. Ainsi cet immigré, arrivé à Bedford (au nord de Londres) en 1960 et qui était retourné au Pakistan pendant une grande partie de la décennie, ne reconnaissait presque plus l'Angleterre à son retour : « l'Anglais a la réputation d'être très conventionnel partout en Asie. Mais tout cela change très vite. Beaucoup de jeunes ici s'habillent n'importe comment et quand on les regarde, on dirait des sauvages qui veulent tout détruire sur leur passage[22]. »

Au total, pourtant, c'est le sentiment d'admiration qui domine dans les années 1960, et l'impression partagée que le retour est « pour bientôt » incite à « tenir son rang », à « ne pas faire de problème ». La situation va changer de façon assez sensible avec les deuxièmes générations, qui considéreront l'État providence comme allant de soi, alors que leurs parents y voyaient une chance et un privilège ; qui plus est, les enfants

---

18. Voir M. *Quraishi,* Muslims and Crime, a Comparative Study, *Aldershot, Ashgate, 2005 ; John Brown,* The Unmelting Pot, an English Town and its Immigrants, *Londres, Macmillan, 1970, p. 138.*
19. *Voir Eliot Joseph Benn Rose (ed.),* Colour and Citizenship…, op. cit., *p. 446-447.*
20. *Ibid., p. 442.*
21. *Ibid., p. 443.*
22. *Cité dans* Ibid.*, p. 137.*

vont grandir avec la crise, le chômage et surtout dans un contexte de remise en cause du *Welfare State* tandis que les pères avaient connu la période où ce système se targuait de prendre soin de la population «depuis le berceau jusqu'à la tombe» (*from the cradle to the grave*). Situation anticipée par cet agent recruteur d'ouvriers des Midlands, dès 1966 : «J'ai l'intuition qu'une résistance verra le jour plus tard. Les employeurs, eux, voudront toujours les recruter pour des postes non qualifiés. Mais les enfants d'immigrés, de leur côté, mériteront mieux. C'est alors qu'un conflit verra le jour[23].» Des craintes tout à fait identiques sont exprimées dans un rapport du Select Committee on Race Relations de 1968, dont la conclusion d'ensemble se veut pourtant rassurante : «néanmoins, nous ne pensons pas qu'il y aura une baisse significative et soutenue du nombre d'emplois dans ce pays[24].» Le choc pétrolier va rendre caduque cette assertion...

Le logement

La question du logement doit être pensée dans le cadre du mythe du retour. Dans les années 1960, la plupart des immigrés vivaient dans des maisons-dortoir, à plusieurs par chambre, et le même lit servait très souvent à deux personnes dormant à des moments différents, l'une travaillant en journée et l'autre en équipe de nuit. L'installation et la gestion du problème du logement se faisaient au sein de la communauté, sans solliciter agents immobiliers, propriétaires blancs ou services du logement social. Selon W. W. Daniel, plus de 70 % des immigrés indiens et pakistanais n'avaient jamais eu affaire à un propriétaire blanc dans les années 1960 : c'est aussi cette existence isolée qui explique le profil bas étudié ici. Réglant leurs problèmes au sein de leur communauté, les musulmans du Pakistan ou, plus tard, du Bangladesh n'avaient pas de raison évidente, par exemple, de se plaindre de discrimination en matière de logement[25].

Un nombre important d'immigrés accéda à la propriété dès les premières années de séjour en Grande-Bretagne. Dans certaines villes, le pourcentage d'Asiatiques propriétaires (musulmans ou non) était

---

23. Cité dans William Wentworth Daniel, Racial Discrimination in England, Harmondsworth, Penguin, 1968, p. 128.
24. Cité dans *Centre for Contemporary Cultural Studies*, The Empire Strikes Back, Race & Racism in 70s Britain, Londres, Routledge, 1992, p. 191-192.
25. Voir *William Wentworth Daniel*, Racial Discrimination in England, op. cit., p. 41.

même supérieur à celui des blancs[26]. Cette évolution est remarquable en soi car les obstacles à la propriété étaient nombreux : baby-boom de l'après-1945, destructions massives de logements dues aux bombardements allemands, ou projets de rénovation urbaine passant par la démolition de quartiers entiers jugés insalubres[27]. De plus, la majorité blanche était hostile à l'installation massive d'immigrés de couleur près de leur quartier, pour des raisons que l'on prenait souvent soin de dissocier de toute forme de «racisme» : cette proximité géographique, disait-on, ferait immanquablement baisser le prix de l'immobilier. Des rumeurs de ce type – parfois infirmées par des études de terrain sur Southall, Oxford et différentes villes du Yorkshire – étaient activement alimentées par des agents immobiliers souhaitant multiplier les ventes de biens et, par voie de conséquence, leurs commissions. Souvent, il s'agissait de faire croire à des familles que des «noirs» allaient s'installer près de chez eux et que le prix de leur bien baisserait automatiquement : il importait donc de «vendre vite avant qu'il ne soit trop tard». La responsabilité de ces spéculateurs immobiliers dans la ségrégation résidentielle, phénomène appelé *blockbusting* aux États-Unis, n'est certainement pas à négliger[28].

Dans les années 1950 et 1960, acheter une maison de type *terraced house* (petite maison ouvrière avec mitoyenneté) ou *back-to-back house* (maison très petite et très incommode) était bon marché : beaucoup d'immigrés se faisaient prêter de l'argent sans intérêt par un membre de la famille plus ou moins proche, installé de plus longue date. Assez fréquemment, un immigré achetait une maison et, quelques années plus tard, des membres de sa famille finissaient par acquérir toute une rue ou un ensemble de rues. La tendance décrite ici est très perceptible dans certaines villes de taille moyenne, à l'instar de Coventry[29]. Diverses études locales menées dans les années 1960 et 1970 attestent

---

26. *Voir Iklaq Din*, The New British..., *op. cit., p. 26 ; Alison Shaw*, A Pakistani Community in Britain, op. cit., *p. 71 ; Humayun Ansari*, The Infidel Within..., op. cit., *p. 179.*
27. *Pour une étude de terrain sur Manchester, voir Pnina Werbner, «Avoiding the Ghetto, Pakistani Migrants and Settlement Shifts in Manchester»*, New Community, *Vol. VII (n° 3), 1979, p. 376-385 ; sur Blackburn, voir Vaughan Robinson, «Choice and Constraint in Asian Housing in Blackburn»*, New Community, *Vol. VII (n° 3), 1979, p. 390-397.*
28. *Là-bas, le phénomène a pu atteindre des proportions considérables dans certaines villes. Sur tous ces points au Royaume-Uni, voir Eliot Joseph Benn Rose (ed.),* Colour and Citizenship..., *op. cit., p. 243-260.*
29. *Voir Humayun Ansari*, The Infidel Within..., *op. cit., p. 254.*

plus généralement «l'intelligence immobilière» des immigrés du sous-continent, musulmans ou non, qui sont «parfaitement conscients de la façon dont fonctionne le marché», comme le résume Pnina Werbner dans une analyse portant sur Manchester[30]. À tel point que de nombreux élus locaux, en particulier travaillistes, faisaient référence aux propriétaires d'appartement indiens ou pakistanais comme à des «Rachman noirs[31]», Perec Rachman étant sans doute le marchand de sommeil le plus notoire dans l'histoire du XXe siècle britannique. Les propriétaires pakistanais eurent maille à partir avec les autorités sanitaires (Public Health Department) après le vote du *Housing Act* (1961), eu égard à la préoccupante surpopulation de locataires dans certains de leurs logements. Ce fait est crucial si l'on veut comprendre une partie du *white backlash* sur lequel je reviendrai plus loin. En effet, pour les ouvriers blancs qui devaient payer un loyer à un marchand de sommeil de Lahore ou du Mirpur, la présence immigrée n'était pas du tout considérée comme «invisible»: elle leur semblait même particulièrement encombrante. Dépendre ainsi de propriétaires allogènes âpres au gain était ressenti chez eux comme le stigmate d'une relégation sociale humiliante, au moment même où tant de compatriotes jouissaient des fruits d'une prospérité grâce à laquelle, pour citer les propos célèbres d'Harold Macmillan dans un discours à Bedford en 1957, «la plupart d'entre nous n'avons jamais connu une vie aussi agréable». Certains élus locaux, notamment conservateurs, se firent les hérauts de cette frustration, comme ici à Birmingham dès 1959, quelques mois après les émeutes de Nottingham et Notting Hill:

> «Pendant combien de temps nous autres Anglais allons-nous devoir tolérer toute cette propagande nous exhortant d'aimer l'immigré de couleur qui vient ici en paix et plein d'humilité, mais qui finit par être un patron arrogant? Pour vous en convaincre, vous n'avez qu'à parler à ces blancs qui louent un logement dont le propriétaire est un homme de couleur[32].»

Pendant les années 1960, moins de 5 % des immigrés du sous-continent bénéficiaient de logements publics à loyers modérés[33]. On sait que beaucoup préféraient rester entre eux et que, de toute façon, certains

---

30. Cité dans Pnina Werbner, «*Avoiding the Ghetto...*» art. cit., p. 376.
31. Eliot Joseph Benn Rose (ed.), Colour and Citizenship..., op. cit., p. 248.
32. The Birmingham Evening Mail, 25 septembre 1959.
33. Voir Colin Holmes, John Bull's Island..., op. cit., p. 236.

freins à la constitution de dossiers par les musulmans existaient : on pense notamment ici à la préférence donnée aux familles plutôt qu'aux hommes seuls, mais aussi à l'ancienneté de la résidence comme condition pour remplir un dossier. À Birmingham, celle-ci était de cinq ans[34]. Cet accès massif à la propriété ne doit pas faire oublier l'état de vétusté, d'insalubrité, enfin l'exiguïté des biens achetés. Dans les années 1960, seules 20 % des maisons du quartier de Bethnal Green (East End de Londres), où vivaient de nombreux immigrés du Pakistan oriental, possédaient une salle de bains[35]. Selon le recensement de 1966, le taux d'habitat partagé (maison de plusieurs étages avec salle de bain et/ou toilettes en commun) était de 41,3 % pour les Pakistanais de la région de Birmingham, contre 4,2 % pour les Anglais blancs[36]. La surpopulation dans l'habitat immigré peut également se concevoir comme un des effets secondaires de l'accès à la propriété : pressurées par les prêts immobiliers, fussent-ils contractés de façon *halal* au sein de la communauté, de nombreuses familles devaient accepter de louer des pièces de leur appartement ou maison à une ou plusieurs personnes.

Selon le sociologue Badr Dahya, les maisons surpeuplées, insalubres et inconfortables, illustraient surtout la puissance du « mythe du retour ». La priorité avait été d'acquérir vite un logement le meilleur marché possible, pour envoyer un maximum d'argent au Pakistan, avant de repartir en ayant pris soin de faire construire des *England houses* grandes et confortables au village natal[37]. Cette situation n'évolua guère avec les décennies, beaucoup d'immigrés des classes ouvrières demeurant dans ces logements de plus en plus vieillissants, souvent dépourvus de chauffage central, de salle de bains ou de toilettes[38]. L'ironie du sort est que, pour les classes ouvrières issues de l'immigration pakistanaise, l'acquisition d'un logement bon marché en vue d'un retour quelques années plus tard a, d'une certaine façon, fini par contraindre de nombreuses familles à rester dans ces quartiers : depuis les années 1980, il est

---

34. Voir Kathleen Jones et Anthony Douglas Smith, The Economic Impact of Commonwealth Immigration, *Oxford, Oxford University Press, 1970.* Sur Birmingham, *voir* John Rex et Robert Moore, Race, Community and Conflict, A Study of Sparkbrook, *Oxford, Oxford University Press, 1969, p. 24-25.*
35. Voir Robert Winder, Bloody Foreigners, The Story of Immigration to Britain, *Londres, Abacus, 2004, p. 391.*
36. Voir l'étude détaillée publiée dans Eliot Joseph Benn Rose (ed.), Colour and Citizenship..., op. cit., p. 120-148.
37. Voir Vaughan Robinson, art. cit., *p. 390-391 ; sur les* England Houses, *voir* Colin Holmes, John Bull's Island..., op. cit., p. 223.
38. Voir Humayun Ansari, The Infidel Within..., op. cit., p. 181.

devenu très difficile de vendre des maisons petites, vétustes, insalubres, dans des quartiers où un nombre croissant de blancs ne penserait pas s'installer : Brick Lane, Southall ou Hackney (Londres), Manningham ou Thornbury (Bradford), Moss Side (Manchester), Handsworth ou Sparkbrook (Birmingham), St Paul's (Bristol). Pour les années 1960 à 1980, Romain Garbaye décrit un inévitable effet boule de neige accéléré par les aléas du marché immobilier : de plus en plus de familles blanches quittent des quartiers multiethniques, ce qui fait baisser les prix des loyers, attirant plus de minorités ethniques aux revenus modestes, et ainsi de suite[39].

On voit ici à quel point l'extrême concentration résidentielle de ces immigrés est indissociable d'un certain phénomène de *white flight* («fuite des blancs»), expression née aux États-Unis. Cette concentration est à la fois ardemment souhaitée et inévitablement subie : souhaitée parce que l'on observe une volonté partagée d'évoluer dans un pays inconnu, l'Angleterre, mais avec des proches, frères, cousins, habitants des mêmes villages au Pakistan, dans des quartiers où tous les principaux besoins de la communauté peuvent être satisfaits, des épiceries ethniques aux maisons servant de mosquées – avant la construction de véritables lieux de culte. L'arrivée des épouses et des enfants allait créer d'autres types de besoin, notamment en matière de scolarité. Ainsi, certaines familles immigrées plus aisées tentèrent assez tôt de quitter des quartiers de plus en plus souvent décrits comme des zones de relégation appelées *twilight zones*[40], dans un mouvement parfois qualifié de *brown flight*. Des familles voulant sortir des *inner cities* pour s'installer dans des banlieues résidentielles principalement blanches ont souvent été intimidées, insultées, et leurs maisons régulièrement vandalisées, en particulier dans des villes de taille moyenne comme Blackburn ou Wolverhampton, le fief d'Enoch Powell, et même dans des bourgades régulièrement citées comme des modèles de tolérance multiculturelle, à l'image de Leicester[41].

---

39. *Voir* Getting Into Local Power, The Politics of Ethnic Minorities in British and French Cities, *Oxford, Blackwell, 2005, p. 42.*
40. *L'expression* twilight zone *est typique des années 1960, utilisée notamment par les agents de la rénovation urbaine : sans être de véritables taudis (slums) à la Dickens, il s'agit davantage de quartiers où des maisons edwardiennes ou victoriennes vétustes ont été achetées et sous-louées à de multiples locataires.*
41. *Voir* The Times, *19 avril 1971 (sur Blackburn) ; voir, pour Leicester, Sanjay Suri,* Brideless in Wembley, In Search of Indian England, *New Delhi, Penguin Books, 2006, p. 29-33.*

Que le *brown flight* ait charrié son lot de tensions plus ou moins vives indique bien que la concentration résidentielle a également été subie. Jusqu'en 1968 au moins, aucune politique publique de logement en direction des immigrés de couleur n'existait : un Livre blanc, datant de 1965, sur «l'immigration du Commonwealth» illustre bien ce vide politique. Le gouvernement travailliste de Harold Wilson y avance avec aplomb qu'avec les années et les projets de relogement massif, de plus en plus d'immigrés du nouveau Commonwealth vont naturellement s'éparpiller dans le parc social : «voilà qui permettra sans doute de mettre un frein à une concentration excessive et indésirable[42]». La démolition des habitats les plus vétustes des *inner cities*[43] et la rétivité de la population britannique blanche des banlieues résidentielles à l'égard de ces immigrés posaient parfois un problème de relogement sans solution. Dès les années 1960, des sociologues ou politiques étaient conscients de la difficulté : on pense ici à E.J.B. Rose, Milner Holland, auteur d'un rapport contredisant en termes clairs le Livre blanc de 1965[44], et à Ruth Glass, universitaire qui inventa en 1964 la notion de «gentrification», en évoquant la situation alarmante du logement et des tensions raciales à Londres. Au final, on ne saurait trop insister sur l'extrême complexité d'un tel phénomène : il est sans doute quelque peu simpliste – comme le font beaucoup de rapports officiels des années 2000 consécutifs aux émeutes de Bradford, Oldham et Burnley – de pointer la propension des musulmans en Grande-Bretagne à rester entre eux, à cultiver «l'autoségrégation» (*self-segregation*) et le repli sur soi. La description qu'on a faite d'un *white flight* et d'un *brown flight* tend de toute façon à invalider l'idée selon laquelle les déménagements de familles immigrées se font sur une base exclusivement raciale ou ethnique : en quête de respectabilité et d'un quartier calme et agréable, les familles qui le peuvent, blanches comme pakistanaises, quittent des *inner cities* de plus en plus décriées comme des zones de relégation, selon des critères au moins autant sociologiques que raciaux.

---

42. Cité dans Eliot Joseph Benn Rose (ed.), Colour and Citizenship..., op. cit., p. 232.
43. *Dans la seule ville de Bradford, 20 000 back-to-back houses sur 30 000 furent détruites dès les années 1950.* Voir Ibid., p. 253.
44. Report of the Committee on Housing in Greater London, *Londres*, HMSO, 1965. Milner Holland était avocat.

Serveur au Sweet Centre de Lumb Lane (Bradford), restaurant pakistanais fréquenté par les ouvriers textiles en équipe de nuit.

Chapitre 2 / L'IMMIGRÉ, UNE FORCE DE TRAVAIL

« Il disait qu'à présent, les Pakistanais, ils devaient tout faire : gagner les compétitions sportives, présenter les infos, gérer magasins et entreprises, mais aussi baiser les femmes [...] Il appelait ça le fardeau de l'homme basané. »

Hanif Kureishi, *The Black Album*, 1995

Les premiers immigrés étaient presque tous des hommes. Ainsi, en 1961, il y avait à Bradford 81 femmes pakistanaises (2,3 %) pour 3 376 hommes (97,7 %)[1]. À l'image des immigrés du Maghreb recrutés en masse comme O. S. dans les usines françaises, les immigrés du sous-continent indien, notamment musulmans, font partie intégrante de l'histoire industrielle britannique de l'après-1945. Ils se caractérisent soit par leur extrême invisibilité – symbolisée par le travail en équipe de nuit dans les usines textiles du nord de l'Angleterre, les chaînes de montage automobiles des Midlands ou les imprimeries et usines de transformation des matières premières autour de Londres – soit par leur extrême visibilité, historiquement liée aux commerces de proximité, aux milliers de restaurants indiens et aux longues files de taxis conduits par des Pakistanais. Ces deux catégories de travailleurs (ouvriers et employés à leur compte) seront étudiées successivement ici, avant d'évoquer l'expérience d'un chômage qui deviendrait massif avec la crise des années 1970. Le travail des femmes, lui, sera analysé dans un chapitre à venir.

L'emploi ouvrier

La demande de main-d'œuvre pour reconstruire le pays et son industrie après 1945 fut, presque paradoxalement, concomitante de la lente agonie de certains secteurs, dont le textile du Lancashire fournit sans doute le meilleur exemple. Entre 1951 et 1957, le nombre de métiers à tisser en activité y passa de 285 300 à 75 200, attestant un inexorable

---

1. Humayun Ansari, *The Infidel Within...*, op. cit., p. 254.

déclin amorcé au milieu des années 1920. Les quelques dizaines de milliers d'ouvriers pakistanais recrutés au nord de l'Angleterre, dans le Yorkshire comme dans le Lancashire, eurent donc pour fonction principale de maintenir en vie, par leurs bas salaires, une industrie que Margaret Thatcher qualifierait bientôt de «canard boiteux» (*lame duck*). Le caractère provisoire du travail dans les manufactures textiles deviendrait de plus en plus évident à mesure que, compte tenu des exigences de rentabilité croissante, beaucoup de ces emplois quittaient la Grande-Bretagne pour parfois se délocaliser, suprême ironie du sort, dans les pays que les immigrés en quête d'emploi avaient quittés quelques décennies auparavant : on pense ici avant tout au Bangladesh et au Pakistan dans le cas du textile.

Pour donner une nouvelle impulsion à une industrie vieillissante, le gouvernement britannique encouragea la modernisation du secteur textile à travers des législations comme le *Cotton Reorganisation Act* (1959), qui favorisa les lourds investissements en machines tout en provoquant licenciements massifs et recrutement de travailleurs immigrés[2]. Le travail en équipes de nuit, permettant de compenser les coûts, eut par la même occasion tendance à se généraliser. Ainsi, selon un rapport de 1968 commandé pour l'industrie lainière du nord de l'Angleterre :

«Le recrutement d'immigrés a facilité les investissements en capitaux. Cela s'explique par le coût des nouvelles machines, trop élevé pour n'être fonctionnelles que 40 ou 48 heures par semaine. Ce matériel doit tourner de façon aussi intensive que possible, ce qui requiert la mise en place d'équipes de nuit. Or, bien souvent, les ouvriers rechignent à travailler la nuit, ou bien à faire les trois-huit. Les Pakistanais sont en règle générale beaucoup moins réticents à occuper ce type de poste que la main-d'œuvre autochtone[3].»

Recruter des Pakistanais ou Caribéens était donc une nécessité car, à en croire un autre rapport industriel, datant lui de 1975 : «Les employeurs dans leur immense majorité ne recrutent des travailleurs immigrés que s'ils n'ont pas d'autre choix». Même s'ils n'en avaient guère conscience, l'importance stratégique de ces immigrés était rien

---

2. Voir Virinder S. Kalra, From Textile Mills to Taxi Ranks, Experiences of Migration, Labour and Social Change, *Aldershot, Ashgate*, 2000, p. 86-96.
3. Cité dans Dervla Murphy, Tales from Two Cities, Travel of Another Sort, Londres, J. Murray, 1987, p. 12.

moins que cruciale, comme le reconnaît cet industriel de la ville de Rochdale, non loin de Manchester, en 1972 : « Soyons francs : si les Pakistanais cessent du jour au lendemain de travailler la nuit, ou même s'ils arrêtent de faire des heures supplémentaires, alors nous devrons fermer l'usine car, de nos jours, c'est si difficile d'être compétitif dans le textile[4]. » Un constat du même ordre était dressé du côté des chaînes de montage automobile de Coventry ou Birmingham[5]. Dans bien des cas, les employeurs recrutaient des Asiatiques ou Caribéens en masse car les ouvriers blancs rechignaient à accomplir certaines tâches jugées ingrates, les lainages (comme à Bradford) fournissant en la matière un exemple particulièrement notoire. Ainsi, pendant les décennies de prospérité, tenter d'engager des blancs pour certains métiers était considéré « comme une perte de temps », des employeurs sondés arguant que « dans certains cas, des ouvriers blancs sont recrutés le matin et eux-mêmes décident de quitter le lieu de travail, ou bien refusent de travailler et on leur demande alors de repartir chez eux[6]. » Les Pakistanais étaient, à l'inverse, des travailleurs acharnés, prêts à s'investir davantage que les autres dans le but de repartir au Pakistan, comme le dit cet immigré, Monsieur I. D. : « moi, je travaille la nuit pour plusieurs raisons : pas de patron, pas de blancs, donc pas de problème au niveau communication. Nous, on travaille tous la nuit, et en plus de ça, ça fait 20 % de bonus. On est ici, c'est du temporaire, notre but, c'est de repartir le plus vite possible[7]. » De plus, ils demandaient régulièrement à travailler le dimanche[8].

Pour les recruteurs et les employeurs, ces immigrés sont décrits comme parfaitement taillés pour le type d'emploi qu'ils occupent. On légitime le recours à ce type de main-d'œuvre par le truchement d'un déterminisme racial ou culturel. Ainsi, on justifie l'emploi de Pakistanais ou Jamaïcains dans les hauts fourneaux en avançant que ceux-ci sont

---

4. Pour ces deux citations, voir Muhammed Anwar, The Myth of Return, Pakistanis in Britain, Londres, Heinemann, 1979, p. 101-103.
5. Michael Banton, White & Coloured, The Behaviour of British People Towards Coloured Immigrants, Londres, Jonathan Cape, 1959, p. 158-159.
6. Cité dans Ralph Fevre, Cheap Labour and Discrimination, Aldershot, Gower Publishers, 1984, p. 113.
7. Pour ces citations, voir Muhammed Anwar, The Myth of Return..., op. cit., p. 101-103.
8. Pour une description de cette sous-classe ouvrière invisible, voir Sally Tomlinson et John Rex, Colonial Immigrants in a British City, Londres, Routledge & Kegan Paul, 1983. Sur le discours syndical et les minorités ethniques, voir Didier Lassalle, Les Minorités ethniques en Grande-Bretagne, Paris, Ellipses, 1998, p. 121-123.

très habitués aux fortes chaleurs, compte tenu du climat des tropiques (déterminisme culturel ou climatique). On avance également que les Asiatiques dans leur ensemble sont naturellement aptes à travailler dans le textile car ils ont de petites mains, contrairement aux Anglais et Caribéens (déterminisme racial ou phénotypique)[9]. Dans tous les cas de figure, les Pakistanais sont placés tout en bas de l'échelle, et l'on dit souvent que les Indiens sont mieux à même d'occuper des postes de cols blancs, compte tenu de leurs qualifications et de leur meilleure maîtrise de l'anglais, du moins pour certains[10].

La plupart de ces immigrés dans le nord de l'Angleterre ou les Midlands travaillaient avec des compatriotes, parfois issus de leurs villages. Ils ne parlaient pas anglais, mais plutôt penjabi ou cachemiri, et ne rencontraient presque pas de Britanniques[11]. Les employeurs étaient tantôt enthousiastes à l'idée de faciliter leur apprentissage de la langue, tantôt rétifs, une main-d'œuvre non anglophone étant par définition plus docile. Ainsi, lorsque West Yorkshire Language Link mit en place des cours d'anglais gratuits à la fin des années 1960, certains patrons du textile réagirent assez négativement, arguant « qu'être un peu instruit, cela fait souvent plus de mal que de bien[12]. » Ceux parmi les immigrés qui avaient quelque maîtrise de la langue anglaise étaient souvent recrutés ailleurs, comme chauffeurs de bus ou de taxi par exemple[13].

Dans les usines, le schéma d'ensemble renvoyait donc au lien, d'ordre structurel dans ces décennies d'après guerre, entre les trois pôles que sont mécanisation, immigration et concentration de main-d'œuvre[14]. C'est pourquoi il n'était pas rare que l'arrivée d'un Pakistanais dans une équipe d'ouvriers provoque le recrutement progressif d'autres concitoyens, jusqu'à, parfois, vider tout ou partie d'une usine de ses ouvriers blancs. C'est ce que confirme cet ouvrier cachemiri ayant travaillé dans une filature de Dewsbury (West Yorkshire) : « À chaque fois qu'un ouvrier pakistanais arrivait dans une section, petit à petit les ouvriers anglais la quittaient[15]. » On peut également insister sur

---

9. Voir Ralph Fevre, Cheap Labour and Racial Discrimination, op. cit., p. 110-111.
10. Voir William Wentworth Daniel, Racial Discrimination in England, op. cit., p. 128.
11. Voir Peter Leese et al., The British Migrant Experience, 1700-2000, an Anthology, Londres, Palgrave/MacMillan, 2002, p. 177.
12. Cité dans Ralph Fevre, op. cit, p. 108-109.
13. Bradford Central Library, oral archives, C0104.
14. Ibid., p. 81, 83.
15. Bradford Central Library, oral archives, C0123.

l'absence réelle de friction entre ouvriers blancs et ouvriers asiatiques, un fait relevé par un certain nombre d'études contemporaines[16]. Ces derniers étaient tout à fait prêts à accepter le type de conditions imposées par le pays d'accueil. De plus, le type de travail occupé induisait presque mécaniquement, comme le suggère la citation ci-dessus, une massification de la présence ouvrière immigrée. Selon un patron, « ils ne trouvent leur place que dans une grande usine où on peut les mettre ensemble, avec un "parrain" (*godfather*) ou quelqu'un de leur communauté qui les dirige[17]. » Ce « parrain » n'a pas nécessairement un statut de contremaître ou d'agent de maîtrise.

Qu'en est-il, à présent, du lien entre ces ouvriers et le monde syndical ? Même si la centrale syndicale nationale (Trade Union Congress) dénonce la discrimination raciale et attribue les violences urbaines de Notting Hill et Nottingham (1958) aux « préjugés blancs[18] », les leaders syndicaux nationaux mais surtout locaux se montrent quelque peu frileux, voire réticents, face au recrutement de main-d'œuvre étrangère du *New Commonwealth*. Au niveau local, cette réticence se meut en hostilité à l'occasion du célèbre discours « Rivers of Blood » d'Enoch Powell, tenu à Birmingham le 20 avril 1968. Une manifestation de solidarité à l'égard de ce député de droite radicale est organisée par les dockers de Londres. Interrogé par la télévision, l'un d'entre eux avoue qu'il est prêt « à tout accepter, sauf les menaces contre nos femmes[19] », avant de se montrer incapable d'expliciter davantage la « menace » dont il fait état. Plus sérieusement, certaines études de terrain sur les violences racistes du type *Paki-bashing* font affleurer l'amalgame, fait parmi certains ouvriers blancs, entre perte d'emplois (liée à la mécanisation) et immigration plus ou moins massive de main-d'œuvre immigrée du Pakistan ou de Jamaïque[20].

Les immigrés notamment asiatiques sont considérés comme des personnes totalement étrangères aux traditions, aux valeurs et aux normes du mouvement syndical britannique. De plus, des syndicalistes locaux

---

16. Michael Banton, White & Coloured..., op. cit., p. 123.
17. Cité dans Ralph Fevre, Cheap Labour and Racial Discrimination, op. cit., p. 106-107.
18. Sur ce point, voir Panikos Panayi (ed.), Racial Violence in Britain in the 19th and 20th Centuries, Leicester, Leicester University Press, 1996, p. 189-190.
19. Cité dans Roy Hattersley, Fifty Years On, A Prejudiced History of Britain since the War, Londres, Penguin, 1997, p. 176.
20. Voir Geoff Mungham et Geoff Pearson, Working-Class Youth Culture, Londres, Routledge & Kegan Paul, 1976, p. 49-82.

regrettent de devoir régulièrement rappeler aux ouvriers immigrés qu'ils ne sont pas dispensés d'acquitter l'impôt sur le revenu[21]. Il n'est donc pas étonnant que lors des premiers conflits sociaux impliquant des immigrés asiatiques, la réticence syndicale soit apparue de façon manifeste : en 1972, dans l'entreprise Crepe Sizes de Nottingham, les ouvriers pakistanais en grève pour une amélioration de leurs conditions de travail et leur salaire ne reçurent aucun soutien du Transport and General Workers Union (TGWU). Dans certains cas, des syndicats se sont même alliés à la direction et aux ouvriers blancs contre les travailleurs immigrés, comme en 1974 lors de la grève des ouvriers asiatiques dans l'entreprise Imperial Typewriters, basée à Leicester[22]. Ce conflit est assez exceptionnel en ce qu'il tend à infirmer le schéma du «profil bas» chez les premières générations et qu'il illustre une très forte solidarité intracommunautaire : pendant trois mois en effet, toute la communauté indienne et pakistanaise de Leicester a soutenu activement «ses» grévistes de Imperial Typewriters, par le biais d'actions de solidarité très diverses, montrant le caractère inutile, voire nocif, des grands syndicats britanniques. Surtout, ce conflit mit au grand jour certains risques – pour les employeurs – induits par le recrutement massif d'ouvriers issus des mêmes villages et se connaissant souvent très bien, un fait déjà évoqué dans un rapport de la Commission sur les relations industrielles dès 1967 : «En adoptant une telle politique de recrutement dans les entreprises, on a créé des groupes d'ouvriers très fortement liés entre eux par un sentiment d'interdépendance[23].»

Passées les grilles de l'usine, les ouvriers dont il est question ici ne se mélangeaient que très peu avec les Britanniques blancs. Un contraste assez sensible a été établi entre immigrés du sous-continent indien (en particulier les Pakistanais) et immigrés caribéens, dans une étude approfondie menée sur 26 entreprises de l'industrie lourde au début des années 1960. Il en ressort que la grande majorité des ouvriers blancs tend à préférer les Caribéens (Jamaïcains ou autres) aux Pakistanais. Les premiers ont l'avantage de parler anglais et de partager une culture largement anglaise, au rebours de ces hommes natifs du Mirpur ou

---

21. Voir William Wentworth Daniel, *Racial Discrimination in England*, op. cit., p. 135-137.
22. Voir Ambalavaner Sivanandan, *Catching History on the Wing, Race, Culture and Globalisation*, Londres, Pluto Press, 2008, p. 122-125. *La première grève d'ouvriers asiatiques eut lieu en 1965 (Red Scar Mill, à Preston).*
23. Voir Centre for Contemporary Cultural Studies, *The Empire Strikes Back...*, op. cit., p. 264.

du Bengale. Sans oublier un fait extrêmement simple, notamment lorsque deux ou plusieurs personnes se rencontrent sur un même lieu de travail : les Caribéens s'appellent Milton Campbell, Nelson Smith, des noms presque plus « anglais » que ceux de leurs homologues blancs, alors que les Pakistanais ou Indiens ont des noms « exotiques » que les autochtones peinent à prononcer. De même, après 1945, les campagnes de recrutement de Caribéens à la Jamaïque ou à Trinidad avaient des slogans tels que « welcome home », les termes « home », ou « homeland » étant systématiquement utilisés. Ce type de campagne eût semblé particulièrement incongru dans le sous-continent indien, ce que corrobore l'utilisation de *vilayat* (Angleterre) pour qualifier le lieu d'émigration. Enfin, l'extrême concentration des Pakistanais dans les équipes de nuit, où les blancs sont parfois complètement absents, crée une ségrégation *de facto*, qui empêche souvent toute forme de socialisation[24]. L'après-midi, une fois réveillés, beaucoup de ces ouvriers semblent errer sans but dans les rues de Bradford ou Birmingham, donnant l'impression aux blancs qu'ils n'ont pas de travail. Ces derniers voient les Pakistanais observer avec hébétude les femmes britanniques, dont les vêtements et l'attitude leur semblent extrêmement étranges, pour ne pas dire provocants.

Voilà pour les quelques dizaines de milliers de Pakistanais immigrés au nord de l'Angleterre, et travaillant principalement dans le textile ou l'industrie lourde, notamment automobile. Quant aux autres musulmans, minoritaires par rapport au sous-continent indien, mentionnons les Yéménites, installés depuis plus longtemps dans bien des cas, et qui étaient concentrés dans les aciéries du nord-est ou travaillaient dans la marine, et enfin les Chypriotes turcs, très présents autour de Londres et que l'on retrouvait souvent dans la restauration et la confection. Le profil tant professionnel que sociologique et familial de ces derniers allait en quelques décennies se confondre presque tout à fait avec la majorité britannique.

Travailler à son compte

Pendant les premières années, les trois ou quatre principaux foyers d'immigration virent fleurir des commerces ethniques de toutes sortes. Ceci conférait une certaine visibilité à la communauté pakistanaise : ainsi, John Rex note qu'à Sparkbrook (Birmingham), les Caribéens

---

24. Voir Peter L. Wright, The Coloured Worker in British Industry, Oxford, Oxford University Press, 1968, p. 180-202.

étaient certes plus nombreux que les Pakistanais, mais que ces derniers, à travers leurs magasins et leur statut de propriétaires immobiliers, étaient beaucoup plus visibles[25]. Concrètement, toujours selon Rex, il s'agissait d'une communauté de parias, à rapprocher, par exemple, des juifs européens du Moyen Âge : elle se tenait moralement et socialement à l'écart de la majorité, mais entrait en contact avec cette dernière en tant que pourvoyeuse de services, dans l'immobilier et le commerce de détail. Elle avait aussi à subir les foudres de cette majorité si ses services étaient jugés surtaxés ou de piètre qualité[26].

Plus tard, au fur et à mesure du démantèlement des vieilles industries des Midlands et du nord, sans oublier l'Écosse, de plus en plus d'immigrés choisirent (ou furent contraints) de travailler à leur propre compte. Ainsi, dans la seule ville de Bradford, le nombre d'entreprises musulmanes de toutes sortes passa de cinq en 1959 à plus de 1 200 en 1984. Pareille multiplication surprend moins lorsqu'on l'associe à l'accroissement de cette population mais aussi aux chiffres du chômage : en effet, entre 1961 et 1991, la chute du textile local provoqua près de 61 000 licenciements[27]. Les chiffres de Belgrave à Leicester sont comparables : en 1976, plus de 50 % des commerces de ce quartier multiethnique étaient détenus par des Asiatiques, alors qu'un seul magasin asiatique existait dix ans auparavant[28]. D'abord pourvoyeurs de biens et services à une clientèle ethnique constituant une niche, certains commerces locaux se spécialisèrent bientôt dans des domaines très divers, jusqu'à devenir, parfois, assez improbables : à Dewsbury par exemple, on comptait, au milieu des années 1960, une quarantaine de pourvoyeurs d'alcool (*off-licences*), tous gérés par un nombre restreint de familles pakistanaises, qui ne buvaient pas[29].

L'emploi familial s'explique également par les liens très forts unissant les différents membres d'une *biraderi*. Une personne de la *biraderi* (frère, cousin, oncle, neveu) venant d'arriver du Pakistan ou cherchant un emploi est invariablement hébergée ou employée par quelque proche déjà installé, et l'on retire une certaine fierté lorsque l'on peut assurer l'emploi (fût-il précaire ou mal payé) d'un membre de la famille, sans

---

25. Voir Race, Community and Conflict, op. cit., p. 163-164.
26. Ibid., p. 165.
27. Voir Philip Lewis, Young, British and Muslim, op. cit., p. 62-63. Voir également Ikhlaq Din, The New British..., op. cit., p. 28.
28. Voir Joanna Herbert, Negotiating Boundaries in the City, Migration, Ethnicity, and Gender in Britain, Aldershot, Ashgate, 2008, p. 154.
29. Voir Robert Winder, Bloody Foreigners..., op. cit., p. 388.

oublier une indépendance vis-à-vis de l'extérieur, comme le raconte cet immigré issu du Cachemire et installé non loin de Manchester : « Je suis tellement indépendant que je suis allé six semaines au Pakistan il y a deux ans sans perdre d'argent, car mon cousin s'est occupé de mon affaire. Ça, c'est impossible si vous travaillez en usine[30]. »

À l'inverse de leurs cousins employés en équipes de nuit, les musulmans pakistanais travaillant à leur compte sont souvent très visibles. Un certain racisme ordinaire outre-Manche, tout à fait routinier dans certains quartiers, qualifie volontiers ces petits commerces de *Paki-shops*. Cette visibilité extrême constitue souvent le revers de la médaille d'une indépendance qui protège de la discrimination sur le marché du travail. En effet, épiceries pakistanaises (et restaurants « indiens », très souvent bangladais) sont, depuis les années 1960, en butte à de multiples insultes ou graffitis insultants, lesquels peuvent être systématiques dans certains quartiers où la pratique du *Paki-bashing* est assez courante, même si elle demeure très largement occultée par les médias jusqu'en 1970 environ[31]. Il va de soi que l'extrême visibilité mais aussi la cherté de la vie dans un contexte de récession (depuis le début des années 1970), alliées aux prix très compétitifs des supermarchés, sont autant d'éléments qui attisent le ressentiment à l'égard des épiciers pakistanais.

Les chauffeurs de taxi, qui constituent un quasi-monopole pakistanais dans plusieurs villes du nord de l'Angleterre (Bradford, Blackburn, Oldham pour ne citer qu'elles), sont encore plus sujets aux agressions racistes, verbales ou physiques. Seuls dans leur véhicule qui représente un espace clos, devant conduire de nombreux groupes qui sont parfois ivres le week-end, les chauffeurs de taxis représentent des cibles presque trop faciles pour le déchaînement de la haine raciste. Même si des progrès sont notables depuis les années 1980, les violences demeurent récurrentes. En 1992, deux chauffeurs pakistanais, Mohammed Sarwar et Sadiqque Dada, ont été tués à Manchester. Nous verrons dans un chapitre à venir que, le 23 juin 2001, les émeutes de Burnley ont éclaté suite à une agression raciste sur un chauffeur d'origine pakistanaise.

Taxis indépendants comme petites entreprises de services se caractérisent dans bien des cas par leur fragilité, sans oublier que la diversification des petits commerces tenus par les immigrés du sous-continent

---

30. Cité dans Muhammed Anwar, The Myth of Return..., op. cit., p. 125.
31. Sur le traitement médiatique de ces questions, voir Paul Hartmann et Charles Husband, Racism and the Mass Media, op. cit., p. 175-177.

a coïncidé avec l'avènement du règne des grandes surfaces. Ainsi, dans le Bradford du début des années 1980, on voyait déjà défiler des Pakistanais charriant de gros sacs plastiques *Morrisons* ou *Safeway*, signe patent de ce que le commerce local géré par la *biraderi* ne pouvait s'aligner sur les prix des supermarchés[32]. Sans doute est-ce la raison pour laquelle la proportion de Pakistanais travaillant à leur compte a eu tendance à décroître dans les années 1990 : de 23 % en 1992, le pourcentage est passé à 16,3 % en 1999, le total des blancs étant tout de même de 11,5 % la même année[33].

D'autres secteurs étaient dès le départ plus porteurs. Beaucoup de Bangladais officièrent très tôt dans la restauration, notamment dans la région de Londres. Ainsi, dès 1946, on y comptait environ 20 restaurants indiens, la plupart gérés par des gens de Sylhet, dont la spécialisation en la matière remontait à l'empire colonial, et à ces cuisiniers de la région recrutés en masse dans la marine britannique. En 1970, on trouvait aux quatre coins du pays quelque 2 000 restaurants indiens[34]. Dans la région de Londres, de très nombreux établissements non indiens emploient également quantité de cuisiniers du sous-continent[35]. La restauration, comme le petit commerce, est un univers impitoyablement concurrentiel, qui confère la plupart du temps une certaine visibilité (pour le meilleur comme pour le pire), et peut permettre une ascension sociale sans être passé par l'université.

Dans les milliers de petites entreprises familiales, il y a au départ un rêve de réussite et d'indépendance, loin de la société de castes[36] : de réussite pour montrer à la famille restée au pays qu'on a été digne de ses attentes (et qu'on ne les a pas oubliés, comme en témoignent ces envois d'argent très réguliers[37]), d'indépendance dans le but d'affirmer sa dignité dans une société assez hostile. Notons au passage que dans ce rêve d'indépendance, ce sont très souvent les juifs eux-mêmes qui sont érigés en modèles. Ainsi, ce Pakistanais de Manchester, épicier à son compte, avançait au début des années 1970 : « Les Pakistanais de la ville devraient s'entraider pour créer des entreprises. Nous devrions

---

32. Voir Dervla Murphy, Tales from Two Cities..., *op. cit., p. 15.*
33. Voir Humayun Ansari, The Infidel Within..., *op. cit, p. 194.*
34. Voir Robert Winder, Bloody Foreigners..., *op. cit., p. 388.*
35. Voir Kathleen Hunter, History of Pakistanis in Britain, *op. cit., p. 68.*
36. Pour des détails sur ces castes dans le Cachemire pakistanais (Azad Kashmir), voir Ikhlaq Din, The New British..., *op. cit., p. 20.*
37. On estime qu'à la fin des années 1960, un tiers du revenu des immigrés d'Inde et du Pakistan était renvoyé au pays. Voir Joanna Herbert, Negotiating Boundaries in the City..., *op. cit., p. 148.*

avoir un esprit d'action commune, comme les juifs. Vous ne verrez jamais un juif seul dans une usine[38]. »

Précarité et fragilité n'ont pas été le lot de tous les immigrés, puisque musulmans tout autant que sikhs et hindous installés en Grande-Bretagne peuvent également s'enorgueillir de multiples *success stories*. La prospérité économique est sans doute l'élément principal qui confère l'honneur (*izzat*) à toute la famille. C'est entre autres ce qui explique cette volonté très forte de réussir en Grande-Bretagne, ambition souvent frustrée par le manque de moyens au départ (surtout pour les gens du Mirpur), le manque de connaissances (par exemple en langue anglaise), mais aussi la discrimination et la crise économique. Malgré ces obstacles, un nombre substantiel de Pakistanais a réussi dans le commerce, notamment du textile : tel est le cas à Manchester, dont certains ateliers détenus par des Pakistanais inondaient de textiles de qualité assez médiocre les marchés des villes du nord, d'Écosse mais aussi d'Irlande, dans les années 1960 à 1980. Ces immigrés sont souvent issus de castes de tailleurs du Penjab (les *Arain*), dont certains avaient déjà l'habitude de commercer avec les Britanniques avant la partition de 1947[39]. Le cas sans doute le plus célèbre est celui de Shami Ahmed, immigré à l'âge de deux ans à Burnley (Lancashire) et fondateur de la marque de vêtements au nom assez improbable de *Joe Bloggs*, qui fit de lui un millionnaire[40]. Sans oublier que, comme nous l'avons vu, d'autres ont investi avec succès dans l'immobilier.

Enfin, des immigrés sont devenus riches et influents dans le commerce alimentaire : à partir des années 1970, des noms asiatiques – dont certains sont musulmans – apparaissent dans la liste des hommes les plus riches du pays : citons notamment Anwar Pervez, patron de la chaîne Bestway (épiceries), mais aussi Karamjit Khera, Shahad Hussein, Perween Warsi, Kaderbhoy Noon, tous impliqués dans l'agroalimentaire ethnique et l'industrie des plats préparés[41]. Ainsi, à l'inverse des ouvriers textiles arrivés au mauvais moment, quelques années avant la mort de l'industrie, les personnes qui investirent dans la restauration et le commerce des plats préparés profitèrent à plein de la modification « à l'américaine » du style de vie de Britanniques qui, à partir des

---

38. Cité dans Muhammed Anwar, The Myth of Return..., op. cit., p. 125.
39. Sur cette catégorie, voir Pnina Werbner, «From Rags to Riches, Manchester Pakistanis in the Textile Trade», dans New Community, Vol. VIII (n° 2), 1980, p. 84-95.
40. Voir Robert Winder, Bloody Foreigners..., op. cit., p. 390.
41. Ibid., p. 388.

années 1960, étaient de moins en moins enclins à cuisiner eux-mêmes et de plus en plus prompts à passer du temps devant la télévision, avec un curry, hissé quelques décennies plus tard au rang de «plat national» selon le ministre Robin Cook[42].

De façon générale, le réseau de petits commerces et le relatif isolement dans lequel ont vécu ces magasins dès le départ ont facilité l'émergence de catégories de cols blancs, dans lesquelles ont réussi à s'engouffrer des immigrés pakistanais : représentants en commerce, grossistes, intermédiaires de toutes sortes et, bien sûr, avocats ou comptables. Sans compter que, compte tenu des préceptes islamiques en matière de crédit, ces magasins ont dû eux-mêmes s'autofinancer, créant de ce fait la possibilité d'un réseau financier propre à la communauté immigrée.

L'entraide intracommunautaire dont il est ici question ne devrait pas non plus faire oublier que, malgré la relative invisibilité des immigrés ou la rétivité de la majorité blanche à leur égard, de nombreuses initiatives extracommunautaires furent prises à travers le pays afin de faciliter l'adaptation des Asiatiques à l'environnement britannique. Tel était le rôle dévolu aux VLC (Voluntary Liaison Committees), constitués de bénévoles non immigrés vivant dans des zones de forte immigration, mais aussi d'associations paroissiales qui rendaient des services divers et variés aux immigrés, de la traduction de documents administratifs à l'apprentissage de l'anglais[43]. Au-delà de ces formes de mobilisations locales honorant le civisme d'une partie de la population britannique blanche, l'espace manque ici pour relater les multiples anecdotes de services rendus, de garde d'enfants mutuelle, de nourriture échangée à l'occasion de célébrations religieuses, etc. Si peu d'Asiatiques se plaignaient du racisme jusqu'à la fin des années 1960, c'est certes parce qu'ils vivaient entre eux mais aussi parce que, jusqu'à l'arrivée des Asiatiques d'Afrique de l'Est, jusqu'au fameux discours anti-immigration d'Enoch Powell de 1968 et aux *Race Relations Acts* (surtout celui de 1968), une certaine quiétude entre communautés pouvait régner, au moins dans certains quartiers de Leicester, Birmingham ou Bradford[44].

---

42. *L'ex-ministre des Affaires étrangères de M. Blair parlait plus précisément du* chicken tikka masala, *en 2001*.
43. Voir Romain Garbaye, Getting Into Local Power, The Politics of Ethnic Minorities in British and French Cities, *Oxford, Blackwell, 2005, p. 43-44*.
44. *Pour des exemples sur Leicester, voir Joanna Herbert*, Negotiating Boundaries in the City..., *op. cit., p. 116, 128-129, p. 160*.

Vers les années 1980 : un chômage endémique et souvent dissimulé

Un des caractères principaux des stéréotypes raciaux est la contradiction. Ainsi, pendant la période victorienne, il se trouvait peut-être autant de Britanniques qui stigmatisaient la paresse des Irlandais que d'autres qui, à l'image de Keir Hardie, père fondateur du parti travailliste, se gaussaient du mineur irlandais « au dos puissant, à la grosse pelle, et qui abat la besogne d'un gars et demi[45]. » Il en va de même pour les musulmans britanniques d'origine pakistanaise ou bangladaise. Beaucoup louent leur courage, beaucoup également pourfendent leur caractère parasitaire, notamment lorsqu'il s'agit de percevoir les allocations chômage. On ne sera pas surpris que ce type de discours fasse l'objet d'une banalisation à mesure que la Grande-Bretagne plonge dans le marasme économique. Cette rhétorique affecte toutes les générations : les enfants qui réclament les allocations chômage, mais également les immigrés dès leur arrivée. Ainsi, un dessin de presse du *Daily Mail* (15 octobre 1986)[46] montre un Bangladais débarquant à Heathrow avec turban et tapis de prière, tout heureux de se voir généreusement octroyer « 50 livres sterling de l'argent des contribuables » afin de passer « une première nuit dans un hôtel grand luxe », avant de conclure que « c'est vrai, les Britanniques méritent cette superbe réputation qu'ils ont acquise à travers le monde. Ils sont vraiment... stupides[47] ! ». Les dessins de ce genre sont légion dans la presse populaire conservatrice.

Pendant toute la décennie 1980, Pakistanais et Bangladais sont les deux minorités ethniques, parmi les neuf identifiées par le *Labour Force Survey*, qui souffrent le plus du chômage et du manque de qualifications. Géographiquement, les Pakistanais sont les moins présents dans le sud-est de l'Angleterre, là où une reconversion économique est en train de s'opérer[48]. Ils sont, avec les Bangladais, deux à trois fois

---

45. Cité dans Olivier Esteves, Les Communautés irlandaises à Glasgow et Liverpool (1880-1945) : sectarisme et identité, *thèse de doctorat*, Lille 3, 2002, p. 149.
46. Voir le site des British Cartoon Archives, Kent University, www.cartoons.ac.uk
47. En mai 1976, des réfugiés asiatiques du Malawi avaient été logés dans un hôtel 4 étoiles aux frais du West Sussex Council. L'effet dans l'opinion avait été désastreux, provoquant un surcroît de violence raciste en 1976. Voir Panikos Panayi (ed.), Racial Violence in Britain..., op. cit., p. 195-199.
48. Voir Tariq Modood, Multiculturalism Politics, Racism, Ethnicity, and Muslims in Britain, Minneapolis (Minn.), *University of Minnesota Press*, 2005, p. 103.

plus susceptibles qu'Indiens et Chinois de connaître le chômage. Sans oublier que, compte tenu du nombre très élevé parmi eux de travailleurs manuels, Pakistanais et Bangladais partagent un fort taux d'inactivité, dû principalement aux maladies et aux nombreux accidents de travail. Enfin, la fécondité des femmes pakistanaises ou bangladaises – de loin la plus élevée parmi les minorités ethniques[49] – tend à alimenter là aussi un discours stigmatisant leur caractère parasitaire, qui corrèle natalité élevée et allocations familiales.

Loin de ces stéréotypes, il apparaît que de nombreux Pakistanais et Bangladais, notamment parmi les personnes de quarante ou cinquante ans, rechignent à réclamer à l'administration des allocations chômage. Le phénomène déjà décrit en matière de logement public à loyer modéré est donc également observable s'agissant des pensions chômage. Les raisons sont multiples et pas nécessairement propres à ces deux communautés. Il y a d'une part la barrière de la langue, le manque d'informations et les complications administratives liées à la constitution d'un dossier, sans oublier le nombre de tracasseries bureaucratiques qui s'accumulent, décourageant les chômeurs de demander une pension. En effet, si, comme on l'a vu, beaucoup d'immigrés ne tarissent pas d'éloge sur la Grande-Bretagne du *Welfare State*, système qui brille par son absence dans le sous-continent, il apparaît que peu nombreux sont ceux qui souhaitent profiter à plein des aides proposées. Quant aux femmes, il va de soi que celles qui travaillent à domicile, dans un cadre non déclaré, n'envisagent pas de solliciter une aide sociale.

Plus important peut-être : il existe, surtout pour les hommes, le stigmate associé à la notion même de chômage. Chez les premières générations, il demeure un rêve vivace de réussite qu'on se doit, pour maintenir l'honneur (*izzat*) de la *biraderi*, d'évoquer avec force détail dans les contacts qu'on a gardés avec celles et ceux qui sont restés au pays. Le stigmate du chômage est, en outre, d'autant plus fort que subsiste une fierté masculine d'ouvriers immigrés fiers d'accomplir des tâches harassantes, sentiment qu'on retrouve au sein d'autres communautés immigrées, par exemple les Irlandais. On retourne en quelque sorte l'image du subalterne mal payé en puisant là un motif de fierté,

---

49. Ce taux était de 4,6 selon le recensement de 2001, soit le triple de la moyenne nationale.

renforcé au sein de basses castes où le travail manuel, en Inde, est très fortement valorisé[50].

Tout ceci explique pourquoi le chômage doit très souvent être tu, comme l'illustre ce point de vue agacé d'un jeune homme, Ashfaq, interrogé en 1987 : «Aujourd'hui encore des gens au chômage envoient chaque mois une partie de leur allocation là-bas, comme ça les gens au village ne sauront rien de leurs difficultés ! Tout ça, c'est ridicule, c'est simplement pour sauver la face. C'est pour ça que j'ai quitté la maison[51].»

Voilà qui pose en filigrane la question plus générale des liens entre immigration, travail et chômage. Comme l'illustre le titre même de ce chapitre, et ainsi que le rappelle Abdelmalek Sayad, un immigré est nécessairement «travailleur immigré», il ne peut pas être autre chose. Si «travailleur» et «immigré», ensemble, confinent au pléonasme, alors l'association des termes «immigré» et «chômage» constitue une véritable aberration, car «être immigré chômeur» remet directement en cause l'invitation faite à l'immigré pour qu'il vienne, seul, occuper un emploi dont les autochtones ne veulent pas. Cette vision, on le comprend, est indissociable des notions de «profits» et de «coûts» liées à l'immigration[52]. En pareille situation, l'immigré et sa famille sont presque invariablement perdants : premièrement, le chômage attise les critiques déjà décrites. Deuxièmement, s'il y a réussite économique, celle des enfants qui intègrent l'université par exemple, celle-ci suscite des jalousies exacerbées par une presse populaire conservatrice toujours prompte à ridiculiser les carences scolaires des classes ouvrières blanches, que le *Sun* appelle «les grands crétins blancs» (*the great white dopes*[53]). Sans oublier que la seule *religion* musulmane, dans le contexte géopolitique de la fin des années 1980, constitue un autre élément générateur de conflits.

---

50. Sur ces aspects, voir Joanna Herbert, Negotiating Boundaries in the City..., op. cit., p. 152-153.
51. Cité dans Dervla Murphy, Tales from Two Cities..., op. cit., p. 32.
52. Sur cette question, voir les réflexions d'Abdelmalek Sayad dans Pierre Bourdieu (dir.), La Misère du monde, Paris, Seuil, 1993, p. 416-419.
53. Voir les remarques de Yasmin Alibhai-Brown sur cette expression dans Who Do We Think We Are ? Imagining the New Britain, Londres, Penguin, 2000, p. 181.

*Père et fils en prière durant l'Eid-Ul-Fitr,
qui marque la fin du ramadan (Bradford).*

Chapitre 3 / LES ÉPOUSES ET ENFANTS, OU L'INVALIDATION D'UN MYTHE

> «*Vous n'êtes pas du château, vous n'êtes pas du village, vous n'êtes rien. Mais, par malheur, vous êtes, cependant, quelque chose: un étranger, un de trop, qui gêne toujours. Le faiseur de troubles.*»
>
> Franz Kafka, *Le Château*, 1926

Mythe du retour et lois sur l'immigration

Il a été dit en introduction que la loi sur la nationalité de 1948 (*Nationality Act*) avait facilité l'afflux en métropole britannique d'immigrés de la zone caribéenne et du sous-continent indien (*New Commonwealth*), même si tel n'avait pas été l'objectif premier du législateur. Autre période, autre contexte: la loi de 1962 (*Commonwealth Immigrants Act*) avait pour toile de fond les émeutes de Nottingham et Notting Hill (1958). De jeunes blancs s'en étaient pris à des Caribéens et un débat avait ensuite fait rage pour savoir si la Grande-Bretagne était encore capable d'absorber davantage de main-d'œuvre immigrée (noire[1]), sans sacrifier paix sociale et raciale.

La rumeur d'une modification future de la législation en vigueur avait circulé en Inde, au Pakistan et dans les Caraïbes, ce qui ne fut pas sans provoquer un afflux massif d'immigrés, pressés de rejoindre la Grande-Bretagne avant que les portes ne se ferment. On parla alors d'un effet *beat the ban* (littéralement, «aller plus vite que l'interdiction»): ainsi, en 1961, 130 000 ressortissants du nouveau Commonwealth arrivèrent en Grande-Bretagne suivis, jusqu'à la mise en vigueur de la loi le 1er juillet 1962, d'environ 80 000 personnes. Dans les 18 mois qui précédèrent la mise en application de la loi, 50 000 Pakistanais émigrèrent, eux qui avaient été seulement 17 000 entre 1955 et 1960[2]. Malgré cette augmentation considérable, ces statistiques doivent être

---

1. Rappelons que les Noirs (Blacks) pouvaient inclure à l'époque, et jusqu'au début des années 1980, Caribéens et personnes du sous-continent indien.
2. Voir Alison Shaw, A Pakistani Community in Britain, *op. cit., p. 25.*

rapportées à la population britannique globale, évaluée à un peu moins de 53 millions au recensement de 1961. La loi de 1962 stipulait que, désormais, la libre circulation et la libre installation en Grande-Bretagne n'étaient plus de mise. On instaura à la place un système de permis de travail (*vouchers*), avec une subdivision en trois catégories : A/ citoyens du Commonwealth pouvant justifier l'existence d'un projet professionnel précis ; B/ ceux dont la qualification est à la fois reconnue et sous-représentée en Grande-Bretagne ; C/ ceux sans qualification particulière. L'intention était de mettre en place une immigration choisie, en drainant les personnes dont les compétences manquaient en Grande-Bretagne, et de limiter au maximum l'immigration de couleur, par le biais de quotas. Ces derniers s'appliquaient à la catégorie C des permis de travail, ceux destinés aux non-qualifiés. Une clause indiquait par ailleurs qu'aucun pays ne pouvait disposer de plus de 25 % des permis de travail, ce qui visait à limiter l'afflux indien et pakistanais.

Assez paradoxalement, la loi de 1962 et ses répercussions diverses sont centrales tant à la consolidation du mythe du retour qu'à son effondrement. Il consolida ce mythe car, dans la période qui précéda le 1er juillet, des douzaines de milliers de Pakistanais furent tentés de partir afin d'amasser de l'argent et de revenir au pays, poussés par l'impression que c'était « maintenant ou jamais ». La pression familiale dans certains cas était extrêmement intense : Alison Shaw, dans son étude sur Oxford, évoque le cas d'Amjad, du Mirpur, à qui une agence de recrutement avait proposé deux emplois, l'un au Pakistan, l'autre en Grande-Bretagne. Ayant officié dans l'armée pendant de longues années, loin de chez lui, ce dernier préféra demeurer auprès des siens. Très vite pourtant, il devint la risée de tout son village, car le salaire perçu en Grande-Bretagne serait bien supérieur à celui touché au Mirpur. Avant même qu'Amjad ait pris sa décision, son épouse annonça à tout le monde que son mari allait quitter le Cachemire pour tenter sa chance en Angleterre, en 1961, et c'est précisément ce qui advint[3].

Dans l'ensemble pourtant, la loi de 1962 porta un coup qui devait être fatal au mythe du retour. La première raison est que l'afflux massif précédant sa mise en vigueur renforça de façon significative la concentration d'immigrés autour de zones géographiques bien déterminées. Il y eut dès lors la possibilité qu'émergent de véritables communautés d'immigrés, avec un système d'entraide, l'ouverture de magasins, services, boutiques de toutes sortes reproduisant certains des aspects de la vie au

---

3. Alison Shaw, A Pakistani Community in Britain, op. cit., p. 27.

Pakistan, sans oublier les premières mosquées. L'importance numérique de ces immigrés tend à invalider l'idée selon laquelle ils étaient en transit, étrangers en terre complètement étrangère, travaillant quelques années avant de repartir[4]. De plus, «la mise en place des contrôles d'entrée les a progressivement encouragés à faire venir leurs familles, ce qui a transformé leur installation provisoire en une implantation permanente[5].» De fait, entre 1962 et 1967, 13 600 femmes et 29 800 enfants arrivèrent du seul Pakistan[6]. Avec les années 1980, le mythe du retour fut définitivement battu en brèche, ce qui se refléta dans le discours public : l'expression «minorité ethnique» (*ethnic minority*) remplaça «immigré» (*immigrant*), désormais de moins en moins utilisé.

Avec l'arrivée des enfants, la possibilité d'une instruction «à l'anglaise» accéléra la remise en cause du retour au pays. Dans une étude menée à Saltley (Birmingham) au début des années 1980, Danièle Joly montre que beaucoup de parents sont désormais conscients que «cela va ruiner leur éducation si nous retournons au pays[7].» Outre qu'elle rend caduque la notion de retour, une telle ambition illustre une rupture avec les coutumes du sous-continent, dont la société de castes induit un déterminisme économique strict : un enfant de cordonnier sera lui-même cordonnier, un enfant de tailleur, tailleur à son tour, etc. Cette société semble de plus en plus loin lointaine à de nombreux immigrés, comme l'affirme cet homme installé à Bedford, au nord de Londres, interrogé en 1970 : «Les enfants nés ici ne voudront jamais repartir. Même nous, après dix ans ici, on sent quand on va au Pakistan que c'est un pays étranger. Et si nous on ressent ça, vous imaginez un peu l'impression que peuvent avoir nos enfants[8]?» Dans ce cadre, c'est aux mères qu'incombe la tâche d'inculquer les principes de la société traditionnelle pakistanaise, sa moralité, sa religiosité, son respect des valeurs familiales, pour limiter le fossé entre le pays d'origine et la société britannique, dont on critique volontiers le caractère individualiste et la permissivité.

---

4. *C'est notamment l'idée exprimée par Atif Imtiaj Muhamad Syed dans* Identity and the Politics of Representation, the Case of Muslim Youth in Bradford, *thèse de doctorat, London School of Economics, 1999, p. 26.*
5. *Cité dans Didier Lassalle,* Les Minorités ethniques en Grande-Bretagne, *op. cit., p. 27.*
6. *Humayun Ansari,* The Infidel Within..., *op. cit., p. 254.*
7. *Cité dans Danièle Joly, «The Opinions of Mirpuri Parents in Saltley, Birmingham, About their Children's Schooling»,* Muslims in Europe, *n° 23, septembre 1984, p. 9.*
8. *Cité dans John Brown,* The Unmelting Pot, *op. cit., p. 140-141.*

Les épouses, le foyer et le marché du travail

Garante de la moralité familiale, l'épouse devait dans la plupart des cas rester chez elle et respecter la pratique du *purdah*, terme perse signifiant «rideau» et qui implique qu'une bonne musulmane doit tenir le foyer en évitant de sortir. La rigueur ou la souplesse de cette pratique dépend de deux types de facteurs géographiques, liés premièrement à la région d'origine (plus celle-ci est rurale, plus la pratique est rigoureuse, comme dans le Mirpur et surtout le Jhellum) et deuxièmement à la région d'immigration : les femmes de la petite communauté pakistanaise installée à Belfast, très vulnérable car numériquement peu importante et prise dans les rets d'un conflit nord-irlandais qu'elle ne comprend pas[9], vivent dans des conditions très différentes des musulmanes installées à Birmingham ou Bradford, au sein desquelles des trajets entre maisons de familles amies sont facilités par l'existence d'enclaves ethniques.

Il est très difficile d'affirmer que le statut des femmes pakistanaises a été amélioré par l'acte d'immigration. Les sources et témoignages manquent, notamment pour les années 1960 et 1970. Une certaine lecture féministe occidentale tendrait à considérer que le foyer familial des immigrés est le lieu de l'aliénation et de l'oppression par excellence, mais il faut rappeler que pour la femme musulmane immigrée, ce foyer familial, même dominé par l'homme, est considéré comme un lieu de force morale que l'on comprend, un havre de sécurité face à des valeurs britanniques tout à fait étrangères, surtout pendant les premières années[10]. Plus qu'un symbole d'aliénation, le foyer peut être un lieu de désœuvrement, notamment au début : les femmes pakistanaises et bangladaises étaient, dans leur terre natale, très actives dans les travaux des champs et remplissaient une fonction cruciale au sein d'une économie rurale fragilisée[11].

C'est une des raisons pour lesquelles l'acte d'immigration a également renforcé la religiosité des épouses, notamment compte tenu de cette centralité du foyer, comme l'affirme Nilufar Ahmed dans une étude de terrain sur Tower Hamlets (Londres)[12]. Dans certains cas, des hommes se sont laissés aller à divers excès défendus par l'islam – Pnina Werbner

---

9. Sur ces Pakistanais à Belfast, voir Tahir Abbas (ed.), Muslim Britain..., op. cit., p. 225-232.
10. Ibid., p. 133.
11. Voir Charles Husband (ed.), Race in Britain, continuity and change, Londres, Hutchinson, 1982, p. 135-136.
12. Tahir Abbas (ed.), Muslim Britain..., op. cit., p. 196.

évoque ces marchands textiles de Manchester buvant de l'alcool entre eux lors de la signature de contrats[13] – en gardant la certitude que leurs épouses à la maison, par leur comportement exemplaire, travaillent quotidiennement à préserver l'honneur (*izzat*) de la famille. Ces responsabilités morales, pratiques et religieuses firent que, liées à la méconnaissance de la langue anglaise et à la pratique du *purdah*, beaucoup de femmes musulmanes ne quittaient guère le foyer. Notamment dans les années 1960 et 1970, elles étaient bien moins nombreuses à travailler à l'extérieur que les femmes hindoues ou sikhes. Selon une étude de 1975, 40 % des Indiennes (principalement hindoues et sikhes) travaillaient, contre 16 % des Pakistanaises et Bangladaises prises ensemble. Les variantes régionales sont également sensibles : seulement 7 % des femmes pakistanaises installées dans le Yorkshire et les West Midlands avaient un emploi, pour 27 % de leurs compatriotes dans le sud-ouest et le sud-est (région de Londres)[14]. De sorte qu'il y a aussi une raison sociale à ce qui pourrait apparaître comme une spécificité religieuse : les femmes musulmanes du Yorkshire et des Midlands (Birmingham) sont aux deux tiers issues des zones les plus rurales et reculées, où l'on note la plus grande réticence à l'emploi féminin à l'extérieur du foyer, et où la sous-qualification des hommes comme des femmes est de loin la plus grande[15]. Dans les cas où elles travaillent à l'extérieur, ces femmes ont pu se socialiser mais aussi renégocier les termes des relations de pouvoir au sein du foyer familial, compte tenu du capital symbolique que confère l'activité professionnelle. Elle représente également un capital financier : à Leicester, l'ascension sociale des immigrés du sous-continent a été favorisée par le travail des femmes, grâce auquel il a été plus facile de quitter des quartiers comme Belgrave, par exemple[16].

La pratique du *purdah* n'empêche pas les travaux de sous-traitance textile à domicile, où les femmes immigrées peuvent puiser dans un savoir-faire acquis dans leur pays d'origine. Très souvent, le quotidien de nombreuses femmes immigrées est marqué par l'isolement et l'aliénation, surtout dans les cas, multiples, où elles ont été séparées de leur mari pendant de longues années et sont venues retrouver en Angleterre une personne qu'elles ne connaissent guère. Sans oublier

---

13. Pnina Werbner, «From Rags to Riches...», art.cit., p. 89.
14. Voir Charles Husband (ed.), Race in Britain..., op. cit., p. 136-137.
15. Voir Humayun Ansari, The Infidel Within..., op. cit., p. 185.
16. Voir Joanna Herbert, Negotiating Boundaries in the City..., op. cit., p. 79, 102, 164-165.

que leur expérience britannique est souvent indissociable de celle du racisme. Pour certains blancs, insulter une femme musulmane, voilée ou non, c'est s'en prendre à une proie trop facile, qui ne répliquera pas. C'est aussi comme cela qu'il faut comprendre, au-delà de la pratique du *purdah*, le fait que tant de femmes issues du sous-continent indien préfèrent travailler chez elles, comme le dit en 1985 cette immigrée bangladaise installée dans l'East End de Londres : « Quand on vit à Newham, on n'a pas le choix... Quand une maison asiatique brûle ici, ça ne fait même plus la une des journaux. La police ne sert à rien : elle n'admettra pas que ces attaques contre nos maisons sont racistes. Comment voulez-vous que je sorte de chez moi pour chercher un emploi dehors dans ces conditions[17] ? » Ces craintes avaient déjà été décrites dans un rapport de 1 000 pages du JCAR (Joint Committee Against Racialism) en 1981, qui marqua profondément William Whitelaw, ministre de l'Intérieur de Margaret Thatcher[18].

C'est pour défendre l'émancipation des femmes des minorités asiatiques et caribéennes que fut fondée l'association Southall Black Sisters (SBS) en 1979, du nom de ce quartier cosmopolite à l'ouest de Londres[19]. Une des particularités de ces « sœurs noires » est de combattre la violence faite aux femmes des minorités, notamment dans le domaine conjugal. À travers les années, SBS a réussi à mobiliser de nombreux militants autour de questions comme les mariages forcés, le harcèlement subi par un certain nombre de femmes anonymes, l'exploitation économique de femmes immigrées aux mains de leur propre famille comme à celles de multinationales, dont certaines emploient des femmes asiatiques à l'aéroport d'Heathrow, non loin de Southall[20].

L'existence de Southall Black Sisters appelle deux types de remarques, la première historique, la seconde géographique. D'une part, ses premiers succès, relayés par les médias nationaux, datent du début des années 1990, soit près de quinze années après la naissance de l'association : SBS défendit notamment des femmes qui, après avoir été victimes des pires traitements pendant des années, tuèrent leur mari :

---

17. Cité dans Humayun Ansari, The Infidel Within..., op. cit., p. 269.
18. M. Whitelaw avait décrit les crimes racistes comme « haineux » (wicked crimes), avant d'avouer que « nous avons sans doute négligé leur fréquence par le passé ». Voir Panikos Panayi, Racial Violence in Britain..., op. cit., p. 206-207.
19. Voir www.southallblacksisters.org.uk
20. Sur ce dernier point, voir Amrit Wilson, Dreams, Questions, Struggles, South Asian Women in Britain, Londres, Pluto Press, 2006, p. 139-158.

Sara Thornton, Amelia Rossiter, Kiranjit Ahluwalia, Zoora Shah[21].

Ensuite, d'un point de vue géographique, force est de constater que certaines villes abritant de très larges communautés asiatiques musulmanes n'ont pas un équivalent du SBS londonien : les minorités musulmanes de Bradford et Birmingham, notamment, ont été traditionnellement représentées par des leaders locaux, des hommes voulant souvent reproduire la société patriarcale traditionnelle du Cachemire rural. On ajoutera que le multiculturalisme de nombreuses autorités locales, dans les années 1980 et plus tard, renforça ce type de mainmise, comme le déplore Rahila Gupta, leader historique des SBS : « le multiculturalisme ne s'intéresse guère à la nécessité qu'il y a de promouvoir la démocratie locale : il repose sur des leaders ethniques qui sont autoproclamés, et qui, historiquement, n'ont aucun intérêt à défendre la justice sociale ou l'égalité des sexes[22]. » Nous reviendrons sur certaines de ces critiques dans la deuxième partie de cet essai.

Les Asiatiques d'Afrique de l'Est

En succédant à Milton Obote en janvier 1971, Idi Amin Dada poursuivit une politique d'africanisation initiée par son prédécesseur, et mise en place par certains de ses voisins : Jomo Kenyatta au Kenya, Julius Nyerere en Tanzanie ou Hastings Kamuzu Banda au Malawi. Dans les colonnes du *Uganda Argus*, Idi Amin Dada annonça : « Jamais dans l'histoire un Africain n'a eu un ami asiatique. C'est pourquoi nous disons au revoir aux Asiatiques[23]. » Les 100 000 Ougandais originaires du sous-continent indien, sikhs, hindous, musulmans, avaient trois mois pour quitter le pays. Détenteurs de passeports britanniques, beaucoup d'entre eux étaient nés en Afrique. À partir de 1967, nombre de leurs voisins kenyans avaient connu le même sort, plaçant Londres dans un embarras considérable : toutes ces familles, composées de citoyens

---

21. *Pour des descriptions détaillées du procès des deux dernières, lors desquels l'expertise de SBS a été sollicitée, voir Anne Phillips,* Multiculturalism Without Culture, *op. cit., p. 86-89.*
22. *Cité dans Rahila Gupta (ed.),* From Homebreakers to Jailbreakers, Southall Black Sisters, *Londres, Zed Books, 2003, p. 18. Sur le multiculturalisme comme reproducteur de l'inégalité des sexes, voir Susan Moller Okin (et al.),* Is Multiculturalism Bad for Women?, *Princeton (N. J.), Princeton University Press, 1999.*
23. *Cité dans Colin Holmes,* John Bull's Island..., *op. cit., p. 380-381. Cet épisode méconnu de l'histoire africaine (et de l'immigration en Grande-Bretagne) est illustré dans le film* The Last King of Scotland *(Kevin McDonald, 2006).*

britanniques, étaient expulsées par des dictateurs et constituaient une classe moyenne prospère, anglophone et industrieuse, et l'on ne pouvait décemment leur refuser l'accès à la Grande-Bretagne. Le problème était que leur arrivée potentielle coïncida avec la montée en puissance d'une extrême droite symbolisée par la création en 1967 du National Front et surtout par la figure d'Enoch Powell et son fameux discours de Birmingham, exagérant de manière éhontée[24] le poids démographique de l'immigration de couleur dans le pays. Comme le remarque Robert Winder, Kenyans et Ougandais originaires d'Inde se retrouvèrent dans une situation impossible : « jetés hors d'Afrique car ils étaient trop pâles, ils débarquaient dans un pays où on les considérait trop noirs[25]. »
Londres décréta la mise en place de quotas migratoires pour les Kenyans : d'abord 1 500 par an, qui passèrent ensuite à 3 000, puis 3 500, et enfin à 5 000. Quant aux Ougandais, on fit savoir que 28 000 d'entre eux seraient acceptés sur le territoire britannique. En 1971, le gouvernement conservateur d'Edward Heath promulgua une loi sur l'immigration (*Immigration Act*) affirmant l'importance d'une relation ancestrale avec le Royaume-Uni (*patriality*) pour s'installer sur le territoire national, et excluant les autres (*non patrials*), soumis aux contrôles[26]. Ce principale de « l'ancestralité » renforça la législation de 1962 : surtout, la loi de 1971 réussit le tour de force d'établir un distinguo entre blancs du Canada, d'Australie ou de Nouvelle-Zélande et noirs de Jamaïque, du Pakistan ou d'Inde, sans jamais évoquer ouvertement l'idée d'une préférence raciale.
Le ministère du Travail essaya de définir le profil sociologique des réfugiés ougandais : interrogeant les 1 500 premières personnes installées dans des camps de fortune ou des bases militaires en attendant d'être relogées, il apparut clairement que, parmi ces Asiatiques munis d'une ou deux valises et d'un maximum de 50 livres sterling en liquide, 12 % seulement étaient sans qualification, la plupart étant médecins, enseignants, ouvriers qualifiés, artisans et commerçants[27]. Ils constituaient une communauté très majoritairement anglophone dont l'histoire était marquée par un double déplacement : d'abord de l'Inde (les trois quarts sont originaires du Gujarat) en Afrique de l'Est, ensuite d'Afrique en

---

24. Powell lui-même devait revenir sur ce mensonge. Voir son essai Freedom and Reality, Londres, Elliot Right Way Books, 1969, p. 154.
25. Cité dans Robert Winder, Bloody Foreigners..., op. cit., p. 379.
26. Voir Didier Lassalle, Les Minorités ethniques en Grande-Bretagne, op. cit., p. 29.
27. Voir Robert Winder, Bloody Foreigners..., op. cit., p. 382.

Grande-Bretagne. Ils étaient reconnaissants envers Londres qui avait su les accueillir, surtout après le traumatisme de leur expulsion par Idi Amin ou Jomo Kenyatta[28]. Beaucoup s'installèrent à l'ouest de Londres (Hounslow, Wembley, Southall), mais également à Leicester, Birmingham ou dans le nord industriel. Théoriquement, une officine gouvernementale du nom de Ugandan Resettlement Board avait pour mission d'éparpiller les Ougandais aux quatre coins du pays, afin de rasséréner la population, mais ces efforts furent vains[29].

La plupart de ces réfugiés étant originaires du Gujarat, on suppose donc qu'une majorité est hindoue, avec une minorité de sikhs et de musulmans[30]. Néanmoins, leur installation sur le sol britannique est intéressante pour nous en ce qu'elle contraste presque en tous points avec la majorité musulmane issue du Cachemire pakistanais et du Pakistan oriental (Bangladesh en 1971) : tout d'abord ce sont des familles entières qui affluent ensemble d'Afrique de l'Est, contrairement à ces hommes immigrés rejoints par épouses et enfants après quelques années ; ensuite, le profil sociologique de ces communautés asiatiques africaines est radicalement différent, comme l'attestent leur maîtrise de l'anglais et la méconnaissance de cette langue chez nombre de Cachemiris ou Bangladais. Enfin, autre contraste tout aussi net, la notion de « mythe du retour » n'avait aucun sens pour eux : en effet, une fois passé le traumatisme de l'exil violent, ces familles eurent à cœur de commencer une nouvelle vie dans un pays démocratique, et de prospérer en puisant dans leur passé africain les recettes de la réussite économique. Un tel parcours ne fut certes pas sans embûche : habitués à une sous-classe (*underclass*[31]) ouvrière caribéenne ou pakistanaise sur leur territoire, beaucoup de Britanniques blancs virent d'un mauvais œil cet afflux d'Asiatiques instruits : « Quand je suis arrivé à Bradford,

---

28. Voir Philip Lewis, Young, British and Muslim, op. cit., p. 24. Entre 1975 et 1977, une minorité d'Asiatiques du Malawi a connu le même sort ; voir Colin Holmes, John Bull's Island..., op. cit., p. 225-226 ; sur les minorités asiatiques en Afrique de l'Est, voir la note de recherche de Nandini Patel, « A Quest for Identity : the Asian Minority in Africa », www.federalism.ch
29. Voir Joanna Herbert, Negotiating Boundaries in the City..., op. cit., p. 81.
30. Beaucoup étaient issus de la caste Lohana, très majoritairement hindoue, et qui est connue pour partager une grande fierté et une grande solidarité de caste.
31. Paul Gilroy évoque Caribéens et Asiatiques comme faisant partie, pour la plupart, d'une sous-classe, qui ne s'identifie pas à la culture et à la communauté ouvrière, mais crée ses propres institutions et organisations, qui la constituent en sous-classe. Voir There Ain't No Black in the Union Jack, Londres, Routledge Classics, 2002, p. 10.

les blancs étaient jaloux parce que j'étais trop qualifié [...] L'homme de la rue en Angleterre avait toujours l'impression qu'un "noir", ça doit travailler à construire les routes, comme un Irlandais, donc beaucoup se disaient en nous regardant "lui, il doit pas être très malin", mais en fait ils se trompaient[32].» De même, notamment à Leicester, l'esprit d'autodéfense et le caractère qu'on croyait démesurément revendicatif des Asiatiques d'Afrique étaient perçus avec méfiance par certains immigrés du sous-continent, pour qui ces nouveaux venus étaient encombrants et risquaient bien d'envenimer les relations entre majorité blanche et minorités asiatiques[33].

Les Asiatiques d'Afrique, quelque temps après leur arrivée, comptèrent en effet parmi les leaders des minorités du sous-continent indien en Grande-Bretagne, quelle que soit leur religion. À Leicester, Birmingham ou Southall, beaucoup s'investirent activement dans un tissu associatif assez dense, dont la vitalité était garantie par deux éléments opposés : d'une part, l'absence de régulation nationale en la matière autorisait la création d'associations par des nationaux et non-nationaux[34] ; d'autre part, l'émergence, à partir de la fin des années 1960, de tensions raciales très fortes dans certaines conurbations incitait des immigrés à s'unir contre la violence raciste, la discrimination, mais aussi en faveur d'une éducation garantissant une véritable égalité des chances à tous les élèves, quelles que soient leurs origines.

L'entrée en politique

Vers la fin des années 1960, l'expression *Paki-bashing* («casser du sale Pakistanais») commença à faire florès dans le nord de l'Angleterre, en particulier dans le Lancashire[35]. Les violences racistes dont furent victimes un certain nombre d'immigrés étaient, dans bien des cas, imputables à des bandes de jeunes hommes, souvent (mais pas toujours) issus des classes ouvrières. Celles-ci trouvaient deux types

---

32. Bradford Central Library, Bradford oral archives, C0030.
33. Voir Joanna Herbert, Negotiating Boundaries in the City..., op. cit., p. 118.
34. Au rebours de la France, où la loi de 1901 sur les associations ne concerne pas les associations d'étrangers, interdites jusqu'en 1981. Rappelons enfin que, de toute façon, les immigrés arrivés avant 1962 sont des citoyens britanniques à part entière. Sur le contraste entre législation française et britannique s'agissant des associations d'étrangers, voir Danièle Joly, L'Émeute... op. cit., p. 144.
35. Pour des exemples touchant notamment à Blackburn et Accrington, voir Geoff Mungham et Geoff Pearson, op. cit., p. 49-54.

Les épouses et enfants, ou l'invalidation d'un mythe | 79

de légitimation : premièrement, l'impression d'être «envahies» par un «flot d'immigrés», malgré des statistiques nationales prouvant tout le contraire. Deuxièmement, dès les années 1960 se répandit l'impression que les immigrés étaient «mieux traités» que la majorité blanche, sentiment que venait confirmer le vote des *Race Relations Acts* de 1965, 1968 et 1976, visant à combattre la discrimination raciale. Ces deux préjugés se trouvaient renforcés par la méconnaissance du plus grand nombre vis-à-vis de l'histoire et de la géographie de l'immigration, ainsi que de son lien avec l'histoire coloniale[36].

Cette méconnaissance est propice aux mythes les plus saugrenus sur la présence pakistanaise qui, par leur puissance évocatrice et le dégoût qu'ils suscitent auprès d'une partie de la population anglaise, vont bien au-delà des simples «potins dépréciatifs» analysés par Norbert Elias. Comme le note Jeremy Seabrook dans une remarquable étude sur les classes ouvrières à Blackburn :

> «Il existe une sorte de spectre populaire, auquel il est toujours fait référence au singulier, et qui est un condensé des aspects les plus repoussants des immigrés de la ville. Son nom est «Packie Stan». Il tue des moutons et des poulets dans son arrière-cour, ses enfants urinent sur les poteaux électriques, il possède une très grande famille, et partout où il va le prix de l'immobilier s'effondre[37].»

On peut voir dans le stéréotype de «Packie Stan» une façon d'angliciser, et donc d'apprivoiser, des noms exotiques souvent difficiles à maîtriser, ou au contraire un enkystement monstrueux, par une présence allogène indésirable, de l'identité anglaise, comme dans *Bradistan*, *Pakiford* pour Bradford ou plus tard *Londonistan*.

Jeremy Seabrook note ensuite que perdure un mythe dans des villes comme Manchester, Blackburn et Birmingham, mythe selon lequel une femme «du voisinage» a été réveillée une nuit par des bruits dans son grenier. Allant voir ce qui s'y passe, elle a découvert toute une famille de Pakistanais installée là, et qui avait littéralement colonisé tous les greniers de sa rue, enfonçant discrètement tous les murs des maisons mitoyennes. Cette anecdote mythique résume à elle seule une certaine appréciation anglaise des Pakistanais : ils sont sournois, ils avancent

---

36. *En 1948, un sondage sur ces questions fut organisé auprès de 2 000 adultes, avec des résultats assez édifiants.* Voir David Kynaston, Austerity Britain, 1945-1951, Londres, Bloomsbury, 2007, p. 272-273.
37. Cité dans City Close-Up, Harmondsworth, Penguin, 1971, p. 44.

masqués, ils ont pris le pouvoir parce qu'ils sont installés dans la partie supérieure des habitations et ils sont plus nombreux que les blancs. On notera que ce préjugé est souvent exprimé par des personnes âgées, principalement des classes ouvrières, celles-là même qu'Enoch Powell a essayé de séduire à la fin des années 1960, celles-là même qui vivent comme un traumatisme l'impossibilité de quitter des zones urbaines de plus en plus «colonisées» par les Pakistanais ou Caribéens.

Certains lecteurs seront sans doute tentés de se gausser de telles croyances. C'est ici qu'un détour par Orwell s'avère utile : dans un essai sur l'antisémitisme en Grande-Bretagne, l'auteur de *1984* évoque un épisode tragique de l'hiver 1942, lorsqu'une panique suite à un bombardement à Londres provoqua l'afflux d'une «foule affolée» dans une station de métro : «la panique fut telle que plus de cent personnes moururent piétinées». Ce qui suit est édifiant : la même journée, on entendit raconter partout que c'était «la faute aux juifs». La conclusion d'Orwell s'applique parfaitement au mythe des Pakistanais dans les greniers évoqué par Seabrook, et pose une énigme majeure au chercheur en sciences sociales : «la seule chose utile est de comprendre *pourquoi* ils sont, dans ce domaine précis, capables de gober ces absurdités, alors qu'ils conservent leur bon sens sur toutes sortes d'autres sujets[38].»

Si les personnes âgées qui ne veulent pas ou ne peuvent pas déménager sont souvent séduites par la rhétorique catastrophiste d'Enoch Powell, les jeunes, eux, peuvent être tentés par le *Paki-bashing*, compte tenu entre autres de l'image quelque peu stéréotypée de Pakistanais passifs et dociles, au profil bas en toutes circonstances. L'idée était en effet assez largement répandue jusqu'à la fin des années 1970 que, de toute façon, ces Pakistanais ne répliqueraient pas en cas d'agression. Pareil sentiment semblait conforté par le caractère acceptable des blagues antipakistanaises, qui supplantèrent au début des années 1970 les blagues anti-irlandaises, malgré l'actualité immédiate de l'embrasement à Belfast ou Derry : dans *The Comedians*, émission extrêmement populaire sur ITV (1971-1985), les blagues sur les Pakistanais étaient légion[39]. La série *Love Thy Neighbour* (1972-1977) montrait certes des «noirs» sous un jour positif, mais il s'agissait ici de Caribéens[40].

---

38. Cité dans George Orwell, Essais, articles, lettres 1943-1945, Vol. III, Ivréa / Édition de l'encyclopédie des nuisances, Paris, 1998, p. 423.
39. Voir Colin Holmes, John Bull's Island..., op. cit., p. 253.
40. Voir Amandine Ducray, «Le défi multiculturel à l'aune de la comédie télévisée britannique», dans Revue française de civilisation britannique, Vol. XIV (n° 3), 2007, p. 144-146.

Face au racisme latent ou ouvertement exprimé, certains étaient tentés par le repli sur soi identitaire. Ceci est d'autant plus vrai que l'actualité tourmentée du sous-continent indien venait constamment rappeler aux immigrés que leur famille était directement menacée par le jeu diplomatique souvent dangereux entre Pakistan et Inde, autour de l'éternelle question du Cachemire, mais aussi entre Pakistan occidental et Pakistan oriental. Ainsi, le Cachemire connut des guerres meurtrières en 1948 et en 1965, et le Pakistan oriental arracha son indépendance au gouvernement d'Islamabad (Pakistan occidental) pour devenir le Bangladesh en 1971, avec l'aide de l'Inde[41]. Or, on sait que ce sont précisément ces vastes zones du sous-continent indien qui procurèrent les plus larges contingents d'immigrés au Royaume-Uni. L'intérêt était donc assez fort pour ce que certains Britanniques reprochant aux Pakistanais leur «communautarisme» appellent le *Back-Home politics*. Ainsi, associations de défense et de solidarité vis-à-vis d'un Cachemire qu'on souhaiterait autonome ou indépendant virent le jour dans les principaux foyers d'immigration cachemirie. John Rex et Danièle Joly, auteurs de multiples études de terrain sur Birmingham, insistent toutefois sur la façon dont l'investissement au sein de ce réseau associatif tourné vers le pays d'origine ne s'oppose pas, bien au contraire, à une participation politique active dans le pays d'accueil[42]. La seule possibilité que ces associations existent sans entrave suscitait d'ailleurs la gratitude des immigrés, qui avaient parfaitement conscience que leur pays d'origine n'autorisait pas tous types de discours, et qu'il en allait de même pour d'autres foyers d'immigration pakistanaise ou bangladaise, le meilleur exemple étant l'Arabie Saoudite[43].

Assez tôt, les musulmans notamment pakistanais et bangladais s'investissent en politique locale, et leur taux de participation aux élections est très souvent plus important que celui des blancs. Beaucoup des revendications propres aux minorités ethniques, en effet, peuvent être satisfaites à l'échelon local. De plus, le fait que les élections y soient annuelles, que les circonscriptions soient de taille limitée et qu'il y ait une forte concentration résidentielle des immigrés permet à ces derniers d'être parfois des acteurs politiques de premier plan au sein

---

41. Voir Christophe Jaffrelot (dir.), Le Pakistan, op. cit., p. 210-221.
42. Voir Danièle Joly, L'Émeute... op. cit., p. 146-147 ; John Rex, Ethnicité et citoyenneté, op. cit.
43. Entre 1973 et 1979, le nombre de Pakistanais au Moyen-Orient alla parfois jusqu'à atteindre trois millions. Voir Christophe Jaffrelot (dir.), Le Pakistan, op. cit., p. 274-275.

de leurs circonscriptions[44]. Dès l'immigration des femmes et enfants, les immigrés pakistanais et bangladais ont régulièrement affaire aux grandes municipalités gérées par le parti travailliste, afin par exemple d'influer sur leur politique en matière d'éducation[45].

Au fil des années, les parents immigrés découvrent que ce système éducatif, s'il est largement plus performant que celui d'un pays pauvre comme le Pakistan, le Bangladesh ou même l'Inde, présente des imperfections assez préoccupantes. Dès les années 1970, il apparaît clairement que les enfants musulmans d'origine pakistanaise et bangladaise réussissent beaucoup moins bien que les blancs et que les écoliers hindous et sikhs, principalement pour des raisons sociolinguistiques. En 1970, 2,5 % des enfants de parents pakistanais sont acceptés en *grammar schools*, sortes de lycée d'élite, contre 20 % de la population blanche. En 1983, 27 % des Pakistanais et 51 % des Bangladais n'ont aucune qualification[46].

De nombreux témoignages de parents insistent sur le manque d'encouragement dont souffriraient leurs enfants, considérés par beaucoup d'enseignants comme des élèves appelés à quitter très vite le système scolaire. Nul besoin, dans ces circonstances, de les pousser plus que de raison – c'est en tout cas ce que semblent déplorer des parents interrogés dans les années 1970 et 1980. Ainsi ce chauffeur de bus originaire du Mirpur : « les enseignants partent du principe que votre enfant, ayant grandi dans un milieu où l'on ne parle pas beaucoup l'anglais, aura des difficultés énormes et que donc ce n'est pas la peine de faire des efforts pour lui [47]. » Cette enseignante d'origine pakistanaise abonde dans son sens : « les enseignants et principaux d'établissements pensent que les Asiatiques sont crétins, stupides, en fait ils n'ont pas d'ambition pour eux, ils ne les poussent pas, ne les encouragent pas vraiment[48]. » Ces reproches sont assez largement corroborés par une circulaire du syndicat national enseignant (National Union of Teachers), datant de 1982[49].

Dans les années 1960 et 1970, nombre de décisions affectant directement l'enseignement des enfants musulmans étaient prises sans discussion préalable avec les parents, comme par exemple des expériences

---

44. Voir Romain Garbaye, Getting Into Local Power..., op. cit., p. 227.
45. Voir John Rex, Sally Tomlinson, Colonial Immigrants in a British City, op. cit., p. 87, p. 271 ; John Rex, Ethnicité et citoyenneté, op. cit., p. 168-169.
46. Voir Humayun Ansari, The Infidel Within..., op. cit., p. 302-304.
47. Bradford Central Library, Bradford oral archives, C0104.
48. Bradford Central Library, Bradford oral archives, C0070.
49. Voir Danièle Joly, « The Opinion of Mirpuri Parents... », art. cit., p. 2.

malheureuses de *busing*, organisées notamment à Bradford, Birmingham et Southall : dès 1964, le Commonwealth Immigrants Advisory Council, mû par la volonté d'assimiler les Asiatiques des quartiers les plus ségrégués[50], fit la promotion d'un système de ramassage scolaire ethnique, à l'image de ce qui se pratiquerait quelques années plus tard aux États-Unis[51]. Comme beaucoup, Riaz Ahmed, commerçant à Bradford, ne garde pas un bon souvenir de cette expérience :

« Ça ne marchait pas du tout parce que c'était à sens unique. Je me souviens que quelques jeunes Pakistanais comme moi allions dans des écoles blanches, on était dix ou douze, je me souviens bien qu'on était harcelés et insultés, c'était horrible. En plus, ces années de jeunesse sont importantes pour la formation de votre personnalité, et tout cela laisse des traces[52]. »

Différentes associations de « défense des droits des blancs » avaient vu le jour dans les années 1960, notamment Southall Residents' Association et English Rights Association (Birmingham) : celles-ci veillaient entre autres à ce que le *busing* demeure unilatéral, et qu'une majorité de Britanniques prenne conscience des problèmes posés par l'immigration, notamment en matière d'éducation[53]. Quant aux musulmans, ils commençaient à comprendre qu'il leur fallait investir le champ politique afin de faire connaître leurs souhaits principaux, souvent liés à l'éducation : sous-investissement public dans de nombreuses écoles, mais aussi règlements intérieurs ou disciplines particulières jugés incompatibles avec les préceptes de l'islam (mixité, cours de sport pour les filles incluant la pratique de la natation, nourriture non halal dans les cantines). Notons au passage que le port de la jupe-uniforme pour les filles suscitait la désapprobation tant de parents musulmans que sikhs ou hindous. On recense d'ailleurs quelques cas d'expulsion

---

50. *L'initiative préconisait le déplacement des enfants d'immigrés (busing) dans les écoles où leur proportion dépassait les 33 %. Voir Esther Saraga,* Embodying the Social, Constructions of Difference, *Londres, Routledge, 1998, p. 105-107.*
51. *La ville de Boston constitue un exemple très intéressant : voir le chapitre d'Andrew Diamond sur Newham (banlieue de Boston), dans Olivier Esteves, Emmanuelle Le Texier et Denis Lacorne (dir.),* Les Politiques de la diversité : expérience anglaise et américaine, *Paris, Presses de Sciences Po, 2010, p. 113-129.*
52. *Entretien, Bradford, 15 mai 2008.*
53. *Voir Robert Winder,* Bloody Foreigners…, *op. cit., p. 263.*

d'établissements scolaires concernant ces trois groupes religieux à Birmingham, dans les années 1970[54]. Ce sont des événements de ce type qui incitèrent les membres des minorités ethniques à entrer dans l'arène politique locale, dans l'immense majorité des cas sous la bannière du parti travailliste[55]. Citoyens britanniques pour la plupart, ils pouvaient donc voter mais aussi être élus, contrairement à des pays comme la France ou l'Allemagne où l'énergie militante des immigrés était accaparée par la lutte pour l'accès à la citoyenneté. Le Labour scella, dans les grandes villes d'immigration, une union qui devait perdurer jusqu'aux années Blair et la rupture incarnée par la guerre en Irak[56].

Les années 1970 sont ponctuées de violences racistes qui devaient empirer pendant la longue période Thatcher. On assiste alors à une polarisation politique, où d'un côté le discours extrémiste du National Front passe de mieux en mieux auprès d'une certaine frange de la population blanche et où, de l'autre, de plus en plus d'immigrés et leurs enfants se radicalisent politiquement. Certains leaders communautaires puisent leur inspiration politique dans le fort mouvement marxiste ou socialiste en Inde, tandis que d'autres, parmi les jeunes générations nées en Angleterre, nouent des liens avec les trotskistes du Socialist Workers Party. D'autres enfin relient leurs revendications locales à la dimension internationale du tiers-mondisme ou du maoïsme. L'Indian Workers Association (IWA) de Birmingham est d'ailleurs présidée pendant ces années par un maoïste, et des manifestations antiracistes sont organisées conjointement avec les trotskistes, où l'on voit défiler ensemble Caribéens, Pakistanais et Bangladais. Dans le seul cas de Birmingham, l'influence de l'IWA va bien au-delà des 200 à 300 membres de sa branche locale[57].

Autre acteur de cette nébuleuse associative des Midlands : l'Asian Resource Centre, qui bénéficie du mécénat de l'entreprise Cadbury. Son but est d'aiguiser la conscience politique des Asiatiques du quartier pluriethnique de Handsworth, par-delà les distinctions religieuses, ethniques ou de castes. Le centre a quatre ambitions principales, toutes liées les unes aux autres : 1/ informer et conseiller ; 2/ permettre aux Asiatiques de se prendre eux-mêmes en main, ce qu'on nommerait

---

54. Voir Danièle Joly, L'Émeute, op. cit., p. 198.
55. Voir Humayun Ansari, The Infidel Within..., op. cit., p. 207.
56. Sur cette question, voir l'article de Romain Garbaye dans Revue française de civilisation britannique, op. cit., p. 65-78.
57. Voir John Rex et Sally Tomlinson, Colonial Immigrants in a British City, op. cit., p. 238-239, p. 267.

Les épouses et enfants, ou l'invalidation d'un mythe

aujourd'hui *empowerment*; 3/ veiller à ce qu'ils connaissent et défendent leurs droits ; 4/ leur permettre de devenir des citoyens à part entière[58].

Néanmoins, malgré le bouillonnement associatif de ces structures, qui sont au nombre de 200 à Birmingham au début des années 1980, il apparaît qu'un grand nombre de conseillers municipaux sont incapables de citer les noms des principales structures immigrées[59].

En 1978, l'année précédant l'arrivée de la dame de fer au pouvoir, un ouvrier textile bangladais, Altab Ali, est froidement tué sur Whitechapel Road, dans l'East End de Londres. La réaction est immédiate : quelque 7 000 personnes entament une marche silencieuse de protestation, de Brick Lane à Downing Street[60], afin de faire savoir que les trois *Race Relations Acts* (1965, 1968, 1976) visant à combattre la discrimination n'ont pas dissuadé une petite minorité de se livrer à des actes racistes pouvant aller jusqu'au meurtre. En effet, de jeunes skinheads, régulièrement, « descendent » sur Brick Lane, et causent de nombreux dégâts, s'en prenant physiquement aux Bangladais. Le scénario est presque identique dans le Nord et à Birmingham, où les Pakistanais sont visés. Avec l'émergence des deuxièmes générations, de tels événements précipitent la fin d'une période : celle du profil bas en toutes circonstances...

---

58. *Ibid., p. 269-270.*
59. Voir Romain Garbaye, Getting Into Local Power..., op. cit., p. 105, p. 121.
60. Voir *Panikos Panayi (ed.)*, Racial Violence in Britain..., op. cit., p. 200-201. *Le St Mary's Park sur Whitechapel High Street a été rebaptisé en Altab Ali Park en 1988 (voir www.altabalipark.co.uk).*

*Les ablutions avant la prière à la mosquée
Ghamkol Sharif de Small Heath (Birmingham).*

Chapitre 4 / OBÉDIENCES ET RELIGIOSITÉ

« Oui, oui, je vous comprends, j'approuve votre présence à la mosquée ; on ne peut pas rêver avec les mégères ou les gosses, on ne peut pas être sublime au domicile conjugal, on a besoin de se prosterner avec des inconnus, de se subtiliser dans la solitude collective du temple. »

Kateb Yacine, *Nedjma*, 1956

Les immigrés se caractérisaient jusqu'à la fin des années 1960 par une religiosité fort limitée. Précisons qu'il est possible, grâce au concept de *darura*, de bénéficier d'une certaine souplesse dans la pratique religieuse lorsque, par nécessité (*darura*), on ne peut respecter les cinq piliers de l'islam[1]. Les immigrés pakistanais étant en Grande-Bretagne avant tout pour travailler, le consensus parmi eux était que leur religiosité serait préservée à travers leur famille restée au pays, notamment par le biais de leur épouse.

De façon générale, l'immigration de musulmans en terre non musulmane posait une vraie difficulté, guère envisagée comme telle par la jurisprudence islamique (*fiqh*). Ainsi, le cheikh Badawi, fondateur du Muslim College de Londres, regrettait que la « théologie sunnite n'ait pas défini, de façon systématique, le statut des minorités[2] » musulmanes vivant en terre non musulmane, notamment en Europe. Cette dimension apparaîtrait au grand jour au moment de l'affaire des *Versets sataniques*, qu'Olivier Roy a analysée – en évoquant l'Europe occidentale et pas seulement la Grande-Bretagne – comme une « affaire d'immigrés », car « le passage à l'Ouest modifie le rapport à la religiosité qui prévalait dans le pays d'origine ». Par conséquent, « la religiosité doit donc s'éprouver comme choix et comme foi[3]. »

---

1. Lesquels sont : la profession de foi (shahada), la prière cinq fois par jour (salat), donner le zakat (« purification » en aidant les pauvres), le jeûne du Ramadan, le pèlerinage à La Mecque (Hajj), pour ceux qui peuvent se le permettre.
2. Cité dans Philip Lewis, Young, British and Muslim, op. cit., p. 6.
3. Cité dans Thomas Deltombe, L'Islam imaginaire..., op. cit., p. 81.

De façon pratique, dans les premières années, de multiples obstacles entravaient la pratique de la religion. Un immigré du Mirpur, ouvrier textile dans le West Yorkshire, rappelle :

« Quand je suis arrivé en Angleterre en 1961, il n'y avait pas de mosquée. En plus de ça, c'était impossible de savoir quand tombait le mois du Ramadan, quand le jeûne commençait, quand il terminait, quand tombait la fête de l'Aïd. Les seules informations qu'on avait, on les recevait par des lettres envoyées du Pakistan[4]. »

Shuja Shaikh, qui devait devenir maire de Hackney, quartier multi-ethnique de Londres, ne dit pas autre chose : « Au début, nous ne nous sommes pas préparés à vivre ici ; c'est pourquoi nous n'avons pas envisagé de construire une mosquée. Une seule pièce quelque part dans une maison faisait l'affaire[5]. » Cette religiosité des premières années était davantage d'essence *négative*, se limitant dans bien des cas au respect des injonctions islamiques touchant à ce qui est interdit – on pense ici surtout à la viande de porc et à la consommation d'alcool. Ces deux éléments sont cruciaux car, on l'a vu, ils contribuaient à rendre difficile une socialisation sereine avec les autochtones britanniques : « Comme on était musulmans, on trouvait repoussants certains des aliments que mangeaient les Anglais. Il nous est interdit de manger du porc, mais nous devons aussi nous tenir à l'écart de la viande elle-même et de son odeur. C'est pourquoi on maintenait une distance à la cafétéria, et on restait entre nous, d'un côté du réfectoire[6]. »

La fréquentation du *pub*, ce centre névralgique de la culture populaire masculine, était également défendue. Comme pour la viande de porc, on distinguait deux types d'interdiction, dépendant de la rigueur avec laquelle on respecte les dogmes. Soit les immigrés étaient prêts dans certains cas à aller au pub, comme en hiver pour se réchauffer[7], mais alors l'écrasante majorité ne buvait pas d'alcool, soit ils considéraient que se retrouver dans une pièce où l'on sert de l'alcool était en soi interdit (*haram*). Dans la plupart des cas, les immigrés musulmans évitaient les *pubs*, à l'inverse d'autres communautés immigrées, des Jamaïcains aux

---

4. *Bradford Central Library, oral archives, C0123.*
5. *Cité dans Joel S. Fetzer et J. Christopher Soper,* Muslims and the State in Britain, France and Germany, *Cambridge, Cambridge University Press, 2005, p. 31.*
6. *Bradford Central Library, oral archives, C0123.*
7. *Voir Joanna Herbert,* Negotiating Boundaries in the City..., *op. cit., p. 77.*

Polonais, des Italiens aux Baltes. Il se trouvait toutefois des exceptions : comme d'autres communautés d'immigrés avant eux – les Irlandais catholiques, par exemple –, des Pakistanais, Indiens ou Bangladais musulmans ont abandonné la foi et la culture de leur pays d'origine[8].

Les premières mosquées

Les toutes premières mosquées britanniques avaient surtout été érigées dans des villes portuaires, comme Liverpool, Londres, Cardiff ou South Shields (Newcastle). La mosquée de Liverpool devait son extraordinaire dynamisme à un converti du nom de William H. Quilliam[9]. Citons également la mosquée de Woking (Surrey, sud de Londres), très dynamique avant 1945. Avec l'arrivée de marchands, de chefs tribaux et d'étudiants issus de l'Empire colonial[10], cette dernière avait su se hisser assez vite au rang d'épicentre de la culture islamique en Grande-Bretagne. Créée en 1889, elle était souvent appelée « église musulmane de Woking[11] ». Avant la seconde guerre mondiale, la priorité demeurait de construire une grande mosquée à Londres, à l'image de celle de Paris, ouverte sous l'égide de l'État en 1926[12]. Après maintes tergiversations et plusieurs reports, la mosquée d'East London fut inaugurée en 1941, annonçant l'ouverture plus tard de la mosquée de Central London, à Regent's Park (laquelle ne fut complétée qu'en 1977). Ces lieux de culte attestaient avant tout le caractère cosmopolite de la capitale de l'Empire britannique : s'y côtoyaient, en effet, des musulmans de très nombreux horizons.

L'arrivée en masse des Pakistanais après 1945, et surtout au début des années 1960, créa petit à petit une véritable demande religieuse, qui irait en s'affirmant avec l'arrivée des épouses et surtout des enfants. Dans le premier temps de l'immigration, une seule pièce suffisait, ainsi que l'indique le témoignage du maire de Hackney cité plus haut. Celle-ci servait de lieu de prière et de petite école coranique (*madrasa*). Parfois même, des églises protestantes prêtaient une salle dans leur lieu de culte pour que des musulmans puissent y prier[13]. John Brown, auteur d'une étude de terrain sur Bedford (nord de Londres) à la fin des années 1960, note d'ailleurs que les immigrés pakistanais y ressentaient « une affinité

---

8. Voir John Rex, Ethnicité et citoyenneté., op. cit., p. 170.
9. Voir Humayun Ansari, The Infidel Within..., op. cit., p. 121-123.
10. Le plus connu étant Muhamad Ali Jinnah, père fondateur du Pakistan.
11. Voir Humayun Ansari, The Infidel Within..., op. cit., p. 15, p. 133.
12. Voir Benjamin Stora, Ils venaient d'Algérie, Paris, Fayard, 1992, p. 35.
13. Voir Philip Lewis, Young, British and Muslim, op. cit., p. 18.

particulière avec le christianisme[14] ». La focalisation médiatique et politique sur « l'ennemi musulman » à partir des années 1990 ferait oublier à un certain nombre de chrétiens[15] que les trois religions du Livre partagent un nombre substantiel de points communs.

Les nouvelles grandes mosquées, abritant le plus souvent des associations islamiques dont le personnel est bénévole mais aussi salarié, commencèrent à se développer à partir des années 1970, notamment à Manchester (1971-1972), Birmingham (1975), Londres (Regent's Park, 1977), Dewsbury (1982)[16], Glasgow (1984). La première *madrasa* officielle fut ouverte à Bury en 1975 par des musulmans d'obédience deobandi. Les fortunes amassées par une minorité de musulmans du sous-continent indien furent assez vite mobilisées pour faire fleurir leur religion en terre britannique et donc construire ou rénover des mosquées, peut-être moins dans un souci de prosélytisme (*da'awa*) qu'afin de montrer au grand jour la santé de la communauté et pour apporter la preuve à ses proches (*biraderi*) qu'on est un pieux musulman. Ainsi, dans le roman *The Curry Mile* de Zahid Hussain, le comptable d'un très riche restaurateur de Manchester tente de convaincre ce dernier de cesser d'engager des sommes considérables dans la réfection de lieux de culte, mais en vain : il en va tout autant de la réputation du restaurateur dans le quartier que du salut de son âme[17]...

Les capacités d'accueil des femmes au sein des mosquées demeurent souvent très limitées, voire inexistantes, et la situation ne change guère pendant plusieurs décennies, augmentant d'autant l'isolement et le repli sur soi d'une partie des immigrées[18]. La plupart du temps, ces dernières gardent le foyer et prient à leur domicile. L'isolement social par rapport au pays d'origine, parfois allié à la peur de sortir (les insultes racistes dans certains quartiers sont monnaie courante, notamment à l'encontre de femmes jugées plus dociles), font qu'en effet, pour beaucoup d'immigrées du Pakistan ou Bangladesh, la pratique

---

14. Cité dans The Unmelting Pot, op. cit., p. 139.
15. *Cela semble être moins vrai des musulmans, dont la grande majorité dans le monde a un point de vue positif sur le christianisme, d'après un vaste sondage effectué par Gallup entre 2000 et 2006 au sein du monde musulman. Voir John L. Esposito,* The Future of Islam, *Cambridge, Cambridge University Press, 2010, p. 159-160.*
16. *Markazi Mosque fait l'objet d'un pèlerinage international tous les deux ans, lorsque 15 000 croyants du monde entier convergent vers cet épicentre social, culturel et religieux du quartier de Savile Town, à Dewsbury.*
17. *Zahid Hussain,* The Curry Mile, *Londres, Suitcase Books, 2006, p. 61.*
18. *Voir Philip Lewis,* Young, British and Muslim, *op. cit., p. 89.*

de la religion est cantonnée au domicile. De ce point de vue, pour les premières générations, la situation n'a pas beaucoup évolué. Henna est une Bangladaise de Brick Lane (East End de Londres), qui apporte ce témoignage en 2003 : « Ici on a beaucoup de temps. On est seules chez nous, donc on prie. On a beaucoup de temps. Au Bangladesh, il y a tellement de gens tout le temps qu'on est toujours occupé. On fait les cinq prières, d'accord, mais rien de plus. Par exemple, on ne lit pas. Ici on a beaucoup de temps[19]... »

La multiplication du nombre de mosquées, souvent réservées aux hommes, a conféré une visibilité publique à une religion s'affirmant chaque année davantage. Dans le même temps, les diverses Églises protestantes et l'Église catholique ont inexorablement décliné, sous l'effet d'une sécularisation observée dans toute l'Europe de l'Ouest. Ainsi, tandis que de multiples temples protestants ont fermé pour être remplacés par pubs ou commerces divers, des mosquées ont été inaugurées[20] : des premiers lieux de culte improvisés dans des maisons au début des années 1960, le nombre de mosquées est passé à 600 en 1990, pour atteindre près de 1 500 mosquées enregistrées en 2003[21].

Au-delà de ces statistiques, ce qui suscite la peur et l'incompréhension chez beaucoup de Britanniques qui n'ont de chrétien que le nom, c'est, comme le note l'historien Mark Garnett, que beaucoup de musulmans semblent croire dans le concept d'au-delà. Or, « cette idée est en flagrante contradiction avec la mentalité consumériste dominante, laquelle, normalement, fragilise les croyances religieuses les plus profondément ancrées[22]. » George Orwell lui-même, dès 1944, avait observé à quel point ses compatriotes, mêmes les chrétiens pratiquants, considéraient l'idée d'une vie après la mort comme obsolète[23].

L'autre source d'incompréhension est liée à une certaine vision d'un empiétement de l'islam sur l'espace public, dans une société sécularisée où beaucoup pensent que la sphère religieuse devrait être cantonnée à l'espace privé, même dans une Grande-Bretagne qui n'est pas laïque au sens français du terme. En 1986, à Birmingham, une polémique a

---

19. Cité dans Tahir Abbas (ed.), Muslim Britain..., op. cit., p. 198.
20. The Times, 10 février 2007.
21. Voir Joel S. Fetzer et J. Christopher Soper, Muslims and the State..., op. cit., p. 47.
22. Cité dans From Anger to Apathy, the British Experience since 1975, Londres, Jonathan Cape, 2007, p. 191-192.
23. George Orwell, Essays, Journalism, Letters, Vol. 3, As I Please, 1943-1945, Boston, Nonpareil Books, 2004, p. 102.

suivi la possibilité donnée à la mosquée centrale de la ville (inaugurée onze ans plus tôt) d'appeler à la prière par le biais d'un muezzin, après plusieurs années d'interdiction. Les courriers envoyés aux autorités locales ont été nombreux, d'autant plus que le quartier environnant n'était pas majoritairement musulman. La question suivante, «Depuis quand permet-on à une langue ou une culture étrangère de prendre le pas sur ce que souhaitent les autochtones?» résume assez bien la teneur de l'ensemble[24].

Cette vision d'un empiétement peut également être liée à la construction de grandes mosquées dont l'architecture ne sied pas, dit-on, aux quartiers qui les environnent. La ville de Birmingham a souhaité faire de ces constructions un symbole fort de son multiculturalisme, mais une partie de la population n'a pas suivi. Lors de l'inauguration de la mosquée Dar ul-Uloom Islamia dans le quartier de Small Heath à la fin des années 1990, beaucoup ont reproché à la ville d'avoir permis la construction d'un si grand lieu de culte, à l'architecture jugée contestable, et à un prix bien inférieur à celui du marché. Dans un autre courrier envoyé à la municipalité, on lit: «Toutes les personnes à qui j'ai parlé trouvent ce bâtiment très laid, ce qui les amène à nourrir un ressentiment envers la communauté qui est à l'origine de cette construction. Si c'est comme cela que vous envisagez l'amélioration des liens entre communautés [*improving race relations*], alors continuez, et vous verrez à quel point ces choix génèrent du ressentiment[25].» À Bradford, ville aux plus de 80 mosquées enregistrées en 2010, certains bâtiments rutilants contrastent avec des églises protestantes à l'abandon, ou bien sûr avec les cheminées des filatures, ces temples industriels qui faisaient la gloire de l'Angleterre et dont on fait désormais des musées ou des lofts. Quelques mosquées ont été financées en partie avec l'argent du trafic de drogue local, un fait reconnu par de jeunes Britanniques d'origine pakistanaise. Ceci relève d'un phénomène de compensation s'apparentant à une forme totalement dévoyée de l'impôt purificateur (*zakat*): dans ce cadre, vendre de la drogue est vu comme un acte de contamination qu'un acte de purification, comme le financement de la construction d'une mosquée, peut compenser[26].

---

24. Peter Hopkins et Richard Gale (eds.), *Muslims in Britain*, op. cit., p. 119.
25. Ibid., p. 127.
26. Sur ces points, voir Marta Bolognani, *Crime and Muslim Britain: Race, Culture and the Politics of Criminology among British Pakistanis*, Londres, I.B. Tauris, 2009, p. 89.

Les branches principales

La grande majorité des musulmans britanniques est sunnite (à 90 % environ)[27], et les obédiences majoritaires sont celles du sous-continent indien, c'est-à-dire principalement la branche barelwi et dans une moindre mesure deobandi. Ce fait est important parce que ces doctrines ont eu pour priorité de maintenir une tradition islamique forte et un respect des lois coraniques au sein d'un pays, l'Inde, dont la culture et le pouvoir politique ne sont pas *majoritairement* musulmans. Ceci invite donc à nuancer quelque peu les propos du cheikh Badawi cités en introduction de ce chapitre. En effet, l'islam du sous-continent indien, dès avant l'immigration de certains de ses fidèles en Angleterre, propose des règles de vie et une tradition religieuse qui conviennent à une minorité.

L'obédience deobandi fut créée par Haji Mohammad Abid en 1866 à Deoband, non loin de Delhi, dans un mouvement de contestation de l'impérialisme britannique faisant suite à la révolte des Cipayes. Le but était, à travers le centre d'étude nouvellement mis en place, de fonder les bases d'un enseignement de la tradition et de la loi islamique. Le caractère antibritannique de la démarche s'illustrait par le retrait et la non-coopération plus que par l'opposition politique : d'ailleurs, les deobandis évitent soigneusement tout conflit avec les pouvoirs politiques en place et le concept d'État islamique leur est complètement étranger[28]. Aujourd'hui encore, le centre de Deoband demeure très actif, comme près de 5 000 institutions de ce type dans le sous-continent. Les Talibans afghans déclarent s'être inspirés du mouvement deobandi[29].

La branche deobandi est plus attachée aux traditions que la barelwi : elle est très critique vis-à-vis de la danse, de la musique et de la télévision[30]. Ce traditionalisme n'est pas sans attiser des conflits de génération : pour des jeunes friands de rock (années 1970 et 1980), de banghra ou de rap (années 1990 et 2000), les injonctions deobandi

---

27. *Les chiites sont notamment représentés par la branche ismaélienne nizarite, originaire du Gujarat (Inde), et dont certains sont nés en Afrique de l'Est (voir chapitre précédent).* Voir Sophie Gilliat Ray, Muslims in Britain, An Introduction, *Cambridge, Cambridge University Press, 2010, p. 61-63.*
28. Voir Tariq Modood, Still Not Easy Being British, Struggles for a Multicultural Citizenship, *Stoke-On-Trent, Trentham Books, 2010, p. 20-21.*
29. Voir Jocelyne Cesari, When Islam and Democracy Meet, Muslims in Europe and in the United States, *Londres, Macmillan, 2004, p. 93.*
30. Voir Philip Lewis, Islamic Britain, Religion, Politics and Identity among British Muslims, *Londres, I.B. Tauris, 2002, p. 101.*

paraissent à tout le moins déconnectées de la société britannique au sein de laquelle ils évoluent.

Une sous-branche des deobandi est présente et active en Grande-Bretagne : il s'agit du mouvement tabligh, lui aussi né en Inde et fondé par un théologien traditionaliste, très préoccupé du nécessaire renforcement de l'orthodoxie musulmane. Mouvement apolitique et quiétiste, le tabligh est principalement tourné vers le prosélytisme (*da'awa*) : chacun de ses membres doit veiller à répandre la foi une heure par jour, un jour par semaine, ou un mois par an. L'Europe de l'Ouest est aujourd'hui un terrain propice à ce prosélytisme tabligh : selon Jocelyne Cesari, il vient combler un vide chez un certain nombre de musulmans occidentalisés et qui souhaitent revenir à l'islam sans vraiment savoir comment, dépourvus qu'ils sont de repères et de connaissances coraniques. C'est en cela que le mouvement tabligh est parfois présenté comme «les témoins de Jéhovah de l'islam»[31]. Ils disposent d'un vaste centre qui regroupe les différentes branches nationales, à Dewsbury dans le West Yorkshire.

La doctrine barelwi fut fondée par Ahmad Riza Khan Barelwi (1856-1921), qui invitait les musulmans à créer «une île dans la société», afin que les musulmans s'entraident, s'approvisionnent dans leurs propres commerces, investissent au sein de la communauté et connaissent mieux l'islam, pour que la religiosité de l'ensemble s'affirme avec le temps[32]. Leur histoire dans le sous-continent diffère de celle des deobandis, eu égard à leur coopération avec l'autorité coloniale britannique et leur relative flexibilité. Malgré cette dernière, musulmans deobandi comme barelwi ressentent une dévotion extrêmement forte à l'égard du prophète Mahomet (beaucoup plus que d'autres obédiences), un fait capital dans le contexte de l'affaire des *Versets sataniques*, que j'analyserai plus loin.

L'obédience barelwi est empreinte de magie et de mysticisme, en particulier dans les zones les plus rurales, d'où sont issues la majorité des familles installées en Grande-Bretagne. Là encore, l'origine indienne de l'obédience a joué un rôle historique clé, puisque ces croyances viennent puiser dans un héritage religieux qui est en réalité antérieur à la conversion à l'islam au sein de ces populations. Pour des *wahhabites* ou *salafis* chez

---

31. Voir Jocelyne Cesari, When Islam and Democracy Meet..., op. cit., p. 94-95.
32. Voir Sophie Gilliat-Ray, op. cit., p. 92-94.

qui le lien du croyant avec le Coran ou les Sunnas doit être direct, cette dimension mystique de la doctrine barelwi l'apparente à du paganisme.

La croyance dans les mauvais esprits (*djinns*) et la magie noire peut offrir une grille de lecture toute faite afin d'expliquer des phénomènes sociaux complexes. Kamran Yunis, travailleur social pour l'association Shared Voices (Bradford), note que « beaucoup des premières générations vivent dans le déni : ils parlent des *djinns* ou de "gens au regard maléfique" [*evil eye people*] pour expliquer beaucoup des problèmes sociaux du quartier. Cette tendance est très nette parmi les personnes plus âgées, qui sont beaucoup moins susceptibles de solliciter l'aide sociale publique[33]. »

La multiplicité des doctrines de l'islam en Grande-Bretagne rend inopérante la notion de « communauté musulmane » (*oumma*), si bien que c'est la division qui règne dans de nombreuses situations, division renforcée par le système des castes, institution non islamique dont on sait qu'elle imprègne tout autant la société pakistanaise que bangladaise. Pour le pouvoir central britannique, à l'instar d'autres gouvernements européens, cette absence de cohésion et de véritable autorité centrale reconnue par tous les croyants, qui induit une multiplicité d'interlocuteurs, a retardé l'octroi de certains droits[34]. Comme en France, en Allemagne ou ailleurs, la communauté semble unie, vue de l'extérieur, alors que, vue de l'intérieur, les dissensions, rivalités et haines sont multiples. Pour beaucoup de familles, avoir un enfant qui se marie avec un musulman d'une autre obédience est intolérable, car cela est considéré comme une forme d'apostasie.

Les branches deobandi comme barelwi tentent d'inculquer les valeurs traditionnelles de l'islam à des enfants d'immigrés souvent nés en Grande-Bretagne. Ceci passe par des visites quotidiennes à la mosquée après une journée de cours. Tel a été le lot de milliers d'enfants et adolescents d'origine pakistanaise ou bangladaise, qui ont souvent éprouvé un sentiment d'aliénation, la plupart des imams prêchant dans une langue que ces jeunes comprenaient de moins en moins, qu'il s'agisse de l'urdu, du penjabi ou du cachemiri. La lecture du Coran en arabe n'était pas comprise non plus. Parallèlement, les manuels scolaires utilisés pour enseigner l'urdu étaient directement importés de Lahore (Pakistan), et relataient des histoires de Pakistanais ruraux nés au

---

33. Entretien, 22 février 2008.
34. Voir Joel S. Fetzer et J. Christopher Soper, Muslims and the State..., op. cit., p. 9. On notera au passage qu'aucune figure d'autorité doctrinale ne réunit tous les chrétiens, tous les juifs, tous les hindous ou bouddhistes.

Pakistan sans signification aucune pour des jeunes nés à Birmingham ou à Londres[35]. On peut là aussi offrir une illustration littéraire de ce sentiment d'aliénation. Dans *Kilo* du jeune romancier M.Y. Alam, le narrateur se souvient ainsi des heures passées à la mosquée : « Des mots et des mots en arabe, ça pouvait être du mandarin pour moi c'était kif-kif. J'étais comme un singe, imitant et apprenant par cœur tous ces trucs, j'étais conditionné à lire pour lire, mais pas pour intégrer un véritable contenu[36]. » Les musulmans arabes en Grande-Bretagne sont très critiques vis-à-vis de ces pratiques, eux dont l'accès au texte coranique tend à être facilité par leur propre langue.

Il allait de soi pendant longtemps que le recrutement d'imams devait se faire au sein du sous-continent indien. Ainsi, les bailleurs de fonds fortunés, propriétaires terriens au Penjab ou riches marchands installés en Grande-Bretagne pouvaient s'assurer que le personnel employé veillerait à inculquer un islam correspondant au leur, préservant la culture patriarcale ancestrale et des traditions *culturelles* légitimées comme autant d'injonctions religieuses. De plus, les imams issus du Pakistan sont souvent plus dociles, moins bien payés et se placent plus facilement sous le contrôle de conseils des mosquées qui exercent un véritable pouvoir. De sorte que l'imam, dans bien des cas, n'a qu'un rôle d'exécutant[37]. Avant l'immigration de musulmans non issus du sous-continent indien, qui coïnciderait avec les années d'après-guerre froide, les obédiences deobandi et barelwi avaient l'assurance de dominer largement l'islam en Grande-Bretagne, ce qui permettait, notamment en dehors de Londres, d'évoluer en vase clos. Ceci reste vrai malgré l'intrusion des wahhabites et l'argent des islamistes saoudiens : en effet, ces derniers dépensèrent de 2 à 3 millions de dollars à partir du milieu des années 1970 pour faire fleurir un islam wahhabite, en privilégiant les principaux foyers d'immigration musulmane européenne : France, Allemagne, Grande-Bretagne. Là, les Saoudiens wahhabites ne furent pas bien accueillis : outre les clivages doctrinaux considérables, beaucoup d'immigrés avaient des frères ou des cousins immigrés dans le Golfe, et nourrissaient un fort ressentiment vis-à-vis des Saoudiens passés du jour au lendemain du chameau à la Cadillac, grâce à leurs pétrodollars et qui, en règle générale, traitaient les immigrés du Penjab ou de Sylhet bien plus mal que ne le faisaient les Britanniques blancs.

---

35. Voir Philip Lewis, Islamic Britain, op. cit., *p. 88.*
36. Cité dans Philip Lewis, Young, British and Muslim, op. cit., *p. 35.*
37. Voir Sophie Gilliat-Ray, op.cit., *p. 195-196.*

On notera enfin que pour la majorité non musulmane, la perception négative des immigrés musulmans, jusqu'aux années 1980, ne passait pas par un discours clairement articulé contre l'islam en tant que tel. On critiquait alors, de façon vague, « leurs habitudes de vie », « leurs coutumes étranges » ou « leur hygiène différente de la nôtre »[38]. Les employeurs d'ouvriers pakistanais et bangladais dans les années 1960 et 1970 parlaient de contacts pris avec des « prêtres » (*priests*) musulmans afin de discuter de la possibilité d'accorder des congés pour les fêtes du Ramadan, le mot « imam » n'étant même pas utilisé alors[39]. C'est pourquoi le point de vue suivant est assez symptomatique à cet égard. Interrogé au début des années 1970, ce militant du National Front (fondé en 1967) interpelle les élites politiques du pays par ces mots : « Tous les gouvernements qui se succèdent, ils nous disent : "mais on doit apprendre à vivre ensemble !" Et pourquoi donc ? Eux les puissants ils doivent pas vivre avec tous ces gens, qui tuent des agneaux, qui réveillent tout le monde le matin en gémissant, qui font leur jeûne et qui causent des problèmes[40]. » Quelques années plus tard, il ne faudrait plus à cet homme qu'un seul mot, celui de « musulman », accompagné de termes aussi effrayants que mal compris (*jihad, fatwa, charia*), pour exprimer l'hostilité et la crainte face à de tels comportements illustrant, disait-on, le caractère « non-britannique » (*unbritish*) de ces populations : violences faites aux animaux, religiosité publique considérée comme du prosélytisme agressif, empiétement sur la sphère privée de contribuables sans histoires.

---

38. Voir Peter L. Wright, The Coloured Worker in British Industry, op. cit., p. 189. Voir également D. Lawrence, Black Migrants, White Natives, Cambridge, Cambridge University Press, 1974.
39. Voir Ralph Fevre, Cheap Labour and Racial Discrimination, op. cit., p. 107.
40. Cité dans Arthur Marwick, British Society since 1945, Londres, Penguin, 2003, p. 182.

II - LA FRAGILISATION DU MODÈLE MULTICULTUREL

*Sur ce calendrier en anglais et urdu les ouvriers
d'une usine textile de Bolton (Lancashire) ont inscrit
le compte à rebours avant la fermeture définitive de l'usine.*

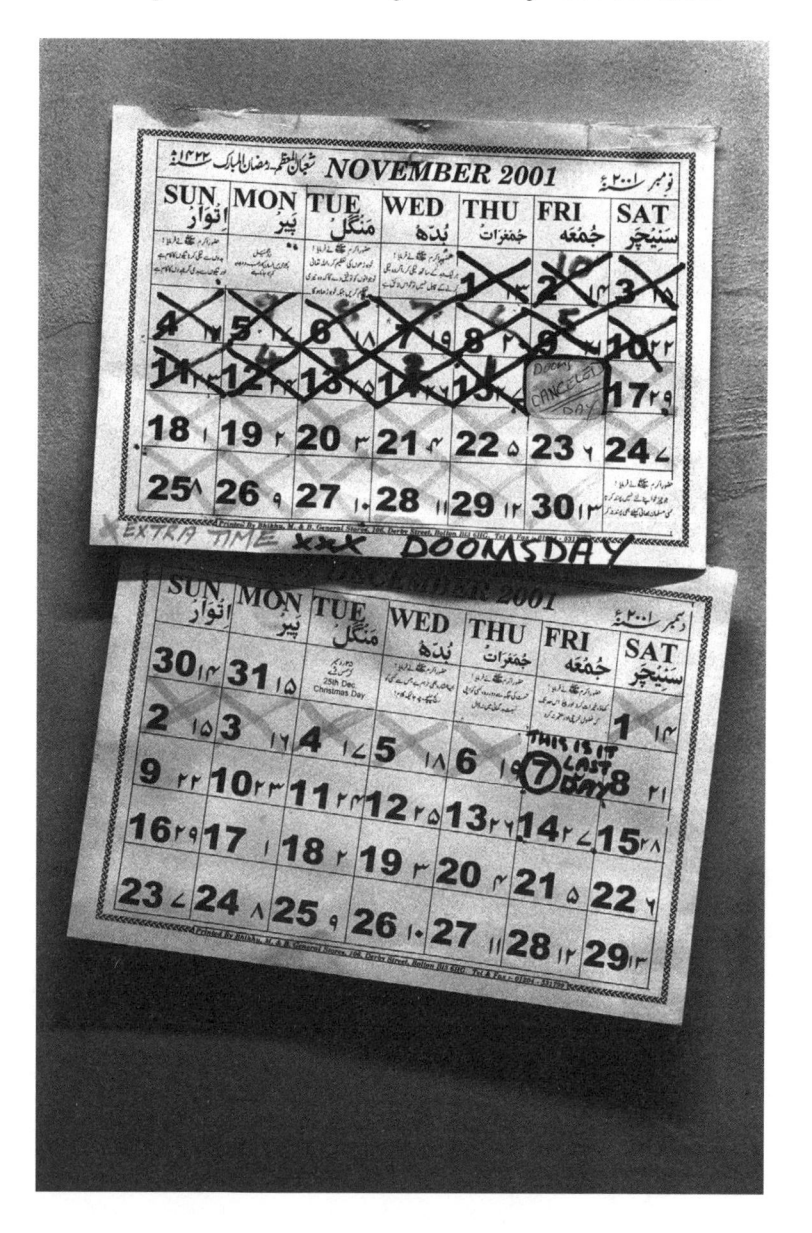

Chapitre 1 / ENRACINEMENT DE LA SÉGRÉGATION ET DES INÉGALITÉS SCOLAIRES

« *Do you understand English or are you just stupid ?* »
(Principal de collège à des élèves d'origine pakistanaise)
Amrit Wilson, *Finding a Voice, Asian Women in Britain*, 1978

Invitée sur le plateau de l'émission «World in Action» peu avant sa prise de pouvoir en 1979, Margaret Thatcher reconnut comprendre la peur de toutes ces familles britanniques (blanches) qui «craignent d'être submergées par des gens d'une autre culture[1]», recyclant la rhétorique catastrophiste d'un Enoch Powell qui, dix années auparavant, avait utilisé le même vocabulaire dans son célèbre discours «Rivers of Blood»: *swamped*, «submergées». Elle-même ministre de l'Éducation sous le gouvernement Heath (1970-1974), Thatcher s'opposait à l'approche multiculturelle en matière d'enseignement, prônée notamment dans le rapport de Lord Bullock publié en 1975, et selon lequel «aucun enfant ne devrait abandonner la culture et la langue de son pays d'origine en franchissant le perron de l'école[2]». En ajoutant «la religion», on obtient un assez bon résumé des revendications formulées par un nombre croissant de familles musulmanes à travers le pays. Celles-ci, dans les années 1980, ont affaire à deux types d'interlocuteurs bien distincts: au niveau national, un gouvernement qui réaffirme la primauté de la religion chrétienne, de la langue anglaise et pointe les dangers d'un «communautarisme» scolaire. Au niveau local, notamment dans les grandes villes travaillistes où domine le «socialisme municipal», on voit se multiplier différentes initiatives multiculturelles, lesquelles incluent l'art culinaire, mais aussi la langue (urdu, par exemple) ou bien la reconnaissance de certaines particularités inhérentes aux religions musulmane, hindoue ou sikhe. Si ces initiatives «passent bien» auprès

---
1. Cité dans Yasmin Alibhai-Brown, *Who Do We Think We Are?*, op. cit., p. xiv.
2. Cité dans Humayun Ansari, *The Infidel Within...*, op. cit., p. 312.

des minorités ethniques concernées, on peut également les considérer comme la résultante indirecte d'une certaine perte de pouvoir des autorités locales face à un gouvernement Thatcher s'en prenant ouvertement au socialisme municipal : ainsi, face à la difficulté croissante de mettre en place des politiques véritablement redistributrices en matière de logement ou d'emploi, on a introduit des politiques multiculturelles éducatives qui, souvent, sont assez symboliques et ne risquent pas de grever les budgets municipaux[3].

Autorités locales et gouvernement de Westminster[4]

La structure globale de l'enseignement en Angleterre[5] avait été fixée par l'*Education Act* de 1944 (également appelé *Butler Act*). Cette législation stipule que des cours de religion doivent être dispensés dans les écoles et que chaque jour devrait commencer par des prières (*daily collective act of worship*). Ces dispositions chrétiennes sont réaffirmées avec force par l'*Education Act* de 1988, évoquant la nécessité de «prières revêtant un caractère globalement ou complètement chrétien». Cette loi est bien dans l'esprit conservateur et anglocentrique de la décennie Thatcher[6] : elle déçoit les musulmans réclamant une prise en compte de leur spécificité et, même si sa portée est finalement limitée par le passage à la Chambre des Lords, la loi marque un vrai pas en arrière dans la promotion d'une éducation de type multiculturel[7], qui promeut une intégration libérale sans volonté assimilatrice, dans la lignée de la définition d'«intégration» donnée par le ministre de l'Intérieur travailliste Roy Jenkins en 1966 et que j'ai évoquée en introduction.

Sur le terrain pourtant, depuis 1944, et malgré la loi de 1988, le pragmatisme et la flexibilité sont de mise. D'abord, le *Butler Act* autorisait les parents à ne pas inscrire leurs enfants aux prières et à l'instruction religieuse, possibilité qui avait été utilisée par des hindous, sikhs, juifs et musulmans à travers le pays. D'autre part, les LEA (Local Education Authorities) ainsi que les SACRE (Standing Advisory Committees on Religious Education) encouragent les initiatives de type

---

3. Voir Romain Garbaye, Getting Into Local Power..., op. cit., p. 56.
4. *Pour une comparaison de nos systèmes respectifs, voir Michèle Breuillard et Alistair Cole*, L'École entre l'État et les collectivités locales, en Angleterre et en France, *Paris, L'Harmattan, 2003.*
5. *On parle bien ici de l'Angleterre (et par extension du Pays de Galles), puisque les systèmes scolaires en Écosse et en Irlande du Nord sont distincts.*
6. Yasmin Alibhai-Brown, Who Do We Think We Are?, op. cit., p. 119.
7. Voir Danièle Joly, L'Émeute..., op. cit., p. 199-202.

œcuménique, notamment dans les quartiers les plus multiethniques[8]. En règle générale, la nature des réunions pour la prière du matin est consensuelle et morale : on y insiste sur les notions de partage, de don, de tolérance, autant de valeurs dans lesquelles de nombreuses religions se retrouvent, comme le dit ce principal d'école interrogé dans le cadre du rapport Swann (1985) :

« Des assemblées ont lieu tous les matins, comme le requiert la loi de 1944. Celles-ci sont brèves et axées sur une question simple. Parfois des enfants amènent un travail fait à la maison pour le montrer aux autres, ou une classe peut chanter une chanson, réciter un poème. Toutes les prières sont courtes et nous faisons attention à la sensibilité ainsi qu'aux croyances des musulmans [...] La communauté sud-asiatique ne montre aucune objection à l'égard de ces pratiques, aucun parent n'a dispensé ses enfants de ces cérémonies. Il arrive d'ailleurs que l'on invite des parents à se joindre à nous le matin[9]. »

Au passage, on peut se demander à quoi attribuer la référence particulière aux musulmans, plutôt qu'aux hindous ou sikhs. D'une part, les hindous et sikhs n'ont pas vraiment de prière bien établie, contrairement aux chrétiens et musulmans. Donc, réciter une prière chrétienne pour un hindou, c'est « comme de l'eau sur les plumes d'un canard[10] ». Hindous et sikhs n'objectent pas à ce que leurs enfants subissent une autre influence religieuse, car ils sont nés hindous et sikhs de toute façon et le demeureront. Tel n'est pas le cas pour les trois religions du Livre, marquées par un prosélytisme qu'on promeut pour sa propre religion et qu'on combat s'il émane d'une autre foi[11].

Le rapport Swann (1985) mentionné plus haut est un texte fondamental de quelque 800 pages. Il s'inscrit dans la tradition du libéralisme politique de John Locke (*Essai sur la tolérance*, 1667) et de John Stuart Mill, lequel prônait dans *Sur la liberté* (1859) l'existence de « différentes

---

8. Voir Joel S. Fetzer et J. Christopher Soper, Muslims and the State..., op. cit., p. 38-39.
9. The Swann Report *(1985), chapitre 8, le texte est disponible en ligne :* www.dg.dial.pipex.com
10. *Cette métaphore est utilisée in* Amrit Wilson, Dreams, Questions, Struggles..., op. cit., *p. 92.*
11. *Sur ce dernier point, voir* Jacques Dupuis, Une Introduction à la connaissance du monde indien, *Paris, Kailash, 1997, p. 49-50, p. 135-136.*

expériences de vie, diverses façons de vivre, diverses cultures[12]». Le but, on l'a compris, est que le système d'enseignement «prépare tous les élèves, ceux de la majorité ethnique et ceux des minorités ethniques, à la vie dans une société qui soit à la fois multiraciale et culturellement plurielle[13].» Le rapport s'oppose toutefois à la perspective d'un enseignement musulman public, qui officialiserait la ségrégation scolaire de toute une communauté : «Voilà qui, à long terme, ne servirait pas les intérêts des minorités ethniques elles-mêmes[14].» Certaines associations de parents d'élèves musulmans, surtout à Bradford, objectent que catholiques, juifs, mais aussi méthodistes ont pourtant leurs propres écoles, financées par l'État[15]. Ce débat ne commencerait à trouver une issue qu'avec l'élection du New Labour en 1997, et la création des deux premières écoles publiques musulmanes, à Brent (nord de Londres) et à Birmingham.

Beaucoup de musulmans considèrent avec quelque défiance le multiculturalisme prôné par le rapport Swann, bien que celui-ci soit, on l'a vu, beaucoup plus ouvert à la reconnaissance des minorités ethniques que ne l'est le gouvernement de Margaret Thatcher. Il y a d'abord le reproche de «laïcité»[16] (*secularism*) : la reconnaissance de l'autre, dit-on parfois, ne va pas jusqu'à inclure la *religion* de l'autre. Mustaqeem Bleher, de Bradford, attaque frontalement l'approche multiculturelle, sorte de cache-sexe qui en réalité perpétue la culture dominante, blanche, chrétienne et anglophone[17]. Surtout, c'est le sentiment partagé d'un traitement injuste qui domine : des écoles musulmanes pour des contribuables musulmans semblent logiques au plus grand nombre. L'exemple juif est ainsi invoqué : face à la montée de l'antisémitisme dans les années 1930, des établissements scolaires confessionnels pour la communauté juive avaient vu le jour. D'aucuns parmi les musulmans voient dans la montée de la violence raciste des années 1980 l'occasion

---

12. Les deux références à Locke et Mill sont faites dans Adrian Favell, Philosophies of Integration, Immigration and the Idea of Citizenship in France and Britain, *Londres, Palgrave/University of Warwick, 2001, p. 140-141*.
13. Cité dans Revue française de civilisation britannique, op. cit., p. 15.
14. Sur ce point, voir Joel S. Fetzer et J. Christopher Soper, Muslims and the State..., op. cit., p. 45.
15. Voir Humayun Ansari, The Infidel Within..., op. cit., p. 323.
16. Guillemets ici, puisque le terme «laïcité» français est sans doute intraduisible en anglais, comme le suggèrent certains chercheurs américains travaillant sur la France (Joan Wallach Scott, John R. Bowen).
17. Ibid., p. 324.

de garantir la sécurité scolaire d'une communauté en octroyant à ses membres le contrôle de certaines écoles. Plusieurs demandes sont faites en ce sens à Bradford et à Brent au milieu des années 1980 mais ces initiatives opiniâtrement défendues essuient un échec cuisant, les autorités locales craignant un retour de bâton (*backlash*) de leur électorat blanc. Le sentiment d'injustice est attisé par la conscience aiguë de ce que d'autres minorités, sikhes ou hindoues, sont traitées avec plus d'égard que les musulmans, qui se sentent de plus en plus comme des «citoyens de seconde zone». Outre la réussite scolaire de nombreux hindous, dont les résultats, dès les années 1980, sont souvent meilleurs que ceux des blancs, on pointe volontiers l'incohérence de certaines décisions prises au détriment de l'intérêt musulman. Un exemple suffira ici. En 1983, l'expulsion d'un élève sikh portant le turban provoqua un vif débat : la Chambre des Lords et la CRE (Commission for Racial Equality)[18] statuèrent que cet élève sikh était dans son bon droit, compte tenu du *Race Relations Act* de 1976 qui interdisait toute discrimination raciale[19]. Cela revenait à considérer les sikhs comme une minorité raciale et non religieuse, à l'instar d'ailleurs des juifs. Les musulmans étant issus de différents continents[20], cette reconnaissance en tant que communauté *raciale* ne s'étendait pas à elle. En 1988, un employé musulman ne put, nonobstant des demandes réitérées, assister à la fête de *'id al fitr* : il lui fut rétorqué que sa communauté était religieuse et non point raciale ou ethnique. Ce débat ne trouverait une issue qu'en décembre 2003, lorsque la législation prendrait en compte (partiellement) la discrimination religieuse.

Pourtant, bon an mal an, beaucoup de politiques locales en matière d'éducation adoptèrent une approche multiculturelle. Ainsi, en 1989, au moins 54 des 108 services locaux d'éducation (LEA) s'étaient dotés de véritables politiques multiculturelles touchant à l'éducation. À la suite de la publication du rapport Swann (1985), trois millions de livres sterling furent alloués au financement de projets multiculturels[21]. On célébra donc, dans de nombreuses écoles primaires ou élémentaires, des fêtes «ethniques» (plutôt que «religieuses») comme *diwali* pour les

---

18. *Celui-ci fut institué par le* Race Relations Act *de 1976, que Margaret Thatcher n'avait pas manqué de critiquer.*
19. *Voir Anne Phillips,* Multiculturalism Without Culture, *op. cit., p. 107 ; Tariq Modood,* Still Not Easy Being British..., *op. cit., p. 112.*
20. *Cela peut être le cas des juifs, mais ces derniers sont quand même considérés comme «minorité raciale».*
21. *Voir Danièle Joly,* L'Émeute..., *op. cit., p. 127.*

hindous ou la fin du Ramadan pour les musulmans, le tout dans un esprit consensuel de tolérance mutuelle. Une génération d'élèves anglais apprend donc ce que sont les samosas, les saris et les steel-bands, les fameux trois « S » stigmatisés au même moment par différents commentateurs ou chercheurs en sciences sociales arguant du fait que, pour être bien intentionnée, cette approche ne résout aucunement les tensions raciales, la violence raciste dans les écoles et, surtout, l'échec scolaire préoccupant des minorités ethniques les plus précaires et ségréguées : Caribéens, Pakistanais et Bangladais[22].

Bien des politiques locales, surtout dans le Grand Londres (Greater London Council) et au sein du ILEA (Inner London Education Authority), sont inspirées par l'antiracisme, dont Ken Livingstone, maire de Londres, a fait son cheval de bataille : cette approche, introduite dès 1978 dans les bourgs londoniens de Camden et Haringey[23], s'oppose frontalement à la politique de Margaret Thatcher, ce qui vaut à certaines autorités locales de gauche (Birmingham, Manchester) de se voir retirer des subventions. En outre, le Greater London Council est aboli par Thatcher en 1986 et l'ILEA en 1990, dans le cadre du *Education Act* voté deux ans plus tôt. Malgré son volontarisme et son intention de générer un débat autour de questions trop souvent occultées, on peut reprocher à l'approche antiraciste de tendre à considérer quantité de problèmes et d'inégalités à la seule aune de l'identité raciale, et comme résultant du racisme, en sous-estimant les référents de classes sociales et de sexe (*gender*) appliqués tant à la majorité qu'aux minorités ethniques elles-mêmes. C'est à une conclusion de ce type que se livre le magistrat Ian Macdonald, auteur du rapport *Murder in the Playground* (1988) faisant suite à un meurtre raciste à Manchester[24]. Enfin, l'approche antiraciste peine à identifier les difficultés spécifiques à telle ou telle minorité prise isolément, se référant à la discrimination dont souffrent

---

22. Voir Dervla Murphy, Tales from Two Cities..., op. cit., p. 85-96 ; Barry Troyna et Jenny Williams, Racism, Education and the State, Londres, Croom Helm, 1986, p. 22-23. Comme cause principale de l'échec scolaire des Caribéens, on évoque souvent la très forte proportion de familles monoparentales. Quant aux Bangladais et Pakistanais, c'est la maîtrise de l'anglais qui est en cause, notamment compte tenu du nombre élevé de mariages «transcontinentaux», où l'épouse (ou époux) non anglophone émigre du sous-continent.
23. Avant son extension à Lambeth en 1979 et à nombre d'autres bourgs, voir Romain Garbaye, Getting Into Local Power..., op. cit., p. 57.
24. Voir les commentaires sur ce rapport dans Roger Hewitt, Routes of Racism, The Social Basis of Racist Action, Stoke-On-Trent, Trentham Books, 1996, p. 42-43.

les «noirs» (*Blacks*) malgré les différences considérables existant entre, par exemple, Jamaïcains et Pakistanais. Tariq Modood allait devenir, à la fin des années 1990, un des principaux critiques de ce vocable généralisateur.

L'affaire Honeyford (1984-1985)

M. Honeyford était un principal de collège conservateur. Son établissement, Drummond School (Bradford), lui fournissait une confirmation quotidienne de ses vues assimilatrices et de ses peurs face à un pays où certaines minorités ethniques réclament de plus en plus de «privilèges» alors que, dans le même temps, tant de leurs enfants peinent toujours à apprendre l'anglais. M. Honeyford ne serait resté qu'un fonctionnaire anonyme, amer et frustré, s'il n'avait publié en 1984 un article dans une revue conservatrice assez confidentielle, *The Salisbury Review*. Ce texte, sans être «raciste», fait apparaître certains préjugés à l'égard du Pakistan, plutôt que de la religion musulmane. Du jour au lendemain, de nombreuses personnes se sont emparées de cette tribune indignée : les antiracistes de gauche qui en ont profité pour établir des parallèles entre Honeyford et certains ministres du Troisième Reich, les conservateurs qui ont érigé ce même Honeyford en bouc émissaire[25], en véritable héraut de la liberté d'expression, ayant osé clamer que «dans des écoles comme la sienne, ce sont les enfants anglais qui constituent la vraie minorité ethnique[26].» On l'aura compris : gauche et droite ont rivalisé d'enflure dans ce débat, dans la stigmatisation comme dans la glorification.

Jusqu'en 1984 donc, M. Honeyford était inconnu nationalement. Néanmoins, ses vues assimilatrices étaient connues à Bradford. En novembre 1982, il avait d'ailleurs publié un article dans *The Times Educational Supplement* où s'exprimait de façon on ne peut plus claire sa vision conservatrice de l'enseignement et des *race relations*. Ce texte, s'articulant en sept points, est un condensé tellement parfait du programme conservateur – auquel s'opposent de plus en plus de musulmans – qu'il vaut la peine qu'on s'y attarde quelque peu. On y lit que : 1/ la responsabilité des ajustements nécessaires à l'immigration dans un nouveau pays incombe complètement à ceux qui sont arrivés en Grande-Bretagne pour s'installer, puisque l'immigration, au départ, a été pour eux un «libre choix»; 2/ leur engagement envers

---

25. *The Daily Mail*, 17 décembre 1985.
26. *The Daily Mail*, 16 décembre 1985.

l'éducation britannique « était implicite dans leur décision de devenir britanniques » ; 3/ la préservation et la transmission de la culture maternelle sont une affaire strictement privée, l'école britannique n'a pas à s'impliquer ici ; c'est la reconnaissance de cette séparation qui a permis que des communautés d'immigrés s'intègrent et réussissent dans le pays, à l'exemple des juifs ; 4/ la discrimination positive est une idée à combattre, de même qu'on devrait s'opposer à la mise en valeur de la culture maternelle et à un enseignement critique de l'impérialisme britannique, car celui-ci serait malvenu, paternaliste et desservirait les immigrés sans qu'ils en aient conscience ; 5/ le besoin le plus pressant, pour les immigrés de deuxième génération, est la maîtrise de la culture britannique, afin qu'ils puissent s'imposer dans « cette méritocratie sans pitié qu'est la Grande-Bretagne » ; 6/ ce qui freine la réussite des enfants noirs, c'est avant tout le manque de soutien des parents ; il faut se guérir de l'obsession du racisme, et du « maccarthysme littéraire » consistant à vérifier tous les livres pour y déceler des traces de racisme ; 7/ il faut avant tout penser aux « besoins communs de tous les élèves » et cesser de promouvoir « une conscience artificielle de spécificité raciale, ou culturelle, qui au final agira au détriment des élèves[27]. »

C'est toutefois l'article publié dans *The Salisbury Review* en janvier-février 1984 qui déchaîne les passions. Dans celui-ci, M. Honeyford se livre à quelques digressions que lui inspire sa longue expérience personnelle de la communauté musulmane de Bradford. Il évoque la « mentalité purdah » de certains parents pakistanais ; il fait référence à une réunion publique avec des parents de son école, autour de l'exclusion éventuelle d'élèves partis au Pakistan six semaines pendant l'année scolaire ; Honeyford parle de l'atmosphère qui règne sur la réunion en établissant un parallèle avec « le tempérament d'hystérie politique qui caractérise le sous-continent indien ». Après une référence à la « cacophonie assourdissante des Caribéens, dangereuse pour la santé des voisins », Honeyford se livre à quelques généralisations sur le Pakistan, lui qui, de son propre aveu, n'est jamais allé plus loin que l'île de Skye, au nord de l'Écosse[28] : le pays est « résolument arriéré » et « malgré une aide occidentale disproportionnée, du fait de sa position stratégique », c'est un État où « la corruption règne à tous les niveaux »,

---

27. Voir Mark Halstead, *Education, Justice and Cultural Diversity, an Examination of the Honeyford Affair, 1984-5*, Londres, *The Falmer Press, 1988, p. 57-58*.
28. Voir l'entretien de Dervla Murphy avec Honeyford dans *Tales from Two Cities...*, op. cit., *p. 111*.

sans oublier que le Pakistan est «la capitale mondiale de l'héroïne [...], d'où les problèmes de drogue que connaissent les villes anglaises abritant des communautés asiatiques[29].»
On imagine aisément le tollé provoqué. Nombre de musulmans sont indignés par ces propos et se mobilisent contre le fonctionnaire. Ils sont aidés par la gauche antiraciste et multiculturelle, puissante à Bradford, qui réclame la démission de Honeyford. On trouve à sa tête Jenny Woodward, militante antiraciste *chrétienne*, détail qui confère une crédibilité œcuménique au mouvement. De l'autre, beaucoup d'Anglais soutiennent le principal de Drummond School, à tel point que dans les 24 heures suivant la révélation de son article, 6000 personnes signent une pétition de soutien. L'homme, répète-t-on à l'envi, a dit tout haut ce qu'une «majorité silencieuse» (l'expression de Richard Nixon a traversé l'Atlantique avec succès) pense tout bas mais n'ose dire, de crainte d'être taxée de «racisme».

Il faut toutefois se garder d'exagérer ce clivage politique et ethnique. En effet, on trouve nombre de musulmans qui ne souhaitent pas vouer M. Honeyford aux gémonies car, comme le dit le maire de Bradford en 1985-1986, Mohamed Ayeeb: «beaucoup de familles asiatiques approuvent l'approche conservatrice de ce fonctionnaire. Ils sont d'accord avec l'idée selon laquelle le progrès se mérite [...] Discipline stricte et valeurs traditionnelles sont importantes à leurs yeux[30].» D'autres musulmans ne veulent prendre position car ils sont parfaitement conscients des multiples effets délétères que l'affaire génère, tant au niveau local que national. Ce commerçant né à Lahore avance:

«Moi je n'aime pas ce M. Honeyford. Mais nos enfants, ils vont souffrir de tout ça. On n'aurait même pas dû faire attention à lui. Qu'il écrive ce qu'il veut – qui est-ce qui lit ses articles de toute façon? Tout ça, ça a détruit le bon voisinage entre communautés, dans notre ville! Et les gens comme moi, OK on est né au Pakistan mais Bradford, maintenant, c'est notre ville. Ceux qui protestent, ils n'ont pas dû trimer pour être acceptés, contrairement à nous[31].»

---

29. *Cité dans* Mark Halstead, Education, Justice and Cultural Diversity..., op. cit., p. 60.
30. *Cité dans* Dervla Murphy, Tales from Two Cities..., op. cit., p. 141.
31. *Ibid.*, p. 136.

Il n'empêche : la rumeur s'est vite emballée autour de la personne de Honeyford. Son article a été traduit en urdu, en grossissant volontairement le trait, comme cela allait être le cas, dans la même ville, à l'occasion de la publication des *Versets sataniques*. Assez vite, des centaines de brochures sont distribuées à l'entrée de Drummond School. On célèbre «un combat historique», on appelle à se mobiliser pour le renvoi de Honeyford, «qui a insulté vos parents, votre religion, votre culture[32]».

Au terme d'une longue bataille, M. Honeyford a été contraint à la retraite anticipée, avec 161 000 livres sterling d'indemnités[33]. Son seul nom a suscité le déchaînement des forces de gauche et conservatrices du pays, et a placé les musulmans de Bradford – et la ville elle-même – sous les feux de la rampe pendant de longs mois. L'affaire a également illustré la façon dont le recours aux accusations de «racisme» sans souci des nuances peut causer davantage de tort que susciter le débat, et risque d'ôter son sens au mot de «racisme» lui-même, mise en garde faite en 1988 par Michael Banton et Robert Miles[34]. M. Honeyford lui-même s'était opposé à la fin du système de *busing*, arguant qu'il est «difficile pour les Anglais et les enfants d'immigrés de considérer l'autre comme vraiment étrange, encore moins comme "inférieur", s'ils se côtoient tous les jours sur les bancs de l'école[35].» L'auteur d'un essai sur l'affaire Honeyford évoque le silence fait par les antiracistes sur les multiples satisfecit décernés par le principal de Drummond School à beaucoup de parents asiatiques, dont le respect strict de la tradition et de la discipline correspond, précisément, au sien[36].

Plutôt que de racisme *stricto sensu*, Paul Gilroy préfère parler «d'absolutisme ethnique» s'agissant de conservateurs comme Honeyford. Ceux-ci voient les cultures étrangères comme des «communautés de sentiments» (*communities of sentiment*) qui constituent un tout homogène dont certains éléments entrent en conflit avec une culture britannique sanctifiée, cette dernière faisant l'objet d'une admiration sans réserve, notamment pour l'histoire glorieuse de son empire et son

---

32. Dervla Murphy, Tales from Two Cities..., op. cit., p. 126-128.
33. *Sa retraite n'était prévue que quinze années plus tard, et son salaire annuel était de l'ordre de 15 000 £. Voir* ibid., *p. 118.*
34. Voir leur article «*Racism*» dans E. Ellis Cashmore (ed.), Dictionary of Race and Ethnic Relations, Londres, Routledge, 1988, p. 24-51.
35. *Voir son article «Multi-Ethnic Intolerance», dans* The Salisbury Review, *juillet-août 1984.*
36. *Voir Mark Halstead*, Education, Justice and Cultural Diversity..., op. cit., *p. 68.*

respect des libertés[37]. On notera au passage que certains chantres du multiculturalisme partagent cette tendance, réduisant les membres des minorités à des sujets culturels, dont le comportement est uniquement conditionné par leur culture, sans que ces sujets puissent être considérés comme des *individus* opérant des choix individuels[38].

Dans sa conclusion rétrospective sur l'affaire Honeyford, l'auteure irlandaise Dervla Murphy, qui a consacré un essai à Bradford et Birmingham, décrit les brochures fielleuses à l'égard de l'homme, et surtout la présentation erronée d'un Honeyford plein de haine envers les minorités, avant de se risquer à un pronostic alarmiste: «Combien parmi ces élèves à qui on a distribué ces tracts causeront une émeute dans les rues de Bradford, dans cinq ans, dans dix ans[39]?» L'embrasement de la ville en 1995 puis, beaucoup plus gravement encore, en 2001 confirmerait que ce point de vue n'était pas exagérément pessimiste.

L'école au-dessus du pub: Dewsbury (1987-1988)

L'affaire en question a pour toile de fond l'*Education Act* de 1980. Celui-ci met fin au système de *catchment areas*, qu'on pourrait traduire par «carte scolaire». En apologue du néolibéralisme, l'un des mots préférés de la dame de fer a toujours été *choice*, se déclinant ici sous la forme de *parental choice*: ainsi, selon l'article 6 de la loi, il est désormais du devoir des élus locaux de veiller à ce que le choix d'une école par les parents soit satisfait. Le problème est que, dans des zones extrêmement ségréguées, cette notion de choix parental est fort difficile à satisfaire et que nombre de Local Education Authorities font en même temps la promotion du multiculturalisme, donc d'une mixité entrant en conflit avec la plupart des choix parentaux.

Tel est le cas d'une ville comme Dewsbury, qui abrite une large communauté musulmane, installée dans le quartier de Savile Town (4000 habitants en 1987). La fuite des blancs (*white flight*) y a été le corollaire d'une installation progressivement plus massive des Asiatiques, et s'est faite avec l'accord tacite des deux communautés dans un mouvement impulsé et accéléré par les forces du marché immobilier[40]. Comme l'a

---

37. Voir Paul Gilroy, There Ain't No Black in the Union Jack, op. cit., p. 66-68.
38. C'est la critique principale que fait Anne Phillips dans Multiculturalism Without Culture. Je reviendrai sur ces aspects plus loin.
39. Ibid., p. 128.
40. Voir Fred Naylor, Dewsbury, The School Above the Pub, Exeter, Short Run Press, 1989, p. 10.

noté Kevin M. Kruse dans une étude approfondie du phénomène de « fuite des blancs » à Atlanta, les tenants de la ségrégation résidentielle ne se définissaient pas comme des personnes militant *contre* les noirs ou les minorités raciales, mais plutôt comme des citoyens-consommateurs militant « pour leurs propres droits, tel que le "droit" de choisir ses voisins, ses employés ou encore les camarades de leurs enfants [...] et peut-être, de façon plus claire encore, le droit de se protéger contre ce qui représentait pour eux de graves atteintes à la liberté de la part de l'État fédéral[41]. » Il en va de même dans une large mesure en Grande-Bretagne, en ce sens que la majorité blanche dont il est question ici entend défendre ses propres droits, notamment ses propres « choix » en matière scolaire, tout en se défendant d'être « raciste » à l'égard des minorités et en se défiant d'un État régulateur et liberticide. À partir de 2000, on assistera à la reproduction à l'identique de ce schéma lors de mobilisations locales – souvent rurales – contre la construction de centres de rétention de demandeurs d'asile[42].

Dans le quartier de Savile Town à Dewsbury, les deux écoles primaires sont officiellement rattachées à l'Église anglicane, même si, en 1989, 100 % des élèves y sont musulmans, situation qui serait proprement intenable sans la flexibilité et l'esprit pluriconfessionnel mentionnés plus haut. Passées les années de primaire, les élèves de Savile Town vont le plus souvent à Headfield School, laquelle, à son tour, devient de plus en plus majoritairement « asiatique », à hauteur de 85 % en 1987[43].

Les parents des quartiers environnants, selon les termes de la loi de 1980, reçoivent des fiches de vœux chaque année. Sont proposés deux établissements majoritairement « blancs » (Overthorpe, County) et puis Headfield. En 1987, 26 parents d'élèves de familles blanches souhaitant inscrire leurs enfants dans l'une des deux premières écoles essuient un refus catégorique de la part des autorités locales : il n'y a pas assez de place, leur dit-on. Tous les appels sont rejetés. Les courriers de refus envoyés provoquent l'ire des associations de parents d'élèves, car leur incohérence semble manifeste : certaines lettres évoquent l'existence de 6 salles de classe dans telle école, d'autres courriers parlent de 13 pour le même établissement, sans compter que le nombre d'enseignants semble également varier selon les courriers, de 16 à 22[44]. Ajouté au refus local

---

41. Voir Kevin M. Kruse, White Flight, Atlanta and the Making of Modern Conservatism, Princeton (N.J.), Princeton University Press, 2005, p. 9.
42. Voir Simon Clarke et Steve Garner, White Identities..., op. cit., p. 145-146.
43. Fred Naylor, Dewsbury, The School Above the Pub, op. cit., p. 13.
44. Ibid., p. 19.

d'appliquer le choix parental (*parental choice*) cher à Margaret Thatcher, cela provoque rien moins qu'un débat national, voyant s'opposer les mêmes personnes ou presque que trois années auparavant à Bradford, dont Dewsbury est distante d'une vingtaine de kilomètres à peine. La cause de ces 26 parents devient populaire pour un certain nombre de Britanniques, qui envoient de petites sommes d'argent en chèques ou des lettres de soutien. Le syndicat national des enseignants (National Union of Teachers) critique leur démarche et en profite pour réitérer son approche multiculturelle. La députée travailliste locale, Ann Taylor, stigmatise de son côté le «racisme» des parents. Fred Naylor, qui a interrogé une grande majorité d'entre eux, avance que «beaucoup pensaient qu'avoir leur fils et filles à Headfield School revenait à les envoyer dans le quartier de Savile Town pendant 5 heures par jour. Certains avaient peur d'exprimer ce point de vue de peur d'être taxés de racisme[45].» Les enfants eux-mêmes se montraient hostiles: «il y avait une peur partagée, celle de se retrouver en minorité [...] Les enfants ne voulaient pas aller à Headfield. Ils disaient qu'ils y seraient maltraités (*bullied*)[46].» Notons par ailleurs qu'un certain nombre d'associations musulmanes appuient la demande formulée par ces 26 parents, ayant compris que leur cause est finalement la leur. Pour Riaz Shahid, secrétaire de la fédération des parents d'élèves musulmans de Bradford, le combat des parents de Dewsbury, mené par Eric Haley, propriétaire d'un petit hôtel, est parallèle à celui des musulmans de Bradford qui réclament depuis des années la mise en place d'écoles musulmanes publiques[47].

Les raisons invoquées par les parents lors de la constitution de leur appel tournent autour de deux éléments: la maîtrise de la langue anglaise, jugée déficiente dans des écoles majoritairement asiatiques, et l'environnement religieux, qui ne peut être «chrétien» à Headfield. L'anglais est une question centrale: beaucoup d'enfants de parents ayant contracté un mariage transcontinental n'évoluent pas dans un milieu anglophone, surtout lorsque leur mère est née et a grandi dans le Mirpur par exemple. Certains parents musulmans eux-mêmes le reconnaissent: à Utley School, école élémentaire de Keighley (nord de Bradford) à 88 % asiatique en 1987, «[l]es parents ont l'impression qu'avec plus d'élèves blancs, leurs enfants apprendraient l'anglais

---

45. Fred Naylor, Dewsbury, The School Above the Pub, op.cit., p. 18.
46. Ibid., p. 20.
47. Ibid., p. 54.

plus rapidement[48].» Quelques écoles de la même région peuvent servir de contre-exemple, mais il demeure que les difficultés scolaires de la communauté musulmane sont surtout imputables à la mauvaise maîtrise de l'anglais. Quant à «l'environnement religieux», celui-ci constitue au mieux un choix majoritairement négatif, au pire un argument spécieux : en effet, dans un pays aussi sécularisé que la Grande-Bretagne des années 1980, revendiquer pour ses enfants un «environnement chrétien» revient surtout, sauf exceptions, à ne *pas* vouloir «un environnement musulman» ou «asiatique».

Au final, l'affaire de Dewsbury – qui vit pendant un temps les 26 parents créer une école alternative au-dessus du pub-hôtel d'Eric Haley – sembla légitimer, trois ans après Honeyford, l'idée selon laquelle, dans de trop nombreux quartiers, les «Britanniques»[49] eux-mêmes étaient en minorité. Le *Daily Mail* et le *Daily Express*, peu réputés pour leur ouverture multiculturelle, avancent que les écoles en débat ici appartiennent à la Grande-Bretagne, et donc aux contribuables (sous-entendu, les «blancs»). Selon eux, à moins d'une prise de conscience débouchant sur une vraie mobilisation, alors le temps n'est pas lointain où il faudra enseigner aux Nigel et aux Lindsay l'art de cuisiner des *chapati* ou des *curries* plutôt que du Yorkshire pudding... De leur côté, certains tenants du multiculturalisme pourfendent ces parents «racistes», à l'instar, on l'a vu, de la députée travailliste Ann Taylor. Différentes études de sociologues publiées par le syndicat national des enseignants ou des associations multiculturelles tentent de promouvoir la notion de mixité raciale, elle-même mise en place de façon assez maladroite dans le cadre du *busing*. Celle-ci, entend-on, est bénéfique à de multiples points de vue : en termes de cohésion raciale, afin d'enseigner la tolérance, et enfin en termes de résultats scolaires. En outre, une meilleure écoute des besoins spécifiques aux minorités est encouragée : cela passe par des pratiques quotidiennes, comme éviter – et ce n'est qu'un exemple – de dire aux élèves d'origine pakistanaise «mais vous êtes bêtes ou vous ne comprenez pas l'anglais?». Cela passe également par la prise de conscience des différences, dans les relations entre élèves, entre insulte «ordinaire» et insulte à caractère raciste, distinguo notamment établi par le rapport Swann de 1985.

---

48. Fred Naylor, Dewsbury, The School Above the Pub, op.cit., p. 64.
49. *Guillemets là aussi puisque les membres des minorités dont il est question sont en grande majorité britanniques...*

Face à ces approches différentialistes, beaucoup de Britanniques ne voient qu'une forme de sensiblerie teintée de mauvaise conscience postcoloniale. Des associations de parents, puissamment relayées par le type de presse évoqué plus haut, répondent que les universitaires de Cambridge ou d'Oxford auteurs de ces rapports multiculturalistes n'envoient leurs propres enfants que dans des établissements privés, où la mixité sociale et ethnique est absente. Établissements huppés sans doute également prisés par les éditorialistes qui s'érigent en hérauts de la «majorité silencieuse» baillonnée dans les colonnes du *Daily Mail*.

L'affaire de Dewsbury et celle de Ray Honeyford font apparaître la ghettoïsation croissante, résidentielle comme scolaire, de certaines minorités ethniques. Les réactions à ces scandales, quelles qu'elles soient, sont largement dominées par le primat «culturel» ou «ethnique» qui domine à l'époque. Les stratégies antiracistes de nombre d'élus locaux comme la stigmatisation de «la gauche bien-pensante» par la droite assimilationniste font affleurer une sorte d'obsession culturelle, en partie explicable par les émeutes de Brixton et de Toxteth en 1981[50] : Caribéens et Asiatiques étaient décrits comme culturellement et intrinsèquement différents, avec un «déficit» de culture pour les premiers (comme le sous-entend le rapport Scarman faisant suite aux émeutes[51]), et un «excès» de culture pour les seconds, dont on ne comprend ni la langue ni les coutumes, et encore moins les religions. Certes Tariq Modood, s'inspirant de la sociologie de l'école de Chicago, défend l'idée d'un «paradoxe ethnique» qui peut se concevoir comme un contraire de «l'assimilation»[52]. Ainsi, ce serait en laissant certaines communautés évoluer comme elles l'entendent et préserver leur culture qu'on leur permettra de s'intégrer dans une «société d'accueil» où de plus en plus sont nés. Même si l'histoire de certaines communautés illustre ce phénomène de façon édifiante – on pense aux Irlandais ou aux juifs aux États-Unis –, force est de constater que le parcours des musulmans en Grande-Bretagne dans les années 1980 donne une impression très nette d'isolement croissant, dont certaines conséquences, à commencer par les violences racistes endémiques, mobilisent de plus en plus la communauté, jusqu'à inclure les pouvoirs publics locaux et parfois nationaux.

---

50. Voir Paul Gilroy, There Ain't No Black in the Union Jack, op. cit., p. 37.
51. Sur ce point du rapport Scarman, voir George Gilligan et John Pratt (eds.), Crime, Truth and Justice, Official Inquiry, Discourse, Knowledge, Collumpton, Willan Publishing, 2004, p. 193.
52. Voir Tariq Modood, Multicultural Politics, op. cit., p. 109.

*Des jeunes d'origine pakistanaise à Little Horton (Bradford) ;
au-dessus d'eux, des tags NF (National Front),
une croix gammée et le nom du groupe AC/DC.*

Chapitre 2 / VIOLENCES ET DISCRIMINATIONS, LA FIN DU PROFIL BAS

« (Michael Caine :) – Mon père s'appelait Tindolini, mais il a changé son nom en Tindle pour devenir anglais. (Laurence Olivier :) – Devenir anglais ? »
Joseph Mankiewicz, *Le Limier*, 1972

Violence et racisme, à l'école et ailleurs

Les années 1980 coïncidèrent avec une prise de conscience partielle des problèmes de violence et de harcèlement raciste, notamment dans l'enceinte des établissements scolaires. Cette conscientisation croissante est à contraster avec l'attentisme et la passivité de la décennie précédente, que résume ce commentaire d'un principal d'établissement de Southall : « demander aux élèves de dire "merci" ou "s'il vous plaît" et les forcer à ne pas jurer est une chose, mais leur demander de ne pas dire "nègre", "métèque" ou "les noirs ça pue" en est une autre. De toute façon, discuter de ces choses-là ne ferait qu'envenimer l'atmosphère[1]. »

La prise en compte de ces phénomènes dans les écoles et les lieux de socialisation où se côtoient différentes communautés ethniques est accélérée par l'augmentation des agressions racistes elles-mêmes : celles-ci, répertoriées comme « incidents raciaux » (*racial incidents*, qui incluent insultes et agressions physiques) sont passées, pour les années 1988, 1989 et 1990, de 4 383 à 5 044, puis à 6 359 en Angleterre et au Pays de Galles. Les chiffres pour les mêmes années en Écosse sont comparables : 299, 376 et 636[2], même si un consensus écossais tend à

---

1. Cité dans Amrit Wilson, Finding a Voice, Asian Woman in Britain, Londres, Virago, 1978, p. 87.
2. Notons qu'en Écosse, deux tiers des minorités ethniques sont constituées d'Asiatiques (la plupart originaires du Pakistan). Les Caribéens sont très peu nombreux. Voir Ali Wardak, Social Control and Deviance, A South-Asian Community in Scotland, Aldershot, Ashgate, 2004, p. 45.

voir dans les *race relations* une question spécifiquement anglaise[3]. Une étude de Glasgow University révèle en 1989 que 80 % des Pakistanais, Indiens et Bangladais de la ville ont déjà été la cible d'insultes racistes, et que 20 % d'entre eux ont été agressés physiquement[4]. Mais toutes les villes sont touchées, même celles, à l'image de Leicester, qui jouissent d'une réputation de relative harmonie multiculturelle. Toutes les communautés ethniques visibles (excluant, par exemple, Irlandais ou Italiens) sont affectées, mais les Asiatiques sont plus souvent ciblés que les noirs caribéens : une étude du ministère de l'Intérieur de 1981 avance que ces derniers sont 36 fois plus susceptibles d'être agressés que les blancs, tandis que Pakistanais et Bangladais le sont 50 fois plus[5]. Deux facteurs jouent sans doute ici : la supposée passivité et docilité des Asiatiques, et ensuite l'idée selon laquelle, comme le suggère un professeur londonien, «[t]out est question de style. Aux yeux des jeunes, les Caribéens ont du style et les Asiatiques n'en ont aucun. Ils sont tout en bas de l'échelle[6].» Préférence sans doute alimentée par la mode du reggae, du carnaval de Notting Hill et les liens entre des groupes comme The Clash et une certaine radicalité noire, symbolisée par la chanson «The Guns of Brixton» (1979). On était très loin, à l'époque, de ce *Asian cool* qui serait glorifié vingt années plus tard...

L'invisibilité médiatique et artistique des Asiatiques ne suffit pas à expliquer les agressions dont ils sont victimes, et qui peuvent aller jusqu'au meurtre. Le 17 septembre 1986 à Burnage High School (Manchester), Ahmed Ullah, 13 ans, est tué par un garçon du même âge, Darren Coulburn, qui proclame «j'ai abattu un sale Paki[7]». L'affaire fait grand bruit, même s'il ne s'agit pas là d'un précédent. La CRE publie un rapport en 1988, *Apprendre dans la terreur*, se fondant sur une enquête recoupant différentes données nationales[8]. Dans son introduction, on y lit notamment : «nous n'exagérons rien en avançant que, notamment pour les jeunes Asiatiques, le harcèlement racial est

---

3. Voir le commentaire de Robert Miles dans Charles Husband, Race in Britain..., op. cit., p. 279.
4. Ibid., p. 46.
5. Ibid., p. 47.
6. Cité dans Amrit Wilson, Finding a Voice..., p. 95.
7. Voir Humayun Ansari, The Infidel Within..., op. cit., p. 308-309.
8. Commission for Racial Equality, Learning in Terror, a Survey of Racial Harassment in Schools and Colleges in England, Scotland and Wales, CRE, Londres, 1988.

devenu une habitude de vie[9].» Quelques pages plus loin, les auteurs du rapport pointent la passivité des principaux d'établissements :

« Le harcèlement à caractère raciste n'a pas été appréhendé de façon sérieuse. On semble croire, à tort, que l'école est une institution civilisée où de tels problèmes sont traités avec célérité. On pense également qu'insultes et brutalités font partie de la vie quotidienne et ne sont que le reflet de ce qui se passe dans la société[10].»

Pour les élèves asiatiques, qu'ils soient musulmans ou non, il y a là une souffrance souvent quotidienne que viennent rendre plus aiguë encore deux éléments spécifiques à la communauté. D'une part, les enfants asiatiques, avant de commencer leur scolarité, sont protégés et choyés, sans doute plus encore que les enfants «chrétiens»; on leur prodigue une attention et une affection toute particulière. Dès lors, l'arrivée à l'école est vécue de façon très brutale, notamment pour les élèves déficients en anglais qui sont envoyés dans des «classes d'adaptation» (reception classes), qui traînent une image de zones de relégation auprès des autres élèves[11]. D'autre part, chez les filles surtout, la tendance générale consiste à taire ce harcèlement racial : domine une véritable peur, surtout chez les musulmanes issues des régions les plus reculées (Mirpur, Jhellum), que la révélation du racisme ambiant incite les parents à retirer leurs filles – plutôt que leurs fils – du système scolaire[12].

Un certain nombre d'autorités locales essaient pourtant de combattre ce fléau, qui touche également les enseignants asiatiques[13]. Ceci passe dans un premier temps par une volonté d'évaluer le phénomène : c'est dans ce but que sont produits des rapports dans une douzaine de villes[14]. Assez vite également, beaucoup d'établissements insèrent dans leurs règlements intérieurs des mentions spéciales relatives aux insultes ou agressions racistes. Selon certains, à l'instar du criminologue John Lea, cette prise de conscience s'est faite trop tardivement, et surtout dans

---

9. Commission for Racial Equality, Learning in Terror..., op .cit., p. 2.
10. Ibid., p. 7.
11. Voir Amrit Wilson, Finding a Voice..., p. 87, p. 93-94.
12. Ibid., p. 97.
13. Voir le script d'une émission de la BBC dans Charles Husband (ed.), Race in Britain..., op. cit., p. 190.
14. Cité dans CRE, Learning in Terror..., op. cit., p. 9.

l'ombre des politiques multiculturelles célébrant la diversité ethnique[15]. De l'autre côté de l'échiquier politique, des pédagogues conservateurs (comme Ray Honeyford) ont vu dans le multiculturalisme lui-même la véritable *cause* des agressions racistes, allant même jusqu'à expliquer ainsi le meurtre du jeune d'origine bangladaise Ahmed Ullah à Burnage (Manchester)[16].

Des élus locaux parviennent également à imposer des clauses combattant les insultes racistes dans les contrats de bail du logement social. On recense même quelques cas d'expulsions à Newham (East End de Londres) infligées à des racistes notoires ayant commis de multiples actes répréhensibles. Mais ces mesures drastiques demeurent assez exceptionnelles[17] : il est difficile d'apporter la preuve de ces traitements et de trouver des témoins[18].

La police, de son côté, tarde à adopter une politique volontariste dans ce domaine, comme devait le révéler le meurtre de Stephen Lawrence, et surtout les multiples dysfonctionnements de l'enquête débouchant sur la mise en cause, par le rapport Macpherson (1999), du «racisme institutionnel» au sein des forces de police londoniennes. Il n'y a là rien de nouveau : en 1978, un rapport du Trades Council des circonscriptions de Bethnal Green et Stepney, dans l'East End de Londres, déplore que la police ne prenne pas la mesure des proportions préoccupantes prises par les agressions racistes, notamment à l'encontre des Indiens et des Pakistanais. Arrivée sur les lieux d'une agression, il arrive même que la police interpelle les victimes elles-mêmes pour vérifier si elles hébergent ou non des immigrés illégaux[19]. Comme une certaine frange de la population, celle-ci tend parfois à considérer que le pays est trop «tolérant» vis-à-vis des «immigrés» et que les violences, loin d'être endémiques, sont le fait de marginaux et de hooligans[20]. De sorte que la politique adoptée consiste le plus souvent à dissuader les Asiatiques de trop s'exposer, afin d'éviter les problèmes, comme à Southall en juillet 1981, où un groupe de skinheads se produit dans un pub néofasciste du quartier. La police conseille aux Asiatiques

---

15. Voir George Gilligan et John Pratt (eds.), Crime, Truth and Justice..., op. cit., p. 188.
16. Voir Humayun Ansari, The Infidel Within..., op. cit., p. 322.
17. Voir Didier Lassalle, Les Minorités ethniques en Grande-Bretagne, op. cit., p. 67.
18. Voir Danièle Joly, L'Émeute..., op. cit., p. 101-102.
19. Ibid., p. 109.
20. Voir Paul Hartmann et Charles Husband, Racism and the Mass Media, op. cit., p. 176-177.

agressés de quitter le quartier quand des rassemblements de ce type ont lieu[21]. Scénario assez semblable à l'assaut sur la mosquée Pilrig à Édimbourg en 1990, quand la police écossaise conseille aux fidèles présents de ne plus venir sur le lieu de culte « avec trop d'argent dans les poches ». Aucune enquête n'est ensuite menée, en dépit de l'ampleur des dégâts causés[22].

La banalisation des agressions racistes dont il est question ici montre le fossé existant entre l'arsenal législatif mobilisé pour combattre racisme et discriminations d'une part et le quotidien des minorités ethniques d'autre part. En effet, dès 1965, on vota le premier *Race Relations Act*, visant à combattre la discrimination dans les lieux de socialisation tels que les cinémas, bars, restaurants : à cette occasion furent mises en place différentes initiatives de *testing*. En revanche, ni le logement ni le marché du travail n'étaient pris en compte, et la loi fonctionnait sur le mode de la conciliation plutôt que sur celui de la coercition. Son effet fut symbolique. En 1968, un deuxième *Race Relations Act* inclut le logement, le travail et l'accès aux services publics. La Commission for Racial Equality fut instituée par le troisième *Race Relations Act* (1976), qui permettait cette fois de porter plainte pour discrimination raciale, et veillait à combattre la « discrimination indirecte ». Margaret Thatcher compta parmi les 44 députés conservateurs à voter contre le projet de loi à la Chambre des communes[23]. En 1986, le *Public Order Act* inclut un article interdisant l'incitation à la haine raciale, décrite comme « dirigée à l'encontre d'un groupe de personnes définies sur la base des seuls critères de couleur, de race, de nationalité (et de citoyenneté), ou d'origines nationales ou ethniques[24] ». Comme dans toutes les législations mentionnées plus haut, la religion n'apparaît jamais. Rappelons qu'il a fallu attendre décembre 2003 et une autre banalisation, celle de l'islamophobie, pour que soit prise en compte cette dimension religieuse.

Sur le marché du travail, la Commission for Racial Equality parvint à faire adopter par le parlement, en 1983, un code de bonne conduite dans le recrutement des minorités. Néanmoins, celui-ci était toujours largement ignoré des entreprises à la fin de la décennie. En 1993, une enquête montra que seules 3 entreprises, sur 166 analysées, respectaient

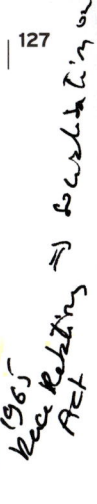

---

21. Voir Robert Winder, Bloody Foreigners..., op. cit., p. 403.
22. Voir Ali Wardak, Social Control and Deviance..., op. cit., p. 47.
23. Sur toutes ces législations, voir Yasmin Alibhai-Brown, Who Do We Think We Are?, op. cit., p. 67-77.
24. Voir CRE, Learning in Terror..., op. cit., p. 36.

les critères de recrutement ethniques définis par le ministère du Travail[25]. Une partie de cette discrimination est institutionnelle : on évite de recruter des jeunes d'origine pakistanaise ou bangladaise car on craint qu'ils ne s'adaptent pas bien, ou bien on recrute sans passer d'annonce, par le bouche-à-oreille, ce qui, naturellement, nuit à des minorités ethniques déjà largement sous-représentées[26]. Dans ces conditions, nombreux sont ceux qui restent dans le giron communautaire et sont employés à leur compte, ou par leurs parents. Mais c'est trop souvent un choix par défaut : en 1994, une étude menée par John Moores University (Liverpool) révèle qu'un quart des épiciers d'origine pakistanaise possède une licence universitaire (*degree*)[27].

Le contexte national : des émeutes de Brixton (1981) à la *poll tax* (1989-1990)

La décennie Thatcher est émaillée d'événements nationaux et internationaux où les minorités ethniques font figure d'acteurs directs ou indirects importants. La vaste mobilisation des musulmans contre *Les Versets sataniques* (1988-1989) et le malentendu durable que celle-ci occasionna fait à elle seule l'objet du prochain chapitre, tant cette affaire conféra une visibilité médiatique à la communauté. La publication du roman de Salman Rushdie constitue la vraie ligne de partage des eaux dans l'histoire des musulmans britanniques depuis 1945, qui seront désormais nommés en référence à leur religion plus qu'à leur appartenance ethnique ou leur origine géographique.

Les émeutes de Brixton (1981) et celles qui suivirent immédiatement, notamment à Toxteth (Liverpool), furent les plus violentes de l'après-guerre : elles virent, entre autres, une partie de la communauté caribéenne de ce quartier du sud de Londres s'en prendre à la police[28], qui se livrait depuis quelque temps à une surenchère dans les contrôles au faciès[29]. L'arbitraire le plus total semblait régner dans ces contrôles, ainsi que le rappelle ce policier de Londres : « Thatcher nous avait fait savoir qu'on

---

25. Voir Didier Lassalle, Les Minorités ethniques en Grande-Bretagne, op. cit., p. 134-135.
26. Voir Ali Wardak, Social Control and Deviance..., op. cit., p. 37.
27. Ibid., p. 38.
28. Les commentaires de Margaret Thatcher sur ces émeutes sont assez instructifs. Voir ses mémoires : The Downing Street Years, Londres, Harper & Collins, 1995, p. 143-147.
29. Sur les lois permettant ces contrôles et l'abus qui en a découlé, voir Romain Garbaye, Émeutes vs Intégration, comparaisons franco-britanniques, Paris, Presses de Sciences Po, 2011.

avait carte blanche pour contenir "l'ennemi de l'intérieur". Cet ennemi, ça pouvait être les noirs, les syndicats, et tous ceux qui n'étaient pas d'accord avec sa vision de la société[30]. » Bien sûr, compte tenu du type de population vivant à Brixton et Toxteth, ces commentaires sur les « noirs » ont trait beaucoup plus aux Caribéens qu'aux Asiatiques, mais l'on ne saurait trop insister sur la façon dont la décennie Thatcher a été une période de ferveur nationaliste britannique – ou plutôt anglaise – s'alimentant d'une exclusion réelle ou symbolique des minorités ethniques. En témoigne par exemple la racialisation de la mémoire de ces violences urbaines : en effet, à l'issue des soi-disant « émeutes raciales » de Bristol, Brixton et Toxteth, comme le rappelle Paul Gilroy, entre 29 et 33 % seulement des personnes arrêtées font partie des minorités ethniques[31]. En témoigne également la crise profonde vécue par les partis d'extrême droite dans les années 1980, dont les thèmes favoris ont été subtilisés par la dame de fer, qui en a poli les aspérités pour leur conférer une forme de respectabilité[32]. Ce programme politique de la droite décomplexée britannique passe par un refus claironné de la repentance coloniale et par la glorification de l'Empire, qui suscite tout autant l'anxiété vis-à-vis du rôle de la Grande-Bretagne dans le monde des années 1980 que la croyance illusoire dans une puissance appartenant désormais à l'histoire[33].

Le mythe de la grandeur coloniale prend une tournure rien moins que délirante au moment de la guerre des Malouines (avril-juin 1982), ce chapelet d'îles presque inhabitées que Margaret Thatcher, selon son propre mari, ne savait placer sur la carte au moment de l'invasion argentine[34]. Le lien romantique et nostalgique entre ces confettis de l'Empire et le peuple blanc de la métropole britannique est ainsi résumé par l'éditorialiste conservatrice Peregrine Worthstone : « La plupart de nos concitoyens s'identifient beaucoup plus facilement à

---

30. Cité dans Yasmin Alibhai-Brown, Who Do We Think We Are ?, op. cit., p. 81.
31. Voir There Ain't No Black, op. cit., p. 26, p. 126. Un phénomène de racialisation de la mémoire des émeutes de Bradford, Oldham, Burnley a également eu lieu après 2001. Voir Olivier Esteves, « "Goin' Racial" : la construction d'une mémoire raciale des violences urbaines, de Nottingham (1958) à Bradford (2001) » dans Philippe Vervaecke, Andrew Diamond et James Cohen, L'Atlantique multiracial, Paris, Khartala, 2011.
32. Ibid., p. xiv.
33. Voir Paul Gilroy, There Ain't No Black in the Union Jack, op. cit., p. xxxvii.
34. Voir Le Monde, 16 mars 2003.

celles et ceux, issus de la même souche, qui vivent à 12 000 kilomètres d'ici qu'à ces immigrés caribéens ou asiatiques qui habitent pourtant à côté de chez nous[35]. » On a ici un discours de type performatif où la seule *description* de cette « réalité objective » sensibilise également au sort des familles aux Malouines tout en cultivant l'indifférence à l'égard de ces « autres » génétiquement et culturellement différents que sont Caribéens et Asiatiques vivant à Londres ou Birmingham. Ces derniers, d'ailleurs, ont peine à comprendre la passion britannique pour ces îles lointaines où la population des moutons est supérieure à celle des hommes. Contrairement à la majorité des Britanniques pour qui Thatcher redevient un leader populaire, Caribéens et Asiatiques, entre autres, ne sont pas vraiment sensibles « aux accents churchilliens éhontés[36] » des discours martiaux prononcés par le Premier ministre. On n'est pas surpris dès lors que la guerre des Malouines coïncide avec une poussée de fièvre nationaliste, où les agressions racistes se font plus nombreuses[37] et où les skinheads recrutent un peu partout dans le pays, comme le montre le film *This is England* (Shane Meadows, 2007). Le conflit des Malouines rappelle à cet égard l'aliénation des minorités ethniques, un an à peine après les émeutes de Brixton.

On pourrait faire la même remarque ou presque s'agissant de la vaste mobilisation contre la *poll tax* en 1989-1990, à ceci près qu'une partie des familles caribéennes a participé à cette fronde populaire contre un impôt local (*community charge*) considéré par le plus grand nombre comme scandaleusement inique. Chaque adulte devant s'acquitter de ce nouvel impôt, il semble évident que, compte tenu des différences en termes de natalité, les familles pakistanaises ou bangladaises avaient davantage à craindre de la *poll tax* que la plupart des autres. Par conséquent, il y avait là la possibilité d'une mobilisation commune : des études gouvernementales avaient d'ailleurs elles-mêmes indiqué, à l'automne 1989, qu'entre 73 % et 89 % des familles verraient leur situation économique empirer une fois la législation adoptée[38]. Blancs et noirs, chrétiens comme hindous et musulmans pouvaient tous légitimement se défier de cette *poll tax* qui devait précipiter la chute de la maison Thatcher.

---

35. The Sunday Telegraph, *27 juin 1982.*
36. *C'est le point de vue de Roy Hattersley dans* Fifty Years On, op. cit., p. 290.
37. *Voir Paul Gilroy,* There Ain't No Black in the Union Jack, op. cit., p. 53-55.
38. *Voir Roy Hattersley,* Fifty Years On, op. cit., p. 341.

Pour les musulmans, le débat sur la *poll tax* fut occulté par l'affaire des *Versets sataniques* et ses conséquences. La mise en place de l'impôt local était prévue en Écosse en avril 1989, avant sa généralisation à l'ensemble de l'île douze mois plus tard. Dannie Burns, auteur d'un essai précisément documenté sur la mobilisation contre cet impôt[39], n'évoque pas la participation des minorités ethniques, en particulier des musulmans. Et pour cause : ceux-ci semblent avoir été très en retrait lors de cette fronde nationale, qui vit les tribunaux écossais tenter en vain de poursuivre les 38 % de la population adulte calédonienne s'étant livré à un acte collectif de désobéissance civile[40], et qui provoqua également une manifestation monstre à Trafalgar Square le 31 mars 1990. L'implication active des musulmans contre *Les Versets sataniques*, mais aussi contre la première guerre du Golfe (1990-1991), et leur non participation à la révolte contre la *poll tax* attestent l'aliénation d'une grande partie de la communauté. Les musulmans se battent contre Rushdie (même si beaucoup semblent opposés à la *fatwa* prononcée par l'ayatollah Khomeiny) puis, plus tard, pour l'Irak de Saddam Hussein, alors que la population se mobilise contre la *poll tax* du gouvernement Thatcher, tout comme elle s'était mobilisée majoritairement pour les Malouines. Le clivage, lorsqu'on dresse la liste des quatre ou cinq questions nationales et internationales ayant rythmé la décennie 1980, apparaît donc de façon assez manifeste.

Les ripostes

Face aux agressions racistes, face également à la passivité des forces de police[41], un nombre croissant d'Asiatiques a décidé que la meilleure défense était la riposte physique. Le Rapport Scarman (1981) commandé après les émeutes de Brixton avait clairement établi que les Asiatiques, comme les Caribéens, n'avaient pas confiance dans les forces de police[42]. Suite au meurtre d'un immigré bangladais, Tausir Ali, le 6 avril 1970, la Pakistani Workers Association avait d'abord appelé à la création de groupes d'autodéfense parmi les Bangladais de Londres[43]. Puis, vers la fin de la décennie, de nombreux musulmans se sont inscrits dans des

---

39. Voir Poll-Tax Rebellion, *Oakland (Cal.), AK Press, 2001.*
40. Voir Mark Garnett, From Anger to Apathy, op. cit., p. 246.
41. Cette passivité est constatée par beaucoup d'Asiatiques. Voir Charles Husband (ed.), Race in Britain..., op. cit., p. 189.
42. Voir Panikos Panayi (ed.), Racial Violence in Britain..., op. cit., p. 206
43. Voir Derek Humphrey et Gus John, Because They're Black, Harmondsworth, Penguin, 1971, p. 49.

clubs de boxe ou d'arts martiaux, une évolution notamment expliquée par la succession, entre 1978 et 1980, de meurtres racistes assez médiatisés dans le Grand Londres : Altab Ali mais aussi Ishaque Ali à Brick Lane en 1978, Akhtar Ali Baig en 1980 à Newham, en passant par Michael Ferreira, noir d'origine jamaïcaine, à Hackney en 1979[44]. On compta en tout 31 meurtres racistes à travers le pays, entre 1976 et 1981. Cette atmosphère de peur est même illustrée par la littérature : ainsi, le personnage de Djamila, dans *Le Bouddha de Banlieue* d'Hanif Kureishi, pratique assidûment le judo et le karaté, dans le but de se défendre face aux agressions racistes. D'autres Asiatiques font de même, à l'image de ce sikh de Bradford :

> « Nous nous sommes inscrits au club de karaté de St Clements, et nous avons vite commencé à intensifier notre entraînement ; nous avions quinze ans environ et nous accompagnions nos pères jusqu'au pub, au cas où... Nous étions très bien entraînés, trois heures par jour, plus le footing, et nous étions en très bonne forme physique... [45] »

Les musulmans, assez vite, brillent aussi dans ces sports et créent une tradition qui conférera la gloire à certains d'entre eux, de Prince Naseem Hamed, d'origine yéménite, dans les années 1990, à Amir Khan, cet Anglais d'origine pakistanaise de Bolton, qui se fit connaître aux jeux olympiques d'Athènes en 2004.

En outre, plusieurs procès impliquant des groupes asiatiques d'autodéfense, mis en examen pour « conspiration », « émeute » ou « violences aggravées », ont lieu entre 1980 et 1985. Face à la menace bien réelle de groupes d'extrême droite, des jeunes Asiatiques de Bradford ou Londres, de toutes les religions, ont décidé de s'organiser et de montrer qu'ils n'entendaient pas être intimidés par les activistes du National Front. Chez eux, opter pour la riposte physique renvoie à la stratégie du même type au sein de la gauche antiraciste de l'époque (Anti-Nazi League, par exemple), qui souhaite occuper l'espace public afin d'empêcher physiquement l'extrême droite de manifester ou de tracter[46]. Les procès retentissants des « Bradford Twelve » en 1981 ou « Newham Eight » en 1983 ont surtout confirmé aux yeux des minorités asiatiques que la police

---

44. Voir Ambalavaner Sivanandan, *Catching History on the Wing*, op. cit., p. 129.
45. Bradford Central Library, Bradford oral archives, C0029.
46. Voir Dave Renton, *When We Touched the Sky. The Anti-Nazi League 1977-1981*, Londres, Pluto Press, 2006.

ne les défendait pas, et se plaçait plutôt du côté de groupes militants d'extrême droite, guère inquiétés à ces occasions[47]. Ils constituent également une des dernières illustrations historiques d'une conscience noire partagée par Asiatiques et Caribéens. Les «Bradford Twelve», qui sont tous des Asiatiques, font pourtant partie d'une «United Black Youth League» d'autodéfense face aux agressions racistes. Le terme «Black» est constamment utilisé dans leurs brochures; il puise dans la littérature militante de Malcolm X aux cris de «Self-defence is no offence» et relaie le message antifasciste de diverses associations de gauche radicale britannique[48].

Les procès évoqués ici nourrissent par ailleurs un certain rejet de l'assimilation. D'aucuns se demandent à quoi cela sert de *devenir* britannique si l'État – à travers sa police – et une partie du peuple vous rejettent. C'est pourquoi un certain nombre d'Asiatiques n'a que mépris pour la façon dont les Caribéens se sont assimilés aux Britanniques mais sont restés rejetés:

> «Regardez les noirs de Londres. Ils ont suivi les habitudes et le style de vie anglais et ont essayé de les imiter. Leurs enfants sont plus anglais que les Anglais et pourtant, les Anglais, ils ne les acceptent toujours pas. Ces jeunes-là ne savent pas qui ils sont, où est leur patrie. Il y a tellement de jeunes adolescents noirs qui vivent seuls, sans leurs parents, dans la misère, mais les Anglais, ils s'en foutent, pour eux ces gens-là, ce ne sont que des "nègres"[49].»

L'impression, ressentie par les minorités, qu'il existe une identité «anglaise» qui serait exclusive plutôt qu'inclusive (au rebours de l'identité «britannique»), et qui rendrait inconcevable la possibilité de *devenir* anglais (plutôt que britannique) tend à être partagée dans les «franges celtiques» que sont l'Écosse et les Pays de Galles. Ainsi, un Écossais d'origine pakistanaise réagit à la réaction d'un de ses cousins se définissant volontiers comme «Écossais pakistanais» en lui rétorquant: «même si tu te transformes en Robert Burns, pour eux tu seras toujours un sale Paki[50].»

---

47. Voir Helena Kennedy, Just Law, the Changing Face of Justice, and Why It Matters to Us All, *Londres, Random House*, 2005, p. 195.
48. Voir The Campaign to Free the Bradford Twelve, Self-Defence is no Offence, *Bradford Central Library*, 1981.
49. Cité dans Ali Wardak, Social Control and Deviance..., op. cit., p. 56.
50. Ibid., p. 145.

Les musulmans souhaitant s'assimiler tout à fait afin de s'intégrer, notamment dans le marché du travail, n'abandonnent pas nécessairement leur identité religieuse et se marient dans la grande majorité des cas au sein de leur communauté, comme les blancs d'ailleurs. Ils sont appelés *coconuts* par d'autres musulmans, qui leur reprochent leur obsession d'assimilation : à l'image du fruit, ils sont «noirs» au dehors mais d'une blancheur marmoréenne à l'intérieur[51]. Zadie Smith met en scène, sur le mode de la comédie, des oppositions entre ces labels identitaires dans son roman *White Teeth* (2000).

La volonté de s'assimiler sous conditions est sans doute plus commune chez les hindous et les sikhs que chez les musulmans. Ces conditions sont la préservation de certains pans de la culture du sous-continent et les mariages intracommunautaires. Le repli sur soi caractérisant davantage les musulmans n'est pas imputable à leur seule religion : des facteurs socio-économiques renvoyant à leur région d'émigration (Mirpur, Jhellum) sont cruciaux ici. Toujours est-il que, dès les années 1980, certains sikhs et hindous pointent du doigt le «communautarisme» des musulmans qui, selon eux, a des conséquences néfastes sur tous les Asiatiques, stigmatisés comme autant de «Pakis» arriérés par la majorité britannique. C'est ce que déplore ce sikh de Bradford, Baljit :

«Est-ce que les sikhs causent des problèmes? Non! Est-ce que les hindous causent des problèmes? Non! Nous on sait s'adapter, on ne s'attend pas à ce que le gouvernement fasse toutes sortes d'efforts pour nous satisfaire. Mais dans quel pays vit-on? Et tous ces hommes-là, ça me dégoûte, ceux qui préfèrent voir leur femme mourir en accouchant plutôt que de consulter un médecin masculin! La moitié devrait être en prison pour meurtre, l'autre moitié pour traitement dégradant[52].»

La perception d'un «problème» musulman parmi cette communauté asiatique va rejaillir sur toute la population britannique lors de deux grandes crises mettant les musulmans sous les feux de la rampe : *Les Versets sataniques* et la première guerre du Golfe. Ce sont ces événements qu'il nous faut analyser à présent.

---

51. Voir Syed Muhamad Atif Imtiaz, Identity and the Politics of Representation..., *thèse de doctorat, LSE*, 1999, p. 124.
52. Cité dans Dervla Murphy, Tales from Two Cities..., *op. cit.*, p. 80.

Un manifestant contre les Versets Sataniques *interpellé par la police (Bradford).*

Chapitre 3 / LES VERSETS SATANIQUES, UNE «BLESSURE INTERCULTURELLE[1]»

« (Desdemona:) I understand a fury in your words, but not the words. »
William Shakespeare, *Othello*

L'affaire des *Versets sataniques* a connu un retentissement mondial, provoqué par la *fatwa* de l'ayatollah Khomeiny prononcée le 14 février 1989, et qui appelait « tous les musulmans zélés à exécuter rapidement » l'auteur et ses éditeurs, « où qu'ils se trouvent, afin que personne n'insulte les saintetés islamiques ». Un mois avant, le 14 janvier, des musulmans ulcérés par la publication de ce roman jugé blasphématoire avaient organisé un autodafé de l'œuvre à Bradford, à l'appel du Bradford Council for Mosques. En cause : l'évocation d'un Mahomet rebaptisé « Mahound », *hound* étant synonyme de *dog* en anglais. Or les chiens sont considérés comme impurs dans la tradition islamique. Pis : les femmes du prophète sont décrites comme autant de catins. Salman Rushdie, lui, y voit davantage le long délire halluciné d'un acteur indien dans le roman, et avance que les thèmes de son livre sont plutôt l'immigration, la métamorphose, la crise d'identité, l'amour, la mort, Londres et Bombay. Ce à quoi les musulmans outrés répondent que six chapitres sur neuf ont directement trait à l'islam, et décrivent cette religion de façon délibérément blessante[2].

La publication de ce roman par un auteur mondialement célèbre, citoyen britannique issu d'une famille musulmane de Bombay, contribua à elle seule à faire des musulmans britanniques une communauté extrêmement visible qui, quasiment du jour au lendemain, inspira de multiples éditoriaux et commentaires d'auteurs ou personnalités

---

1. *Cette expression est utilisée par Jimmy Carter pour qualifier l'affaire, voir Muhammad Manazir Ahsan et Abdur Raheem Kidwai,* Sacrilege vs. Civility, Muslim Perspectives on the Satanic Verses Affair, *Wiltshire, Cromwell Ltd, 1991, p. 73.*
2. *Voir Ziauddin Sardar et Merryl Wyn Davies,* Distorted Imagination, Lessons From the Rushdie Affair, *Londres, Grey Seal, 1990, p. 187-188.*

aussi connus qu'Harold Pinter, Anthony Burgess, Roald Dahl, Wole Soyinka, Naguib Mahfouz, Conor Cruise O'Brien, Michael Ignatieff, John Berger, sans oublier l'ex-président des États-Unis Jimmy Carter. Loin des débats agitant ces membres éminents de l'intelligentsia mondiale, en majorité non musulmane, je m'intéresserai ici à la façon dont les musulmans britanniques ont appréhendé cette affaire. De proche en proche, l'incompréhension suscitée a créé les conditions d'un autre affrontement idéologique assez semblable, celui de la première guerre du Golfe (1990-1991), évoqué au prochain chapitre.

La publication du roman de Salman Rushdie a brutalement mis au premier plan la religion des Britanniques d'origine pakistanaise, bangladaise, voire indienne, à l'exclusion d'autres pans de leur identité. Jusqu'alors, rappelons que l'usage était de les considérer comme des «noirs» (*Blacks*) alors qu'eux-mêmes se voyaient davantage, *nolens volens*, comme des «Asiatiques» (*Asians*), «Asiatiques du Sud» (*South-Asians*) ou musulmans, sikhs ou hindous. L'affaire a tout d'abord généré un repli identitaire assez sensible de la part des musulmans, dont beaucoup ont vécu la publication du roman de Rushdie et sa non interdiction comme une insulte, comme le refus d'une reconnaissance due à des milliers de familles présentes depuis des décennies sur le sol britannique, et qui avaient loyalement contribué à la prospérité de l'économie avant les années de récession. Ou, comme l'a déploré un restaurateur de Bradford dans un documentaire de la BBC: «Ne pas faire de bruit, ça, on sait faire. Ça fait trente ans qu'on fait pas de bruit. Depuis qu'on est arrivés. On est deux millions à pas faire de bruit. Mais on est scandalisés par ce qui se passe et pourtant, que fait le gouvernement? Rien du tout[3].» Ce témoignage exprime l'ire d'une communauté, et évoque en filigrane le lien entre une contribution historique, que l'on peut même faire remonter à l'empire colonial et aux guerres mondiales, et une exigence de reconnaissance politique, qui selon les musulmans se heurte au mur de l'ingratitude thatchérienne. Le sentiment d'injustice décrit ici se trouve logiquement renforcé par les agressions racistes de toutes sortes, décrites dans les pages qui précèdent. Il se trouve également attisé par les portraits médiatiques d'un Rushdie citoyen britannique sans histoire. Ces sentiments sont

---

3. «*Deux millions*» *est exagéré, puisque selon le recensement de 2001 (le premier offrant des informations sur les religions), la Grande-Bretagne compte 1,6 million de musulmans. Cité dans Syed Muhamad Atif Imtiaz,* Identity and the Politics of Representation..., *op. cit., p. 187.*

partagés par d'autres musulmans européens, comme le montre le témoignage d'un manifestant français interrogé dans le journal télévisé de TF1 : «il y a une partie de la presse qui a présenté Rushdie comme l'exemple du musulman intégré en Europe occidentale. Et ça choque tous les musulmans qui sont anciennement installés en France et qui manifestent un attachement à la *foi* musulmane[4].»

En Grande-Bretagne, le courroux des musulmans issus du Pakistan révèle implicitement la conscience intériorisée d'une certaine force, notamment démographique. À ce titre, le contraste avec d'autres musulmans, les Yéménites d'origine ou de nationalité (très minoritaires) est assez instructif : ces derniers, en effet, n'exprimèrent pas de colère, convaincus que si M. Rushdie avait commis un péché grave, alors Dieu ne manquerait pas de le châtier[5]... Le cas des Bangladais est assez semblable : en partie parce que leur arrivée était souvent plus récente que celle des Pakistanais, beaucoup d'entre eux demeurèrent silencieux en 1989, notamment dans le quartier de Tower Hamlets (East End de Londres)[6]. Ces contrastes sont également imputables à l'importance des traditions deobandi et barelwi chez les musulmans du sous-continent indien, surtout pakistanais ; en effet, selon ces deux doctrines la dévotion au prophète doit être totale et sans retenue. On imagine dès lors le tollé provoqué[7], que viennent illustrer les manifestations les plus massives contre Salman Rushdie à travers le monde, toutes le fait de musulmans du, ou issus du, sous-continent indien : Bombay, Islamabad, Bolton, Bradford, et enfin Johannesburg[8].

―――― **Les conditions d'un malentendu**

On ne sera pas surpris qu'outre la dialectique «contribution historique»/«exigence de reconnaissance» évoquée plus haut, le débat se soit focalisé sur la notion de liberté d'expression. Cette dernière est considérée comme un des fondements de l'identité britannique, liée au libéralisme politique des Jeremy Bentham, John Locke et John Stuart Mill. De fait, la Grande-Bretagne a accueilli depuis longtemps des

---

4. *C'est moi qui souligne le mot «foi». Cité dans Thomas Deltombe*, L'Islam imaginaire..., op. cit., p. 84.
5. Voir Elizabeth Poole et John E. Richardson (eds.), Muslims and the News Media, op. cit., p. 32.
6. Voir Tahir Abbas (ed.), Muslim Britain..., op. cit., p. 183-184.
7. Sur l'importance de ces deux traditions, notamment à Bradford, voir Philip Lewis, Islamic Britain, op. cit., p. 84-85.
8. Voir Tariq Modood, Multiculturalism Politics, op. cit., p. 106.

réfugiés politiques : ainsi Marx et Mazzini bien sûr, mais également le militant anarchiste Sergius Stepniak, proche de William Morris. Les défenseurs de la liberté d'expression, celle de Rushdie comme celle des autres, faisaient valoir en 1988-1989 que personne n'était obligé de lire et encore moins d'acheter le roman honni. La réaction de rejet du livre était certes compréhensible dans une certaine mesure, mais il demeurait impératif qu'elle s'exprimât dans le cadre de la loi, c'est-à-dire en dénonçant sans ambiguïté la *fatwa* de Khomeiny[9].

S'opposaient ici deux visions incompatibles de la liberté : l'une où elle cesse là où commence le sacré, l'autre où elle ne s'arrête pas là, autorisant de ce fait le blasphème qui, pour compliquer davantage encore le débat, est illégal au regard de la loi anglaise dans la mesure où il s'exprime à l'encontre de la foi chrétienne (dans la pratique, comprendre « anglicane »). Au-delà de ce débat sur la liberté d'expression, une des principales critiques proférées à l'égard de Salman Rushdie consiste à déplorer chez l'auteur son absence de prudence et surtout de responsabilité[10]. Ziauddin Sardar, intellectuel musulman britannique en première ligne lors de l'affaire, reproche au roman de Rushdie de puiser dans « une imagination gauchie qui a assimilé tous les clichés idiots de la vision orientaliste de l'islam, en les servant sur un plateau à un public qui n'est jamais rassasié de stéréotypes sur cette religion[11]. » Le philosophe Bhikhu Parekh, grand théoricien du multiculturalisme, se montre lui aussi assez sévère envers Salman Rushdie, lorsqu'il dit de son roman que « les remarques qui s'y trouvent n'ont pas de justification d'ordre artistique. Elles insultent et provoquent le croyant ; elles mettent au défi les musulmans de réagir et de contre-attaquer s'ils ont un honneur et un certain respect pour leur religion[12]. » La publication du roman constitue un test de la *ghairat* de ces musulmans, autrement dit de la fierté et de l'amour que cette communauté ressent à l'égard de sa religion et de son prophète. Ainsi que le rappelle Tariq Modood, plus *Les Versets sataniques* étaient décrits comme un chef-d'œuvre par une partie de la presse, plus cette *ghairat* était titillée, testée, sommée de réagir, et plus la réaction de rejet devait, partant, ne souffrir aucune ambiguïté[13]. Il y a aussi, à n'en pas douter, une dimension sociale et

---

9. Voir débats parlementaires à la Chambre des communes, Hansard, vol. 147, 21 février 1989, p. 839-846.
10. Voir The New York Times, 23 février 1989.
11. Voir Distorted Imagination op. cit., p. 190.
12. Cité dans Philip Lewis, Islamic Britain., op. cit., p. 156.
13. Voir Multicultural Politics, op. cit., p. 119.

Les Versets sataniques, une «blessure interculturelle» | **141**

géographique à cette *ghairat*, dans la mesure où des musulmans des cités industrielles des Midlands et du Nord sont ulcérés par le soutien à Rushdie émanant des éditorialistes des bureaux cossus de *Fleet Street*, où des journalistes proches du riche romancier indo-britannique expriment leur dégoût de ces musulmans «archaïques et fanatisés» du Nord. La dimension de sphère publique et de sphère privée – centrale dans de nombreux débats sur le multiculturalisme[14] – constitue un autre élément de la controverse. En effet, une œuvre artistique ressortit-elle à la première ou à la seconde? Les musulmans s'opposant à Rushdie stigmatisent une insulte publique, les défenseurs de l'auteur objectent que lire l'œuvre procède d'un choix individuel et privé, fait en toute conscience, et que le marché du livre n'oblige personne à se procurer *Les Versets sataniques*. Précisons ici que la possibilité d'une interdiction de l'œuvre n'était pas un souhait forcément irréalisable car, à une dizaine de reprises déjà, le législateur ou différents diffuseurs d'œuvres artistiques avaient retiré films, documentaires, écrits jugés offensants par tout ou partie d'une communauté religieuse. L'exemple le plus célèbre était aussi le plus récent: la BBC avait refusé de programmer *La Dernière tentation du Christ* de Martin Scorsese en 1988, et plusieurs cinémas avaient retiré le film de leur programmation. En revanche, aucun de ces précédents surtout locaux n'avait eu l'ampleur qu'aurait eue un éventuel retrait du roman de Salman Rushdie des rayons des libraires à l'échelle nationale[15].

Comme le dit Ziauddin Sardar plus haut, il se trouve parmi les défenseurs de M. Rushdie quantité d'Occidentaux acceptant, voire embrassant avec enthousiasme, un discours stéréotypé sur l'islam et les musulmans. Même si une partie de la presse conservatrice insiste sur le distinguo à faire entre la majorité des musulmans scandalisés et la minorité de tenants du *jihad* qui réclament, selon l'injonction de Khomeiny, la tête de Rushdie, il semble bien que dans beaucoup d'articles affleure un discours orientaliste assez caricatural, voire carrément erroné. Celui-ci, par exemple, relie historiquement l'islam aux prises d'otage et aux premiers attentats suicides, omettant d'évoquer le rôle moteur des Tigres tamouls sri-lankais dans l'organisation moderne

---

14. *Tariq Modood*, Multiculturalism Politics, op. cit., p. *131-150*.
15. On pense par exemple à Perdition *de Jim Allen, interdite au Royal Court Theatre suite aux pressions émanant de groupes jugeant la pièce antisémite. Pour la liste de ces œuvres, voir Tariq Modood*, Multicultural Politics, op. cit., p. 127.

de ce type d'attaque terroriste[16]. Correspondant international de *The Independent*, le journaliste Nicholas Ashford estime que les avocats de l'auteur britannique n'auraient sans doute jamais pris la plume pour défendre la liberté d'expression d'un auteur décrivant Hitler en héros, ou bien tenant des propos ouvertement antisémites[17]. En effet, on notera que de grands noms ayant apporté leur soutien à Rushdie défendent sa liberté d'expression notamment parce qu'ils partagent les clichés antimusulmans apparaissant dans les pages de son roman. Leur démarche, malgré l'invocation des Lumières chez certains, ne s'apparente pas à celle d'un Voltaire prêt à défendre coûte que coûte la liberté d'expression d'une personne dont il *détesterait* les opinions, ou à celle d'un Noam Chomsky dans l'affaire française du négationniste Robert Faurisson. Anthony Burgess et d'autres défendent avant tout un roman où abondent des stéréotypes sur les musulmans avec lesquels ils sont peu ou prou d'accord. On se souviendra à cet égard des mots de Noam Chomsky dans sa controverse avec Pierre Vidal-Naquet : « Défendre la liberté d'expression de personnes dont vous partagez le point de vue, voilà qui n'est pas défendre la liberté d'expression[18]. »

En 1989 déjà, le préjugé antimusulman plus ou moins ouvertement exprimé ne posait pas de problème, comme l'avait remarqué Edward Said lui-même quelques années avant, à l'issue de la révolution iranienne[19]. Ce caractère antimusulman présenté comme allant de soi, comme procédant du simple « réalisme » et n'étant pas assimilable à d'autres préjugés contre un peuple ou une religion, constitue d'ailleurs selon le rapport du Runnymede Trust (*Islamophobia, a Challenge for Us All*, publié en 1997) un des huit traits distinctifs de l'islamophobie.

Au final, cette très vive polémique a fait surgir une double ironie historique entre les acteurs du débat : M. Rushdie, le gouvernement

---

16. Voir The Daily Telegraph, *19 février 1989* ; sur les Tigres Tamouls et les premiers attentats suicides, voir Louise Richardson, What Terrorists Want, Understanding The Terrorist Threat, Londres, John Murray, 2006, p. 138-142. Une étude détaillée des attentats suicides entre 1980 et 2004 indique que presque tous sont motivés par la présence d'une occupation jugée étrangère, pas par la religion stricto sensu. Voir Robert Pape, Dying to Win : The Strategic Logic of Suicide Terrorism, New York (N.Y.), Random House, 2005, p. 130.

17. Voir The Independent, *18 février 1989*. L'article s'intitule « L'arrogance et le dédain de l'Occident ».

18. Pour un résumé des enjeux de cette question, voir le DVD Chomsky & compagnie, Les Mutins de Pangée, 2009.

19. Voir Covering Islam, How the Media and The Experts Determine How We See The Rest of the World, Londres, Routledge & Kegan Paul, 1981.

Thatcher et la communauté musulmane. D'une part, le gouvernement a défendu pied à pied la liberté d'expression d'un homme qui, dans *Les Versets sataniques* mais aussi ailleurs, avait critiqué de façon violente la dame de fer elle-même, parfois dans des termes plus violents que ceux utilisés pour qualifier Mahomet. D'autre part, le gouvernement Thatcher n'a jamais entendu les demandes réitérées d'une communauté (notamment touchant à la modification de la loi sur le blasphème) dont les valeurs principales, soutenues par ses membres les plus conservateurs, correspondent pourtant aux piliers de l'Angleterre idéale imaginée par Thatcher et consorts : centralité de la famille, de la religion, de l'ordre, de la discipline, respect d'un code moral très strict, écoles confessionnelles, avec, si possible, absence de mixité[20].

——— Autodafé et amalgame

Yasmin Alibhai-Brown regrettait vivement en 2000 qu'aucune étude sérieuse n'ait vraiment sondé les musulmans britanniques sur leur opinion quant à la *fatwa* de l'ayatollah Khomeiny[21]. Une majorité de Britanniques, influencée par la presse populaire conservatrice, a sans doute assez facilement relié un événement jugé extrême – l'autodafé du livre le 14 janvier à Bradford – à un autre événement extrême : la *fatwa* de l'ayatollah Khomeiny.

Comment expliquer la manifestation de Bradford, dont les images diffusées en boucle sur les chaînes de télévision européennes ont eu des conséquences catastrophiques pour l'image des musulmans ? Il y avait en réalité dans ce geste une démarche réfléchie, explicable par le silence médiatique presque complet autour des multiples – et parfois massives – manifestations de colère organisées jusqu'alors. Ainsi, à Bolton, le 2 décembre 1988, un rassemblement de 8 000 personnes, ordonné et très calme, n'avait pas été relayé par les grands médias. C'est la raison pour laquelle le Bradford Council for Mosques, apparemment conseillé par un avocat[22], décida que seule une action de type « coup de poing » connaîtrait un retentissement national. Cette conclusion fut aussi logique que désastreuse pour l'image d'une communauté : de fait, dès le 15 janvier, les textes abondaient sur la dérive fasciste – directement

---

20. Voir le court essai « Bradford » d'Hanif Kureishi dans *The Word and The Bomb*, Londres, Faber & Faber, 2005, p. 77-80.
21. Dans *Who Do We Think We Are ?*, op. cit., p. 147.
22. C'est ce que prétend Syed Muhamad Atif Imtiaz dans *Identity and the Politics of Representation...*, op. cit., p. 213.

évocatrice de la période nazie et de ses autodafés de livres – des adorateurs d'Allah. Ces propos tenus par Anthony Burgess, l'auteur d'*Orange mécanique*, résument assez bien la teneur de l'ensemble :

> « L'islam adopte des tactiques de gangsters : très peu de musulmans de Grande-Bretagne savent contre quoi ils manifestent[23] ; ils suivent comme des moutons les recommandations des imams et ensuite montrent une agressivité qui est plutôt celle des loups. Ils oublient ce que les nazis faisaient aux livres, ou plutôt ils ne l'ont pas oublié – après tout, certains de leurs coreligionnaires ont approuvé la Shoah[24]. »

De même, le quotidien conservateur *The Daily Telegraph* exprime à plusieurs reprises un regret teinté d'inquiétude : peut-être était-il hasardeux de laisser venir, vers 1960, autant de musulmans sur le sol britannique[25]... Message relayé à l'identique par Roy Jenkins lui-même, ex-ministre travailliste qui avait pourtant œuvré activement contre la discrimination, par le biais des différents *Race Relation Acts*[26]. Ces regrets et la crainte qu'ils expriment sont renforcés par les explosions de bombes artisanales dans quelques librairies londoniennes vendant le roman de Salman Rushdie[27]. On notera également que la droite radicale britannique allait assidûment instrumentaliser le souvenir britannique de cet autodafé dans son discours islamophobe : en témoigne cette brochure du British National Party de 2001-2002, largement diffusée, et qui évoque rien moins qu'une continuité islamique en la matière, renvoyant à l'incendie de la grande bibliothèque d'Alexandrie en 642, ordonné par le calife Omar[28].

La *fatwa* édictée par M. Khomeiny consolida définitivement, chez de nombreuses personnes, un rapprochement fâcheux entre musulmans, archaïsme fascisant et folie meurtrière. C'est ce que constate l'historien Humayun Ansari, en arguant que les médias britanniques ont bel et

---

23. Il apparaît en effet que beaucoup de pourfendeurs de M. Rushdie – comme d'ailleurs beaucoup de ses défenseurs – n'ont pas pris la peine de lire son roman. Parmi les manifestants de Bradford, un certain nombre ne savait pas lire ou ne lisait pas l'anglais.
24. The Independent, 16 *février 1989*.
25. 19 *février 1989*. Voir également The Sunday Telegraph, 24 *juin 1990*.
26. Voir l'avis de Bhikhu Parekh sur les propos de Roy Jenkins dans The Independent Magazine, *mars 1989*.
27. Des bombes furent également interceptées à Nottingham, Peterborough et Guilford.
28. Le BNP considère comme certitude ce qui fait encore débat chez les historiens. Voir Tahir Abbas (ed.), Muslim Britain, *p. 56-57*.

bien *fabriqué* un soutien à la *fatwa* de Khomeiny alors qu'en réalité, une majorité de musulmans britanniques s'opposaient aussi violemment au livre de Salman Rushdie qu'à la *fatwa* du vieux dictateur iranien[29], même s'ils savaient gré à ce dernier d'avoir défendu ce qu'ils voyaient comme l'honneur musulman face au silence complice de certains leaders arabes[30]. L'amalgame tient ici en ce que la *minorité* musulmane – majoritairement industrieuse, sans histoire, presque unanimement loyale à la couronne jusqu'alors – se voyait assimilée au pouvoir du très large mouvement national socialiste allemand du début des années 1930, violemment antisémite et imposant son idéologie à toutes les couches de la population, pour écraser une petite *minorité* de la population nationale, à savoir les juifs[31]. Ce faisant, on exagérait la «menace musulmane», même si les musulmans ne constituent qu'une minorité de la population, tout en homogénéisant cette menace : l'ennemi est non seulement «partout» (comme les nazis en Allemagne en 1933), il est aussi uni dans son soutien à Khomeiny. Or le silence déjà évoqué des Bangladais et Yéménites prouve le contraire, sans oublier tous ces musulmans d'origine pakistanaise s'opposant à la *fatwa* : selon un sondage local organisé par Bradford City Radio, 90 % des musulmans de la ville la désapprouvaient[32].

L'identification entre musulmans de Bradford (et d'ailleurs) et nazis fanatiques était rendue opératoire par trois éléments supposés communs : l'antisémitisme viscéral partagé par les deux groupes (voir les propos d'Anthony Burgess), la révolte exprimée par le biais d'un autodafé de livres, sans oublier la parenté idéologique reliant Hitler et Khomeiny, dont on trouve des traces régulières dans les médias depuis le début des années 1980[33]. Au final, la décision de brûler le livre prise par le Bradford Council for Mosques illustre surtout, chez les premières générations d'immigrés pakistanais qui dirigeaient cette structure, une méconnaissance fort regrettable de la mémoire collective britannique, où le combat contre l'ennemi nazi de 1939 à 1945 tient une place absolument centrale.

29. *Humayun Ansari*, The Infidel Within..., op. cit., *p. 232-233*. Voir également *Philip Lewis*, Islamic Britain, op. cit., *p. 158-160*.
30. Voir *Tariq Modood*, Still Not Easy Being British, op. cit., *p. 24*.
31. Sur ces amalgames médiatiques confondant délibérément majorité et minorité dans un but de disqualification, voir *Olivier Esteves*, Une Histoire populaire du boycott, *Paris, L'Harmattan, 2006, tome I, p. 11-19*.
32. Voir *Philip Lewis*, Islamic Britain, op. cit., *p. 169*.
33. Voir *Edward Said*, Covering Islam, How the Media and The Experts Determine How We See The Rest of the World, *Londres, Routledge & Kegan Paul, 1981, p. 43-44*.

La loi sur le blasphème

L'héritage libéral politique esquissé plus haut cohabite en Grande-Bretagne avec un autre héritage : celui du protestantisme, principalement anglican en Angleterre. C'est pour cela que l'école est liée à l'Église officielle (dite « établie ») et qu'il existe une très ancienne loi sur le blasphème, déterrée à l'occasion de l'affaire Rushdie. Celle-ci ne s'applique qu'à la seule foi anglicane, et devait être abolie en 2008. Jusqu'à l'affaire Rushdie, cette législation était devenue lettre morte, même si elle avait été invoquée à quelques reprises pour tenter d'interdire œuvres d'art ou articles de presse radicalement anticléricaux ou faisant l'apologie de l'homosexualité[34].

Presque du jour au lendemain, des millions de Britanniques ont découvert que cette loi existait bel et bien, et les musulmans du pays ont tenté d'élargir son champ d'application à leur foi. Ils ont pu compter avec la solidarité active d'un certain nombre de clercs anglicans, tout à la fois mus par un réflexe œcuménique et choqués qu'on puisse tenir de tels propos à l'encontre d'une religion du Livre. Ainsi, l'évêque de Birmingham, Lesslie Newbigin, écrit dans *The Independent* : « Les chrétiens en Grande-Bretagne ont pris l'habitude de voir leur religion blasphémée, et pourtant c'est leur foi que la loi protège ; quant aux musulmans, ils n'ont pas cette habitude et la loi ne les protège pas du tout[35]. »

Le gouvernement Thatcher, par le biais de son ministre de l'Intérieur John Patten, s'est quant à lui montré inflexible, ne voulant pas entendre l'argument musulman selon lequel cette loi devrait être élargie, et arguant en outre que l'inclusion d'autres fois conduirait inévitablement à des procès de toutes sortes, jusqu'à opposer des religions ultra-minoritaires dans un pays jouissant d'une solide cohésion religieuse (à l'exclusion de l'Irlande du Nord). Notons en passant que dans sa longue réponse envoyée au Comité d'action des affaires islamiques au Royaume-Uni (UK Action Committee on Islamic Affairs), M. Patten n'a jamais évoqué la possibilité éventuelle que cette loi puisse être modifiée ou abolie. Pareille omission est assez logique dans la perspective des années Thatcher, où le pouvoir central rappelle à plusieurs occasions son lien organique avec l'Église anglicane, comme dans l'*Education Act* de 1988.

---

34. Voir Adrian Favell, Philosophies of Integration, op. cit., p. 222 ; Joel. S. Fetzer et J. Christopher Soper, Muslims and the State..., op. cit., p. 37.
35. Sur cette citation et l'archevêque d'York, voir Muhammad Manazir Ahsan et Abdur Raheem Kidwai, Sacrilege vs. Civility..., op. cit., p. 86-90.

Un certain nombre de députés élus dans des zones à forte population musulmane ont exprimé leur volonté de débattre sérieusement de l'abrogation ou de l'élargissement de cette loi, tout comme une partie de la presse de qualité et la CRE[36]. Le gouvernement Thatcher ne les a pas entendus. La communauté qui avait, pendant toute la décennie 1980, obtenu quelques satisfactions locales – notamment en matière de nourriture *halal* dans les cantines, d'enseignement de l'urdu ou de l'arabe, ou bien encore s'agissant d'assouplissements des règles scolaires touchant à la pratique du sport pour les filles – se voyait ici, au niveau national, opposer un refus catégorique. Le mécontentement d'une majorité blanche jugeant la présence musulmane par trop encombrante, sans oublier les enjeux internationaux de cette affaire par définition planétaire[37], laissaient somme toute assez peu de marge de manœuvre à Downing Street. Le retentissement national de l'affaire Ray Honeyford avait déjà largement véhiculé l'idée selon laquelle les revendications musulmanes étaient trop facilement satisfaites, au grand dam d'une majorité blanche silencieuse, agacée de ce que les «étrangers» sur le sol «anglais» puissent être traités avec plus d'égard que les «vrais Britanniques». En termes strictement électoraux, accéder aux demandes musulmanes aurait été un non-sens : les musulmans n'ont jamais compté parmi les fidèles du parti de Thatcher (malgré certaines affinités d'ordre moral notées plus haut) et la majorité des électeurs s'opposait clairement aux musulmans dans cette affaire Rushdie.

Aliénation et intégration

Le recul historique fait affleurer un paradoxe assez net, qui fut décrit par Michael Ignatieff. Londonien d'adoption, ce grand universitaire canadien évoque son sentiment vis-à-vis des musulmans du nord de l'Angleterre, à qui il vient rendre visite dans le cadre d'un documentaire pour la BBC :

---

36. Voir Adrian Favell, Philosophies of Integration, op. cit., p. 223-224. Le député Max Madden a parlé notamment «d'anomalie considérable».
37. Voir Hansard, *Débats à la Chambre des communes*, Vol. 147, 21 février 1989, p. 839. Sir Geoffrey Howe (ministre des Affaires étrangères) y indique que malgré le réchauffement tout récent des relations avec Téhéran (réouverture de l'ambassade britannique en décembre 1988), la fatwa a naturellement gelé le processus de réconciliation. Cela est gênant pour Londres, qui compte à l'époque un prisonnier en Iran, Roger Cooper, détenu depuis trois ans dans les geôles de Khomeiny.

« Je m'attendais à trouver une communauté vivant en vase clos. En fait, j'ai découvert des gens qui sont profondément britanniques, et qui revendiquent cette identité avec véhémence... Jusqu'à leur accent du Yorkshire... Mais j'ai aussi découvert que l'affaire Rushdie a été un vrai traumatisme pour eux, qui les a conduits à prendre leurs distances vis-à-vis de nous, et les a forcés à défendre un héritage que, à leurs yeux, nous ne sommes pas du tout à même de comprendre[38]. »

Ignatieff vise juste : la majorité britannique blanche a découvert, par le biais de l'affaire des *Versets sataniques*, une vaste communauté qui, au sein d'une Grande-Bretagne largement sécularisée, voit dans sa religion un élément essentiel de son identité collective. Cela est vrai même si l'affaire évoquée ici n'a pas occasionné un surcroît de religiosité : en effet, les mosquées n'étaient pas plus – ou moins – fréquentées après la publication du livre honni[39]. Cette communauté est aussi britannique, beaucoup de ses membres sont nés dans les Midlands ou le West Yorkshire, et l'immense majorité ne cultive plus depuis des années ce « mythe du retour » qui caractérisait les deux décennies précédentes. Beaucoup d'entre eux vivent dans des régions économiquement sinistrées. Avec l'aggravation de la situation des couches les plus vulnérables de la société – accélérée par les gouvernements conservateurs de Margaret Thatcher et John Major (1979-1997) avant que le New Labour d'Anthony Blair ne poursuive la politique néolibérale de ses prédécesseurs[40] –, avec la fin de la guerre froide en 1990 et la confirmation que, à la place de l'Union soviétique, le nouvel ennemi de l'Ouest s'appellerait désormais « terrorisme islamique », la communauté musulmane britannique est en première ligne et semble incarner toutes les menaces réelles ou potentielles – quand elles ne sont pas carrément imaginaires. Enfin, suprême ironie du sort, la même liberté d'expression qui avait permis à Salman Rushdie de publier *Les Versets sataniques* sans crainte de censure[41] allait bientôt

---

38. Cité dans Syed Muhamad Atif Imtiaz, Identity and the Politics of Representation..., op. cit., p. 272.
39. Ibid., p. 29.
40. Voir Keith Dixon, Un Abécédaire du blairisme, pour une critique du néo-libéralisme guerrier, Bellecombe-en-Bauges, éditions du Croquant, 2005, p. 71-76.
41. *Par crainte de troubles ou à cause de la censure, le roman a été interdit dans un certain nombre de pays, parmi lesquels l'Inde, le Bangladesh, l'Afrique du Sud, le Soudan, la Tanzanie, le Sri Lanka, la Thaïlande, l'Indonésie.*

garantir la création et la structuration de différents groupes islamistes à travers le pays. Dans la mesure où ces groupes de réfugiés syriens, algériens ou palestiniens n'essayaient pas d'enrôler les jeunes de la large classe ouvrière musulmane issue du sous-continent, le gouvernement britannique fermait les yeux[42]. Or, il y avait là un pari risqué, que rendraient plus risqué encore différents conflits émaillant toute la période suivant la guerre froide, au fort pouvoir d'identification pour les musulmans des diasporas installées en Europe : Palestine bien sûr, mais aussi Cachemire (d'où sont issus, rappelons-le, deux tiers environ des musulmans originaires du Pakistan), Kosovo, Tchétchénie et, enfin, Irak, où la première guerre du Golfe confirma la banalisation d'un discours décrivant les musulmans britanniques comme différents, en marge, pour ne pas dire dangereux. C'est vers ce conflit, et la création subséquente d'un parlement musulman en Grande-Bretagne, que l'on se tourne maintenant...

42. Voir Gilles Kepel, Jihad, expansion et déclin de l'islamisme, Paris, Gallimard, 2000, p. 413.

III - LE NOUVEL « ENNEMI DE L'INTÉRIEUR »

*Quartier populaire de Harehills (Leeds),
où domine la mosquée.*

Chapitre 1 / TENSIONS CROISSANTES ET AVATARS DE L'ISLAMISME DANS L'APRÈS-GUERRE FROIDE

> *« Une société qui se présente comme « la moins mauvaise possible » tend logiquement à fonder l'essentiel de sa propagande sur l'idée qu'elle est là pour nous protéger de maux infiniment pires [...] C'est, par conséquent, toujours un drame idéologique pour elle, que de voir disparaître, avec le temps, telle ou telle figure historique du Mal absolu (comme avec la chute du mur de Berlin, par exemple). Et comme la place du pire ne doit jamais rester vide très longtemps, la propagande libérale se trouve dans l'obligation perpétuelle d'en découvrir de nouvelles incarnations, au besoin, cela va sans dire, en les fabriquant de toutes pièces. »*
>
> Jean-Claude Michéa, *L'Empire du moindre mal, essai sur la civilisation libérale*, 2007

L'après-guerre froide a propulsé sur le devant de la scène « l'ennemi islamiste », certes entraperçu à plusieurs reprises, notamment en Iran. La « fin de l'histoire » proclamée par certains n'empêcha pas l'explosion de multiples conflits locaux, affectant des pays non musulmans (Rwanda, Sri Lanka, Congo), musulmans (Afghanistan, Irak, Algérie, Somalie) ou abritant une forte ou très forte communauté musulmane (Nigeria, Sierra Leone, ex-Yougoslavie). Des réfugiés et demandeurs d'asile d'une majorité de ces États et d'autres ont tenté de rejoindre la Grande-Bretagne, attirés par la réputation d'hospitalité du pays, le cosmopolitisme d'une ville comme Londres, mais aussi par les besoins d'une économie de service recrutant une main-d'œuvre précaire et docile, armée de réserve de la mondialisation libérale. C'est notamment cet afflux d'étrangers qui explique que les années 1990 furent marquées outre-Manche par la montée d'une xénophobie de plus en plus ouvertement exprimée, ainsi que le montre la victoire emblématique du British National Party aux élections locales de l'Isle of Dogs (East End de Londres) en 1993[1]. Pourtant, selon les chiffres du ministère du Travail de 1994, le taux de chômage des Anglais était de 8 %, de 24 % pour les Afro-Caribéens et de 34 % pour les Pakistanais et Bangladais[2]. Par voie de conséquence, si un réfugié bosniaque ou kurde prenait l'emploi de quelqu'un, il y avait près de quatre fois plus de chances pour que cet emploi soit celui d'un « Khan » plutôt que d'un « Smith ». Les *tabloids* ne s'embarrassaient pas vraiment de nuances, certains prodiguant aux Britanniques « leur dose quotidienne de racisme », pour reprendre le titre d'un court essai sur le *Sun*[3].

La guerre du Golfe et la création du Parlement musulman

Le journaliste britannique Rageh Omaar, né en Somalie, dit, à propos de l'attachement historique que ressentent ses coreligionnaires à l'égard de l'ancienne Mésopotamie :

> « L'Irak nous relie tous. Cette terre nous relie à l'histoire des descendants du prophète Mahomet et à la façon dont notre religion, partie d'Arabie, est ensuite devenue mondiale [...] L'offensive en Irak a donné l'occasion à des groupes liés à Al-Qaida de profiter de la colère ressentie par des nombreux musulmans ordinaires, contre ce qu'ils perçoivent comme une attaque en règle ciblant un héritage culturel et historique très cher à leurs yeux[4]. »

Ce point de vue est bien sûr valide pour 1990-1991, même si Rageh Omaar évoque ici la deuxième guerre du Golfe. C'est cette affiliation qui explique pourquoi, chaque année, environ 5 000 musulmans britanniques, originaires de pays différents, partent en pèlerinage en Irak. C'est également une des raisons pour laquelle les musulmans britanniques ont appréhendé le conflit selon une grille de lecture qu'on est tenté d'appeler « occidentaliste »[5], opposant un « Orient » islamique

---

1. Voir Arun Kundnani, The End of Tolerance, Racism in 21st century Britain, *Londres, Pluto Press, 2007, p. 135*.
2. Voir Robert Winder, Bloody Foreigners..., op. cit., p. 420.
3. Chris Searle, Your Daily Dose, Racism and *The Sun*, Londres, Campaign for Press and Broadcasting Freedom, 1989.
4. Cité dans Only Half of Me, Being a Muslim in Britain, *Londres, Penguin, 2007, p. 181*.
5. Cette vision occidentaliste évoque bien sûr Edward W. Said ; voir Ian Buruma et Avishai Margalit, L'Occidentalisme, une brève histoire de la guerre contre l'occident, *Paris, Flammarion/Climats, 2006*.

envahi et humilié à un «Occident» arrogant, triomphateur et hypocrite, bien que le Koweït lui-même soit musulman, que le Pakistan ait fait partie de la coalition appuyant George Bush, et que Saddam Hussein et le parti Baas soient laïcs. D'une certaine façon, on peut voir le soutien de nombreux musulmans du pays à l'Irak d'Hussein comme une répétition des *Versets sataniques*, confirmant le fossé profond entre majorité et minorité musulmane. Trois sentiments deviennent ainsi solidement ancrés au sein de la communauté dès 1990-1991 : premièrement, la stigmatisation d'un «deux poids, deux mesures» (*double standard*) de la part des puissances occidentales qui, depuis 1945, dessert la Palestine et le Cachemire, et sert ici les intérêts d'un petit État riche en pétrole, le Koweït ; deuxièmement, la critique d'une passivité complice du gouvernement britannique face à de multiples peuples musulmans opprimés, à l'image des Tchétchènes, Bosniaques, Palestiniens ou Cachemiris ; troisièmement, avec la guerre du Golfe, beaucoup de musulmans britanniques apprennent à ne rien croire du discours médiatique dominant touchant à l'islam et la géopolitique du monde arabe et/ou musulman. Le divorce presque total entre la communauté et les médias traditionnels explique l'extrême défiance vis-à-vis des descriptions faites du malheur kurde, de même qu'il permet de comprendre comment, après le 11 septembre 2001 ou les attentats de Londres du 7 juillet 2005, des musulmans intelligents et cultivés ont refusé de croire ce qui s'était réellement passé[6].

Chez les musulmans, le consensus selon lequel la guerre du Golfe est motivée par des enjeux pétroliers (et non pas par la volonté de contrer la prétendue «quatrième armée du monde») suscite un très fort sentiment d'injustice. Lorsque l'indignation s'exprime, les contrastes avec un Cachemire dont beaucoup sont originaires sont nombreux. C'est ce qu'illustre ce juriste lors d'un meeting de protestation à la mairie de Manchester :

«Vous savez, je sais, le monde entier sait qu'en 1948, le Cachemire a été agressé par l'Inde et que, donc, l'Inde était alors dans la position actuelle de l'Irak, le Cachemire dans celle du Koweït. Or que s'est-il passé à l'époque ? Rien du tout. On nous rebat les oreilles avec cette

---

6. *J'ai discuté avec certaines de ces personnes (gens intelligents et instruits pour la plupart) à Bradford, Londres et Birmingham, pour qui «rien n'avait été prouvé», «que pour ça comme pour les armes de destruction massive on nous a menti», «que plein de choses restent cachées».*

« loi internationale » de façon systématique [...] Qu'ont fait les Nations unies lorsqu'Israël est devenu l'agresseur, et s'est mise à occuper Gaza et la Cisjordanie ? Rien du tout non plus[7]. »

L'implication de plus de 30 000 soldats britanniques dans la première guerre du Golfe n'a jamais fait débat : lorsque la Chambre des communes a été consultée, 437 députés ont voté pour l'intervention britannique, 35 contre. En outre, cette première guerre du Golfe a été appréhendée par Downing Street comme une affaire strictement militaire et diplomatique, et l'impact sur les musulmans de la société britannique, qu'ils soient citoyens du pays ou non, n'a jamais vraiment été pris en compte. À cet égard, la lecture des mémoires de Margaret Thatcher est assez éclairante[8].

C'est à l'issue de ce conflit, en 1992, que Kalim Siddiqui crée le Parlement musulman de Grande-Bretagne. Siddiqui est un intellectuel musulman né dans les provinces centrales de l'Inde, vivement attiré par l'islam politique[9]. La fondation de ce parlement alternatif, dont les « élus » représentent la voix de l'islam outre-Manche, naît de la frustration ressentie par certains musulmans après *Les Versets sataniques* et la guerre du Golfe. Selon Siddiqui, « le Parlement musulman incarne une voix prophétique, qui montre comment faire émerger le pouvoir politique de l'islam au sein d'une situation de minorité et comment le nourrir, jusqu'à la création d'un État islamique et la victoire de l'islam sur tous ses opposants[10]. » Ainsi, selon Siddiqui, le système démocratique britannique n'a rien apporté aux musulmans du pays, qui doivent créer leurs propres institutions, en attendant l'avènement d'un califat mondial et l'émergence d'un islam mondialement dominateur.

Point n'est besoin de s'attarder sur cette initiative qui a fait long feu, même si cette institution existe toujours aujourd'hui, sous forme d'association ayant perdu sa radicalité. Dès le départ en effet, le « parlement »

---

7. Cité dans Pnina Werbner, Imagined Diasporas among Manchester Muslims, the Public Performance of Pakistani Transnational Identity Politics, *Oxford, James Currey/Santa Fe (N.M.), SAR Press, 2002, p. 164.*
8. The Downing Street Years, op. cit., p. 816-828. *Thatcher était encore Premier ministre au moment de l'invasion de l'Irak par Saddam Hussein. Elle démissionna le 28 novembre 1990. John Major était donc au pouvoir au moment de l'intervention militaire approuvée par l'ONU, qui déboucha sur un cessez-le-feu le 28 février 1991 et l'acceptation des résolutions onusiennes par l'Irak.*
9. *Sur Siddiqui et l'échec du Parlement musulman, voir Gilles Kepel,* Jihad, expansion et déclin de l'islamisme, op. cit., *p. 122, p. 206.*
10. Cité dans Philip Lewis, Young, British and Muslim, op. cit., *p. 127.*

parle surtout à une minorité d'intellectuels musulmans radicaux, islamistes mais non attirés par la violence. Ainsi, 70 % des musulmans interrogés par Bradford City Radio désapprouvent complètement l'idée du repli sur soi communautaire incarné par l'institution fondée par Siddiqui[11]. De même, les six principales associations musulmanes du pays décident de boycotter une conférence internationale sur «le mouvement islamique mondial» organisée par ce dernier en 1993[12].

Les indésirables : réfugiés et demandeurs d'asile

Une étude menée en 1994 révèle que 74 % des musulmans britanniques pensent que leur religion exerce une «influence très importante sur leur vie quotidienne», alors que la proportion est seulement de 43 % pour les hindous et 46 % pour les sikhs[13]... Cette centration sur la religion musulmane, ne passant pas nécessairement par un accroissement de la pratique religieuse, s'explique par ce que l'historien Humayun Ansari appelle «une impression de ne pas trouver sa place» (*a feeling of unbelonging*), générant «une culture de la résistance[14]» : celle-ci puise dans les conflits récents autour du roman de Rushdie et de l'invasion du Koweït, mais aussi, directement ou indirectement, dans la stigmatisation médiatique croissante des étrangers et demandeurs d'asile issus de continents différents, et qui souhaitent s'installer en Grande-Bretagne. Traditionnellement, les gouvernements successifs n'ont pas pleinement conscience de ces amalgames opérés par une partie de l'opinion publique. En effet, on croit au contraire qu'une bonne «gestion de la diversité» (expression des années 2000) ou une saine «harmonie raciale» (années 1960) renvoient à des questions distinctes de celle de l'immigration[15]. De même, on pense que la sécurité et la sérénité des minorités ethniques elles-mêmes dépendent entre autres de l'existence de véritables freins à l'immigration car, pour reprendre les termes de Roy Hattersley en 1965, «sans intégration, la limitation est inexcusable, sans limitation, l'intégration est impossible[16]». Certes, mais il ne faudrait pas négliger un fait simple : pour le commun des mortels, un discours anti-immigration cultivant certains stéréotypes

---

11. Voir Philip Lewis, Islamic Britain, op. cit., p. 169.
12. Voir Q-News, 19 novembre 1993.
13. Voir Humayun Ansari, The Infidel Within..., op. cit., p. 11.
14. Ibid., p. 9.
15. Voir Adrian Favell, Philosophies of Integration, op. cit., p. 202-204.
16. Cité dans Michael Banton, Promoting Racial Harmony, Cambridge, Cambridge University Press, 1985, p. 45.

(par exemple sur l'islam) aura obligatoirement un impact négatif sur des personnes nées et éduquées en Grande-Bretagne, mais dont l'apparence physique ne diffère pas de ceux d'immigrés ou de demandeurs d'asile fraîchement débarqués de l'aéroport d'Heathrow.

Près de 80 % des demandeurs d'asile sont musulmans selon le Runnymede Trust[17], même s'il n'existe souvent aucune cohésion entre tous ces groupes et la majorité des musulmans britanniques issus du sous-continent indien. Les Somaliens, par exemple, sont musulmans mais noirs de peau ; ils se sentent différents des Caribéens par leur religion et, par leur apparence physique, très différents des Pakistanais, Bangladais ou Indiens fort attachés à la blancheur de peau en général[18]. En outre, sur le marché du travail, ces catégories entrent fréquemment en concurrence. Néanmoins, le discours anti-immigré et antimusulman des médias conservateurs – *The Sun*, *The Daily Mail*, *The Daily Express* en tête – braque nombre de ceux dont le phénotype et la culture ne correspondent pas à ceux du Britannique blanc, de même qu'il renforce les préjugés de ces derniers, invités à ne pas faire de distinguo entre tous les « étrangers », en particulier tous ces demandeurs d'asile souhaitant profiter d'une générosité britannique érigée, dans une grande partie de la presse et l'historiographie classique, au rang de mythe national[19]. Indirectement, on met aussi sur le même plan des communautés nées en Grande-Bretagne (d'origine pakistanaise ou bangladaise) et d'autres communautés fraîchement débarqués sur le territoire britannique ; on retrouvera ce réflexe à l'œuvre à l'issue des émeutes de l'été 2001.

Un autre amalgame est fait entre demandeurs d'asile et réfugiés. Ainsi, dès 1985, le ministre de l'Intérieur Douglas Hurd avait décrit 5 444 réfugiés tamouls du Sri Lanka comme des gens souhaitant « vivre une vie meilleure en Grande-Bretagne[20] », ce qui place la focale sur le *pull factor* (l'attractivité du pays d'accueil) en occultant le *push factor* (une situation politique tragique ayant contraint ces réfugiés à l'exil), et donne l'impression que tous ces gens veulent d'abord *profiter* de l'accueil britannique. Selon Robert Winder, à partir de 1990, « le nouveau mot de "demandeur d'asile" fut très souvent associé à un adjectif : bidon (*bogus*).

---

17. Voir Richard Stone (ed.), Islamophobia : Issues, Challenges and Action, The Runnymede Trust, Stoke-on-Trent, Trentham Books, 2004, p. 76.
18. Sur les Somaliens, voir Rageh Omaar, Only Half of Me, Being a Muslim in Britain, Londres, Penguin, 2007, p. 201.
19. Voir Paul Hartmann et Charles Husband, Racism and the Mass Media, op. cit., p. 172.
20. Voir Arun Kundnani, The End of Tolerance..., op. cit., p. 66.

On invita l'opinion publique à penser que tous les immigrés mentaient sur leur situation, que personne parmi eux n'avait le droit d'être là, enfin que tous se servaient à notre détriment[21].» Cette généralisation à partir d'une myriade de situations individuelles présente l'avantage de ne pas fragiliser le mythe de la générosité nationale britannique vis-à-vis des immigrés : en clair, si ce sont tous des profiteurs, alors nous avons mille fois raison d'être sur nos gardes.

On le sait : ces demandeurs d'asile constituent l'armée de réserve de la mondialisation libérale, une main-d'œuvre invisible qui travaille dans le bâtiment, l'agriculture, les services, souvent payée en liquide (*cash-in-hand economy*), et qui illustre « le lien nécessaire entre dérégulation du marché du travail et migrations internationales[22] ». Jusqu'en 1996, 90 % d'entre eux sont concentrés dans la région de Londres. Néanmoins, face à leur nombre croissant, le gouvernement opte pour une politique de dispersion. Des familles de réfugiés et des demandeurs d'asile sont donc transférés un peu partout dans le pays, jusqu'aux zones les plus reculées de l'Écosse septentrionale. Des mobilisations de voisinage de type *NIMBY*[23] voient le jour, notamment dans des zones rurales, pour s'opposer à l'afflux d'immigrés. Le BNP tente de recruter au sein des foyers de relogement principaux et connaît quelques succès à Oldham, Douvres et Sunderland. Là, un réfugié iranien est assassiné en 1999. Un réfugié palestinien est également tué à Sighthill (Glasgow), et les agressions à caractère raciste se multiplient à Leicester ou à Douvres, sans oublier la très « blanche » et d'ordinaire très placide Plymouth[24].

Les guerres augmentent l'afflux de réfugiés : en 1999, ils sont un million à fuir la Serbie et le Kosovo suite aux bombardements de l'OTAN. Impliquée militairement dans l'opération, la Grande-Bretagne ne peut tourner le dos à ces familles. C'est pourtant ce qu'elle fera avec beaucoup d'Irakiens et d'Afghans après 2001, quand le contexte de l'après 11 septembre aura attisé xénophobie et islamophobie[25]. Ainsi,

---

21. Cité dans Robert Winder, Bloody Foreigners..., op. cit., p. 419.
22. Cité dans Jane Wills (et al.), Global Cities at Work, New Migrant Divisions of Labour, Londres, Pluto Press, 2010, p. 2.
23. Abréviation de Not in my backyard, *ou «pas de ça chez moi»*. Sur les mobilisations en milieu rural, voir Simon Clarke et Steve Garner, White Identities..., op. cit., p. 44-45.
24. Voir Arun Kundnani, The End of Tolerance..., op. cit., p. 78-85. Sur Plymouth (dont la population est constituée de moins de 2 % de minorités ethniques selon le recensement de 2001), voir Simon Clarke et Steve Garner, White Identities, a critical sociological approach, op. cit., p. 6-7.
25. Ibid., p. 109-110.

en 2000, seules 14 % des demandes d'asile d'Irakiens sont refusées. L'année suivante, on passe à 78 %. Les attentats terroristes du World Trade Center changent la donne en profondeur, mais un climat de peur avait été suscité par l'afflux de demandeurs d'asile très divers depuis la fin de la guerre froide, que Steve Vertovec avait qualifié de «super-diversité»[26]. En février 2000, un avion d'un vol intérieur afghan avec 164 passagers est détourné avant de finir son vol à Stansted (Londres). À son bord se trouvent neuf pirates de l'air anti-islamistes prêts à tout pour échapper aux Talibans. Après leur reddition sans violence et leur procès, tous trouvent asile en Grande-Bretagne. Enfin, peu après le 11 septembre, on arrête à Manchester des terroristes islamistes présumés, qui sont en même temps demandeurs d'asile : ceci ne manque pas de choquer une partie de l'opinion publique, d'autant plus que d'autres États européens – la France, l'Espagne et l'Italie – avaient préalablement refusé d'accueillir ces personnes[27]. L'amalgame entre «terroristes» et «demandeurs d'asile» n'a pas cessé depuis, culminant lors des élections générales de 2005, à un moment où Kamel Bourgass, demandeur d'asile membre d'Al-Qaida, tua un policier. Le parti conservateur en profita pour stigmatiser la naïveté travailliste en matière migratoire.

Londonistan

Londonistan est un terme très prisé des médias, qu'il faut prendre avec circonspection, ne serait-ce que parce que l'immense majorité des musulmans de Londres n'appartient pas à ce *Londonistan* islamiste ou terroriste, et parce que beaucoup de musulmans britanniques sont tout autant effrayés par cette nébuleuse séditieuse que le reste de la population non musulmane.

C'est à Londres dès la fin des années 1980 que se reconstituent certains cercles islamistes de Peshawar issus d'Afghanistan ; c'est aussi là qu'une partie du Groupe islamique armé (GIA) algérien s'exile et que sont publiés des journaux et magazines influents, à l'instar d'*Al Qods Al 'Arabi* (Jérusalem arabe) mais aussi *Al Ansar*, «voix du *Jihad*

---

26. Voir Nissa Finney et Ludi Simpson, "Sleepwalking to Segregation?" Challenging Myths about Race and Migration, Bristol, Policy Press, 2009, p. 12.
27. Robert Winder, Bloody Foreigners..., op. cit., p. 437. Dans les années 1980, des membres de Hizb-Ut-Tahrir, organisation islamiste d'origine palestinienne, avaient demandé et obtenu l'asile politique en Grande-Bretagne.

en Algérie et dans le monde entier». La différence d'approche entre Grande-Bretagne et France est extrêmement nette, comme le souligne Gilles Kepel : « par opposition à la politique britannique qui fit de Londres la capitale de l'islamisme mondial dans la décennie 1990, Paris rendit l'accès au territoire français très difficile aux activistes arabes venant de l'étranger[28].» Inutile de rappeler à quel point les contextes nationaux étaient différents : en France, par exemple, la plus grande prudence était de mise, compte tenu des attentats de 1995 à la station Saint-Michel et de la guerre civile algérienne.

Pendant la décennie 1990, de jeunes étudiants ayant grandi pendant les années Thatcher voient de plus en plus dans l'islam politique un symbole fort d'identification. Il y a ce sentiment de solidarité avec les victimes musulmanes de conflits déjà mentionnés, cette dialectique «pauvreté par procuration»/«humiliation par procuration» dont parle le spécialiste du terrorisme islamiste Marc Sageman[29]. En effet, issus le plus souvent des classes moyennes, ne souffrant pas dans leur quotidien de véritables persécutions, ces jeunes sont séduits par la vision d'une *oumma* globale où tout musulman doit être solidaire de tout coreligionnaire à travers le globe, solidarité renforcée par les journaux, la télévision, et bientôt par internet. Il s'agit bien ici d'une communauté imaginée qui s'appréhende comme «une communauté d'interprétation et d'action», pour reprendre l'expression d'Émilie René[30]. Pour légitimer la vision d'un destin commun, il est courant de lier revendications locales et questions internationales, où les musulmans apparaissent toujours comme les victimes. Ainsi, lorsque Newham College (East End de Londres) refuse d'ouvrir une salle de prières pour les musulmans, l'islamiste non encore repenti Ed Hussain fulmine : «ils nous massacrent en Bosnie, nous chassent de notre terre en Palestine, et nous empêchent de prier en Angleterre[31] !»

L'après-guerre froide constitue une période de vide idéologique où, jusqu'à l'avènement du New Labour en 1997, la gauche de gouvernement est presque invisible et peine, de toute façon, à séduire des jeunes en quête de justice sociale ou de projets ambitionnant de «changer

---

28. Voir Jihad, op. cit., p. 301.
29. Voir Leaderless Jihad, Terror Networks in the Twenty-First Century, Philadelphie (Pa.), University of Pennsylvania Press, 2008, p. 48, p. 73.
30. Voir son article «L'Affaire Rushdie, protestations mondiales et communauté d'interprétation», dans Cahiers du CERI, n° 18, 1997, p. 28.
31. Cité dans The Islamist : Why I joined Radical Islam in Britain, What I Saw Inside and Why I Left, Londres, Penguin, 2007, p. 141.

le monde». Ceci valide aux yeux de certains la thèse de Sayyid Qutb, idéologue égyptien des Frères Musulmans, selon laquelle le communisme tout autant que le capitalisme sont voués à l'échec, et que seul l'islam politique peut réussir. Comme le dit le romancier Hanif Kureishi dans un entretien publié dans *Newsweek* en 1995 : « J'ai remarqué un changement considérable. Quand moi j'étais étudiant il y a vingt ans, on était tous plus ou moins gauchistes. La chute du mur de Berlin a rendu cela impossible. Du coup beaucoup de jeunes se tournent vers la religion[32]. » Dans un court essai revenant sur son expérience des années 1990, Hanif Kureishi se rappelle également certaines réunions ayant eu lieu à Brick Lane et Shepherd's Bush, à Londres, « où l'on trouvait des gens des quatre coins de la terre », et où « les diatribes contre l'Occident, les juifs et surtout les homosexuels étaient légion[33] ».

Dans le public, il se trouvait sans doute des étudiants des classes moyennes musulmanes du nord et du centre de l'Angleterre inscrits dans des campus londoniens. On comptait également des étudiants musulmans expatriés et installés à Londres qui, désœuvrés le soir venu, voyaient dans ces réunions une forme de socialisation estudiantine communautaire[34]. Peut-être y avait-il des jeunes comme Ahmed Omar Saïd Cheikh : celui-ci a kidnappé Daniel Pearl avant son exécution, après avoir fréquenté les bancs de la prestigieuse London School of Economics (LSE). Étudiant brillant, il a été endoctriné par des associations ayant pignon sur rue à la LSE. Une semaine appelée « Bosnia Week » l'a complètement radicalisé dès 1992[35]. Ainsi, c'est la passivité européenne face aux meurtres de musulmans bosniaques, de musulmans *européens*, qui sert de catalyseur. Selon Ed Hussain, « la crise des Balkans a vraiment radicalisé de nombreux musulmans de Grande-Bretagne. Moi, je voulais désespérément apporter mon aide, *faire* quelque chose pour empêcher cette tuerie. En plus, nous étions jeunes ; nous nous croyions capables de changer le monde[36]. » C'est ainsi que des centaines de Britanniques musulmans font le voyage en bus jusqu'en Bosnie, pour recevoir un entraînement militaire et, si

---

32. Newsweek, 29 mai 1995.
33. Cité dans The Word and The Bomb, op. cit., p. 98.
34. L'histoire du terrorisme, depuis la fin du XIXe siècle, est intimement liée aux diasporas, estudiantines ou non. Voir Marc Sageman, Leaderless Jihad..., op. cit., p. 85 ; Louise Richardson, What Terrorists Want, op. cit., p. 51-52.
35. Ibid., p. 6-7.
36. Ibid., p. 75.

besoin est, prendre les armes en faveur de leurs coreligionnaires[37] : il y a là une sorte de cause romantique à défendre, comme une «guerre d'Espagne» aux enjeux religieux plutôt que strictement politiques. L'autre événement qui suscite l'ire de ces musulmans laissera des traces plus profondes : il s'agit de l'embargo contre l'Irak de Saddam Hussein, qui s'étend pendant toute la décennie et provoque la mort de près d'un million d'Irakiens, notamment des femmes et enfants. Il va de soi que la responsabilité britannique (et américaine) est beaucoup plus clairement engagée ici[38].

Deux nébuleuses principales tentent d'instrumentaliser cette indignation : *Hizb-Ut-Tahrir* et la plus radicale *Al-Muhajiroun* («les émigrants»). *Hizb* combat pour le rétablissement du califat, en l'élargissant aux pays européens comme la Grande-Bretagne. Cette confrérie a attiré un certain nombre de jeunes musulmans dans les années 1990 en abordant de front des sujets tabous pour les parents, grands-parents et imams des mosquées : fêtes, alcool, mariages, foulard, discrimination. Shiraz Maher, ex-militant de ce mouvement, évoque la place que les femmes y occupent, et montre à quel point une association islamiste prônant le retour du califat peut de l'extérieur apparaître plus «moderne» que les anciennes générations d'immigrés : «Les membres de *Hizb* encouragent les femmes à participer activement à la vie publique, à poursuivre leur éducation, à s'opposer aux mariages arrangés, et à suivre la voie du militantisme politique[39].» Cette participation active des jeunes femmes au débat est dépeinte assez finement dans la fiction de Peter Kosminsky, intitulée *Britz* (2007)[40].

L'instauration du califat passe par le *da'wah*, qu'on peut traduire par «prosélytisme». Il y a ici un clivage très fort entre jeunes membres de *Hizb* et parents ou grands-parents, pour qui la présence en Grande-Bretagne ne saurait être motivée par ce *da'wah* mais bien par les raisons économiques qui présidèrent à l'acte d'émigration. Pour étrange que puisse paraître ce rêve d'un rétablissement du califat, celui-ci trouve une légitimation dans une sorte de revanche sur l'histoire se nourrissant

---

37. Voir le récit du journaliste de la BBC Roger Watson, «*The Rise of the British Jihad*», dans Granta, Londres, 2008, n° 103, p. 45.
38. Voir Mahmood Mamdani, Good Muslims, Bad Muslims, America, The Cold War and the Roots of Terror, New York (N.Y.), Three Leaves Press, 2004, p. 186-190.
39. Cité dans Philip Lewis, Young, British and Muslim, op. cit., p. 122.
40. Le titre français est Les Graines de la colère (diffusé sur Arte le 5 septembre 2008).

du ressentiment postcolonial vis-à-vis de la Grande-Bretagne[41] mais aussi de la France. Les différentes formes d'islamisme en Grande-Bretagne ont leurs idéologues – qui confèrent une justification à l'action – mais aussi leurs tribuns – qui insufflent courage aux plus velléitaires ou hésitants. L'énumération qu'on donne ici est forcément parcellaire et schématique : les idéologues sont les « classiques » Sayyid Qutb (1906-1966), martyr islamiste exécuté sous les ordres de Gamal Abdel Nasser, et Sayyid Abul Ala Maududi (1903-1979), Pakistanais très influent en Grande-Bretagne, fondateur de Jamaat-e-Islami, dont certaines associations anglaises sont assez proches (on pense à la Islamic Foundation de Leicester, mais aussi à UK Islamic Mission et Young Muslims UK). Citons également Taqiuddin al-Nabhani (1909-1977), fondateur palestinien de *Hizb-Ut-Tahrir*. Beaucoup de ces idéologues sont morts au moment de la radicalisation des années 1990, mais leur influence – notamment celle de Maududi – demeure considérable.

Quant aux tribuns, on compte parmi eux des personnes ayant obtenu l'asile en Angleterre. Tel est le cas du Syrien Omar Bakri, connu dans les médias comme « l'ayatollah de Tottenham », fondateur d'*Al Muhajiroun* en 1983, dont les harangues à la London School of Economics devinrent très vite assez célèbres. Des centaines de jeunes musulmans, convaincus par ce prêcheur, décidèrent d'aller s'entraîner pour le *jihad* au Cachemire ou en Afghanistan. Omar Bakri endoctrina notamment Asif Hanif, jeune Britannique qui se fit exploser dans un attentat suicide à Tel-Aviv en 2003.

Abou Qatada est un autre personnage central. Né à Bethléem en 1960, il est expulsé de Jordanie en 1993 et obtient l'asile politique en Grande-Bretagne. Il fait régulièrement des conférences dans un centre social de Lisson Green, quartier populaire du nord de Londres. Il convertit des douzaines de jeunes hommes désœuvrés à sa version de l'islam[42]. Celle-ci est *takfiriste* : Qatada et ses adeptes s'arrogent le droit de punir d'autres musulmans dénoncés comme apostats (*takfir*) au seul prétexte que ces derniers s'opposent à leur volonté de « renaissance musulmane » inspirée de Qutb. Mentionnons enfin Abou Hamza Al-Masri, imam égyptien de la mosquée de Finsbury Park (nord de Londres), qui a fait l'objet de nombreux reportages télévisés français, britanniques ou américains, tant son apparence physique (borgne, avec

---

41. Philip Lewis, Young, British and Muslim, op. cit., p. 80.
42. Voir Richard Watson, « The Rise of the British Jihad », art. cit., p. 53-58.

un crochet[43]) et ses propos sont caricaturaux, servant la rhétorique d'un péril islamiste au cœur même de l'Europe des libertés. On l'a dit : la sociologie des militants décrits plus hauts est intéressante, en ce qu'elle fait apparaître le fort attrait au sein des classes moyennes, voire moyennes supérieures, de la vision occidentaliste d'un choc des civilisations où l'islam est *constamment* humilié par des forces non islamiques – manichéisme du «colonisé», pour reprendre Frantz Fanon, dont le «manichéisme du colon» est symétrique, revêtant la forme du «choc des civilisations» d'Huntington. Il n'y a ici rien de surprenant en soi : ce profil type de l'islamiste avait déjà été dressé au moment de l'assassinat d'Anouar el-Sadate en 1981[44]. Ainsi, au milieu des années 1990, on compte parmi les plus zélés des membres de *Hizb* de l'East End de Londres un jeune comptable de la City travaillant pour la banque J. P. Morgan, un brillant urbaniste issu de l'Université de Sheffield, mais aussi un consultant en informatique[45]. Plus généralement, nombre de militants très actifs ont été formés dans les universités les plus prestigieuses de la capitale : LSE, King's College, Imperial College, School of Oriental and African Studies (SOAS).

Avec le recul historique, on peut s'étonner de l'attentisme des autorités face à cette prolifération islamiste des années 1990. Même à l'époque, la facilité avec laquelle les membres d'*Hizb* ou *Al-Muhajiroun* pouvaient trouver une plateforme ne manquait pas de susciter la surprise : «C'était ahurissant, la façon dont la direction des universités n'a jamais essayé de nous arrêter[46].» On peut ici offrir trois types d'explication. La première est la sacro-sainte liberté d'expression britannique. Ensuite, il faut rappeler la conviction partagée par le gouvernement et les services de sécurité que le *Londonistan* apportait un soutien moral ou logistique à des activités ayant lieu *en dehors du* territoire britannique : Cachemire, Tchétchénie, Afghanistan, Bosnie. On touche enfin à la troisième explication : l'incompétence d'instances comme le MI5 (sécurité intérieure) et MI6 (sécurité extérieure). Sir Paul Lever,

---

43. *Abou Hamza Al-Masri a perdu un bras et un œil à l'occasion du jihad afghan.*
44. Voir John L. Esposito et Dalia Mogahed, Who Speaks for Islam? What a Billion Muslims Really Think, New York (N.Y.), Gallup Press, 2007, p. 68-69.
45. Voir Philip Lewis, Young, British and Muslim, op. cit., p. 86.
46. Cité dans Ed Hussain, The Islamist, op. cit, p. 146.

ancien responsable de la Commission conjointe du renseignement[47], parle poliment d'un «manque d'imagination», qui aurait empêché le MI5 et MI6 de craindre que fermer les yeux sur les activités des Bakri, Qatada et consorts puisse un jour se retourner contre Londres – après tout le plus fidèle allié diplomatique du Grand Satan américain. Ainsi, pendant près de vingt ans, Omar Bakri a été tenu pour un «excentrique inoffensif» par les services de renseignement de Sa Majesté, lui qui a pourtant distillé la haine anti-occidentale auprès de milliers de jeunes musulmans[48].

MI5 et MI6 ne furent pas les seuls à ne rien voir venir ou presque. Au niveau local, de nombreux acteurs sociaux ont été dupés. Le principal d'une école de Crawley (Sussex), qui a accueilli des «réunions-débats» organisées par Omar Khyam – terroriste arrêté en 2004 alors qu'il fomentait un attentat sur le territoire britannique – avance qu'il ne savait rien «de son parcours et de ses activités. Personne ne réalisait vraiment ce qui se passait. Collectivement, on était tous naïfs par rapport aux prêcheurs islamistes». L'assistante sociale Betty Muspratt, qui a une longue expérience du quartier de Lisson Green, là où Abou Qatada a converti de nombreux jeunes, rappelle que l'évolution à l'œuvre dans ces années revêtait une apparence très positive : en effet, le virage religieux des jeunes adultes les avait détournés de la drogue et de la petite délinquance. De plus, «ils montraient du respect à l'égard des autres, et ils avaient recouvré une forme de fierté». Enfin, les parents de ces jeunes hommes ignoraient tout, pendant les années 1990, de l'extrémisme musulman[49]. Les conséquences tragiques de cette faillite collective n'apparaîtraient qu'avec la décennie suivante, passée l'euphorie néotravailliste du nouveau millénaire.

---

47. En anglais «Joint Intelligence Committee», qui établit pour le Premier ministre un résumé quotidien des informations émanant des différents services de renseignement.
48. Voir Richard Watson, «The Rise of the British Jihad», art. cit., p. 38-39.
49. Ibid., p. 47, p. 58.

*Spectacle théâtral à Sheffield :
célébration de l'hybridité multiculturelle.*

Chapitre 2 / MULTICULTURALISME CHIC ET *WHITE BACKLASH*

« Défiez-vous de ces cosmopolites qui vont chercher au loin dans leurs livres des devoirs qu'ils dédaignent de remplir auprès d'eux. Tel philosophe aime les Tartares pour être dispensé d'aimer ses voisins. »
Jean-Jacques Rousseau, *Émile, ou de l'éducation*, 1762

La quête de pouvoir et de respectabilité

La majorité des musulmans britanniques tente dans les années 1990 de trouver une forme de cohésion, afin de parler d'une seule voix et d'exercer un poids politique dans les prises de décision. Pour certains observateurs, cette ambition relève de la gageure, compte tenu du hiatus entre la croyance souvent illusoire dans l'existence d'une *oumma* regroupant tous les croyants et, dans la réalité, les différences d'obédience, les clivages politiques, sociaux, régionaux, sans parler des castes.

Michael Howard, ministre de l'Intérieur sous John Major, avait brandi ce manque de cohésion en 1994 pour refuser une loi contre la discrimination religieuse, arguant de l'absence d'une institution représentative des musulmans britanniques[1]. La même année pourtant, la Halal Food Authority avait été mise en place sous égide gouvernementale[2]. Trois ans plus tard, c'est dans un souhait d'unification qu'est créé le Muslim Council of Britain (MCB), afin de « promouvoir la coopération, le consensus et l'unité sur les affaires musulmanes en Grande-Bretagne ». Le MCB veut accélérer la création d'écoles musulmanes publiques, dont les premières voient le jour en 1998, et souhaite alarmer les pouvoirs publics sur l'incitation à la haine religieuse.

Dès le départ, le MCB est dominé par les sunnites, et demeure très timoré face à un gouvernement dont il espère obtenir la reconnaissance et dont il dépend partiellement, puisqu'il perçoit ses subsides.

---
1. Humayun Ansari, *The Infidel Within...*, op. cit., p. 364.
2. Ibid., p. 355.

Ethniquement, il comprend des musulmans du sous-continent indien, au rebours de la Muslim Association of Britain (MAB) créée en 1997, laquelle représente davantage les musulmans arabes du Grand Londres[3]. Avec les années, le MCB a dû essuyer les critiques de douzaines d'associations qu'il fédère[4]. C'est pourquoi celui-ci s'est vu contraint d'infléchir son approche pour conserver une certaine crédibilité au sein de l'opinion musulmane outre-Manche. De vives tensions sont apparues au moment du déclenchement de la guerre en Irak, et le MCB s'est alors mû en censeur du pouvoir blairiste. Il n'empêche : à l'instar du Conseil français du culte musulman (CFCM) français créé en 2003, le MCB est critiqué par de nombreuses personnes qui lui refusent le droit de parler « au nom des musulmans britanniques ». Certains scandales sont également venus entacher sa crédibilité, comme lorsque le MCB a tenté de déstabiliser un journaliste critique, Faisal Bodi (*The Guardian*), en essayant d'obtenir – en vain – son licenciement[5].

À la fin des années 1990, plusieurs événements sont salués par les défenseurs des minorités ethniques et religieuses. D'abord la publication en 1997 d'un rapport du Runnymede Trust intitulé Islamophobia : a challenge for us all, dont le retentissement médiatique est assez important. Ce document, évoqué en introduction, propose une esquisse de théorisation de l'islamophobie, dont il décrit huit caractères principaux : 1/ l'islam constitue un bloc monolithique, statique et imperméable au changement ; 2/ l'islam est perçu comme une partie du monde isolée et intrinsèquement « autre », non affectée par le reste du monde et que le reste du monde ne peut influencer ; 3/ l'islam est inférieur à l'Occident, il est barbare, irrationnel, primitif et sexiste ; 4/ l'islam est violent, agressif, menaçant, il soutient le terrorisme et promeut le « choc des civilisations » ; 5/ l'islam est une véritable idéologie, utilisée à des fins politiques ou militaires ; 6/ les critiques de l'Occident formulées par l'islam doivent être rejetées en bloc ; 7/ l'hostilité envers l'islam est utilisée pour justifier différents types de pratiques discriminatoires envers les musulmans ; 8/ l'hostilité à l'égard des musulmans est vue comme normale et allant de soi ; elle ne requiert pas de justification particulière.

---

3. Voir Danièle Joly, L'Émeute..., op. cit., p. 215.
4. Voir Romain Garbaye, « Les Mobilisations politiques musulmanes après la guerre en Irak : contestation et affirmation d'une identité religieuse », dans Revue française de civilisation britannique, op. cit., p. 74-77.
5. Voir Tahir Abbas (ed.), Muslim Britain..., op. cit., p. 100-101.

Ce rapport constitue une réponse salutaire, dépassionnée et argumentée au concept fumeux du «choc des civilisations» formulé par Samuel Huntington l'année précédente. Dans la foulée des premières années Blair est publié le rapport Macpherson (1999), qui pointe les multiples dysfonctionnements au sein de la police londonienne pendant l'enquête sur le meurtre raciste de Stephen Lawrence, en 1993. Le «racisme institutionnel» de la police y est critiqué, défini comme «l'échec collectif d'une organisation incapable de fournir un service approprié et professionnel à une partie de la population en raison de sa couleur, de sa culture ou de ses origines ethniques[6]». Le rapport est pourfendu par une grande partie des médias conservateurs, pour qui il n'est pas d'institution plus respectable que Scotland Yard. Il n'empêche : le *Race Relations Amendment Act* de 2000, s'appuyant en partie sur le rapport Macpherson, va assez loin dans la défense des minorités visibles : il étend les pouvoirs de la Commission for Racial Equality à la police, au monde carcéral, à l'assurance-maladie (National Health Service, NHS) et aux autorités locales. Dans les établissements scolaires, celles-ci doivent pratiquer une politique de *race equality* car il incombe à chaque école de combattre le racisme. Chacune doit également s'informer sur la réussite des minorités ethniques au sein de l'établissement. On ne parle pas de «discrimination positive», notamment parce que l'expérience étasunienne en la matière est considérée comme un échec, mais plutôt d'«action positive».

Malgré l'ambition affichée, qui est considérable, les faits demeurent têtus. Les agressions racistes, touchant notamment les Asiatiques et parmi eux les musulmans, ne montrent aucun signe de diminution. Ainsi, le 17 avril 1999, une bombe explose à Brixton, faisant quarante-cinq blessés ; le 24 avril, une autre fait sept blessés à Brick Lane, et deux restaurants bangladais sont complètement détruits. Le 30 enfin, un pub gay de Soho est lui aussi victime d'un attentat. Bilan : trois morts et soixante-cinq blessés. S'en prendre au multiculturalisme, pour certains groupuscules d'extrême droite, veut donc dire attaquer *tous* les types de minorités. Les inégalités apparaissent de façon d'autant plus manifeste que les statistiques ethniques existent depuis 1991 avant que ne s'y ajoutent,

---

6. Cité dans The Runnymede Trust, Developing Community Cohesion, Understanding the Issues, Delivering Solutions, Londres, 2002, p. 10.

en 2001, les statistiques religieuses[7]. Ceci constitue une autre victoire pour les minorités, dont la musulmane. Surtout, la longue bataille menée par le Muslim Council of Britain et, auparavant, par le UK Action Committee on Islamic Affairs, montre une certaine confiance en soi de la communauté musulmane, qui souhaite qu'une véritable évaluation démographique lui permette d'arguer de son poids afin d'accélérer certaines réformes, comme la mise en place d'écoles privées musulmanes financées par l'État. Cette détermination est confirmée par le nombre de musulmans ayant répondu à la question religieuse du recensement de 2001, la seule d'ailleurs à être facultative : 92,7 % des Britanniques au total ont répondu à la question, tandis que 94 % des personnes ayant refusé de répondre entraient dans la catégorie « blancs »[8]. On n'hésitera pas à établir un contraste avec les noirs caribéens à la fin des années 1970 : en effet, ces derniers, se sentant alors trop souvent stigmatisés dans la presse et par certains élus politiques appelant à leur rapatriement forcé, s'étaient opposés à la formulation d'une question sur l'identité raciale dans le recensement de 1981[9]. En 2001 au contraire, les musulmans ont voulu peser de tout leur poids.

Que de telles informations soient désormais disponibles permet d'affiner la connaissance de certaines formes de sous-représentation[10]. Le cas de la police est assez instructif : revenant sur les statistiques ethniques des forces de police publiées en 2002 et évoquant le rapport Macpherson, le commissaire général de Londres Iain Blair impute la large sous-représentation des minorités au sein de la *Metropolitan police*[11] à un certain isolationnisme impérial, selon lequel une nation blanche comme la Grande-Bretagne ne peut faire « que » les choses correctement, mieux en tout cas que les minorités issues de l'Empire[12]. Dans la sphère médiatique, les minorités visibles comme les musulmans sont également très largement sous-représentées. Les étudiants

---

7. Sur l'histoire de ces statistiques, voir Nissa Finney et Ludi Simpson, "Sleepwalking to Segregation?", op. cit., p. 33-38.
8. Voir The Runnymede Trust, Islamophobia : Issues, Challenges and Action, Stoke-On-Trent, Trentham Books, 2004, p. 28. Ce contraste existe même si des musulmans (arabes, bosniaques ou convertis par exemple) se considèrent comme blancs.
9. Voir Nissa Finney et Ludi Simpson, "Sleepwalking to Segregation?", op. cit., p. 32-34.
10. Voir Danièle Joly, L'Émeute..., op. cit., p. 179-180.
11. En 2002, les minorités forment 25 % de la population londonienne, mais 4,5 % de la Metropolitan Police.
12. Voir The Runnymede Trust, Developing Community Cohesion, op. cit., p. 9-10.

musulmans prometteurs préfèrent opter pour des carrières plus lucratives, dans les affaires, le droit, la communication ou les nouvelles technologies[13]. Depuis les années 1990, le journalisme y est en voie de précarisation, comme en France. Ainsi, si l'on voit des journalistes d'origine caribéenne, indienne ou pakistanaise, cela tient souvent de ce que l'on appelle en anglais *tokenism*, c'est-à-dire l'affichage stratégique de minorités, comme lorsqu'on parle en France de «beurette de service». Gary Younge, journaliste noir du *Guardian*, évoque l'extrême visibilité de stars du journal télévisé comme Trevor MacDonald ou Moira Stuart, qu'on met en avant pour mieux masquer un autre fait têtu : les vraies instances décisionnelles, les conseils d'administration des grands médias comme des grandes entreprises, sont obstinément blancs (et d'ailleurs masculins)[14]. C'est ce qui incite quelques jeunes des minorités à se lancer dans la création de médias nouveaux, à l'image de *Q-News*, magazine musulman créé en 1992, qui recrute notamment des jeunes femmes et entend amener le débat sur l'islam «au-delà des barbes, des foulards et de la viande halal[15]».

Le multiculturalisme : simple slogan électoral de *Cool Britannia*?

À la suite de Michel Wieviorka, on peut définir succinctement le multiculturalisme comme le traitement politique et juridique des demandes de reconnaissance formulées par des minorités, ici ethniques. Par extension, celui-ci évoque les politiques sociales différentialistes mises en œuvre afin de venir en aide aux groupes les plus défavorisés[16].

Sans véritablement s'embarrasser de soucis de définition, le multiculturalisme est invoqué de façon très récurrente par la communication politique néolibérale jusqu'au 11 septembre 2001. Loïc Wacquant et Pierre Bourdieu ont débusqué la superficialité d'un mot presque vide de sens dans les États-Unis de Clinton et la Grande-Bretagne de Blair[17]. Force est en effet de constater que le multiculturalisme a surtout signifié l'inféodation britannique aux forces du marché néolibéral débridé : occultation des référents de classe au profit de ceux d'ethnie, d'individualisme, de méritocratie et, enfin et surtout, de globalisation des forces

---

13. Elizabeth Poole et John E. Richardson (eds.), Muslims and the News Media..., op. cit., p. 63-65.
14. Voir The Runnymede Trust, op. cit., p. 18.
15. Cité dans Humayun Ansari, The Infidel Within..., op. cit., p. 20.
16. Voir son essai La Différence, Paris, Balland, 2001.
17. Voir Le Monde Diplomatique, mai 2000.

économiques qui requiert le recours à une main-d'œuvre étrangère ici (immigrés précaires en Grande-Bretagne recrutés en nombre dans les services) et ailleurs (Chine, Inde, etc., où les industries ont été déplacées).

M. Blair et ses multiples conseillers se sont – malgré les avancées dans l'éducation et ailleurs – en réalité livrés à un exercice de *communication* multiculturelle : l'expression *Cool Britannia*, très fréquemment resservie à la fin du millénaire, ne pouvait qu'avoir une forte coloration à la fois ethnique et dépolitisée, à l'instar d'un carnaval de Notting Hill qu'on présente comme débarrassé de ses oripeaux contestataires[18]. Il s'agit avant tout de donner l'impression d'une société pacifiée, ayant intégré dans sa célébration d'une Grande-Bretagne postmoderne tous les groupes ethniques qui la constituent : guère surprenant, dans ce contexte, que le premier mandat Blair (1997-2001) ait coïncidé avec l'anoblissement de tant de membres des minorités visibles, de Pola Uddin (1998), première femme musulmane siégeant à la Chambre des Lords, à Bhikhu Parekh (2000) ou Herman Ouseley (1997)[19] pour ne citer qu'eux.

Dans quantité d'*inner cities* pourtant, il est difficile de maintenir que la quiétude multiculturelle est de mise. Et pour cause : entre les minorités elles-mêmes, et parfois en leur sein, on se livre à une course aux subventions dans une sorte de surenchère différentialiste. Il faut marteler sa différence, montrer qu'on est «historiquement opprimé», afin de toucher des subsides d'autorités locales ou de ministères. Ambalavaner Sivanandan évoque cette époque obsédée par «l'identité» en déplorant le passage d'une politique de «l'égalité des chances» (*equal opportunities*) à une politique de «l'égalité dans l'opportunisme» (*equal opportunism*)[20]. Cette dérive peut également être liée à l'instauration de statistiques ethniques (1991) et religieuses (2001), comme on vient de le voir. Si ces données du recensement se révèlent extrêmement utiles pour jauger les inégalités, elles peuvent tout autant conduire à une sorte de surenchère ou de compétition : telle communauté peut arguer de son nombre, supérieur à celui de telle ou telle autre communauté, pour obtenir des aides étatiques, un meilleur accès à tel ou tel service, etc.[21]

---

18. *Sur le symbole politique que constitue ce carnaval dans l'histoire, voir* Paul Gilroy, There Ain't No Black in the Union Jack, op. cit., p. 121-123.
19. Voir Yasmin Alibhai-Brown, After Multiculturalism, *Londres, Foreign Policy Centre, 2000, p. 5.*
20. Cité dans Arun Kundnani, «From Oldham to Bradford...», art. cit., p. 108-109.
21. Voir Nissa Finney et Ludi Simpson, "Sleepwalking to Segregation?", op. cit., p. 30-31.

On assiste donc en cette fin de millénaire à une forme de balkanisation des identités. Ce n'est pas ici un phénomène exclusivement négatif, étant donné que ce morcellement peut attester une force des minorités. Loin de la période où celles-ci étaient estampillées «noires» (*Black*), il est désormais question de multiples identités fièrement *revendiquées*, donc du passage d'une ethnicité souvent attribuée de l'extérieur à une ethnicité choisie. Ou, comme le remarque Sanjay Suri sur les sikhs de Bedford (nord de Londres) : «Personne n'aurait pensé à cela en arrivant ici. Les premiers immigrés au début se sont réunis pour fonder une seule *gurdwara* [temple sikh] à Queen's Park. Puis se sont exprimées des susceptibilités diverses, induisant un divorce inévitable : les Ravidassias ont fait sécession, de même que les Ramgarhias, qui se sont séparés des Jats[22].» Au final, on peut tout de même déplorer que s'assurer la paix multiculturelle revienne souvent à s'accorder mutuellement sur un pacte de non-ingérence tacite. Ici, certaines critiques de la droite assimilatrice rejoignent celles du centre-gauche[23] : tous deux déplorent l'émergence d'une tour de Babel pleine d'incompréhensions, de suspicions, aux antipodes de la vision lénifiante d'une société postmoderne multiculturelle pacifiée, ayant embrassé pour toujours «la mondialisation heureuse». Les critiques marxistes de ce morcellement, à l'image d'Ambalavaner Sivanandan et de l'Institute of Race Relations basé à Londres, y voient une politique cynique visant à diviser pour mieux régner[24].

D'autres personnes regrettent vivement que les politiques multiculturelles favorisent trop souvent les membres déjà intégrés et influents au sein d'associations ethniques, généralement des hommes d'un certain âge, au profil peu ou prou conservateur, régulièrement affublés du stigmate de *gatekeeper* (chien de garde) par les membres subalternes de ces minorités, à commencer par les femmes. C'est l'argument développé dans un essai assez controversé, intitulé *Is Multiculturalism Bad for Women?* publié en 1999[25], lequel n'est pas complètement dénué de stéréotypes culturels, ainsi que le note Anne Norton : «Si un homme américain bat sa femme, on dit que c'est une aberration, contraire aux principes de liberté qui nous gouvernent. Si un homme musulman fait de même, on dit alors que ce comportement est représentatif des

---

22. *Voir* Brideless in Wembley, op. cit., p. 327.
23. *Voir par exemple* l'éditorial de Minette Marrin dans The Daily Telegraph, 2 décembre 2000 et Yasmin Alibhai-Brown, Who Do We Think We Are?, op. cit., p. 40.
24. Ibid., p. 49.
25. Princeton (N.J.), Princeton University Press.

principes de l'islam, sans être curieux de ce que disent le Coran et les hadiths sur la question[26].» Plus intéressante ici est la critique formulée par Anne Phillips dans *Multiculturalism without Culture*, où est régulièrement pointée l'obsession culturelle des politiques multiculturelles mais aussi de leurs principaux critiques, féministes ou de droite. Phillips y insiste fréquemment sur la notion de *choix* individuel, en sorte que les comportements des membres d'une minorité comme de la majorité ne sont pas toujours conditionnés par des facteurs culturels, mais bien par leurs choix d'individus autonomes. Compris dans un certain sens en effet, le multiculturalisme n'est plus «une puissance de libération culturelle» mais bien «une camisole de force culturelle[27]».

En Grande-Bretagne, la personne qui a proposé la critique la plus percutante du multiculturalisme blairiste lors de ces années est sans doute Yasmin Alibhai-Brown, notamment dans un court essai intitulé *After Multiculturalism* (2000). Elle distingue différents types, allant du plus superficiel au plus assertif. Elle évoque d'abord le multiculturalisme d'entreprise (*corporate multiculturalism*), sensible au fait que les minorités visibles jouissent d'un pouvoir d'achat cumulé d'environ 40 milliards de livres sterling en 2000, puis le multiculturalisme d'affichage médiatique (*token multiculturalism*). Les formes radicales, «tribales» pour reprendre les termes d'Alibhai-Brown, sont assez nocives: essentialistes, elles fossilisent la culture d'une minorité et ne reconnaissent rien d'autre que la différence. Selon ce type de discours, le seul *fait* de placer des membres des minorités visibles dans les instances décisionnelles de tous types est bon en soi: or, comme le dit Herman Ouseley pour la Greater London Authority, on n'a pas besoin d'élus noirs, asiatiques ou musulmans, mais d'élus compétents qui, quelle que soit leur identité, s'intéressent sérieusement aux problèmes des minorités ethniques. Un blanc peut tout à fait être plus efficace dans le combat contre les discriminations raciales ou religieuses qu'un noir ou un musulman[28].

Le catalogue des critiques n'est malheureusement pas épuisé. En effet, le multiculturalisme dans sa version britannique se désintéresse de la politique étrangère, qu'il s'agisse d'Union européenne ou des relations avec le Proche et le Moyen-Orient[29]. On pointe ici certains périls évoqués au chapitre précédent, lorsque Londres laissait enfler le mécontentement

---

26. Cité dans Anne Phillips, *Multiculturalism without Culture*, op. cit., p. 28.
27. Ibid., p. 14.
28. Voir Yasmin Alibhai-Brown, *After Multiculturalism*, op. cit., p. 45-47.
29. Ibid., p. 7-8.

de certains musulmans, ulcérés par la passivité de Downing Street face à la Bosnie, au Cachemire, à la Palestine. Tout aussi préoccupant: le multiculturalisme génère l'agacement d'une large partie de la majorité blanche, sans occulter ces «oubliés» pauvres des minorités ethniques elles-mêmes.

White & Brown Backlash

Il est des explications démographiques et historiques simples à ce retour de bâton de la majorité blanche (*white backlash*). Démographiques d'abord: en 2000, entre 5 et 6 % seulement de la population britannique est constituée de minorités visibles. À partir de là, le multiculturalisme est une question qui ne concerne directement qu'un nombre limité de personnes.

Historiquement, un détour par les premières années de l'immigration massive s'avère utile. Après 1945 en effet, les classes ouvrières considéraient encore que l'empire colonial constituait cette entreprise charitable dont la mission était de civiliser les «barbares». Ce mythe de la grandeur coloniale était entretenu par le vocabulaire officiel, puisqu'Indiens ou Pakistanais étaient encore appelés *colonials* dans beaucoup de textes administratifs[30]. Dans le même temps apparaissaient en masse, ou en nombre largement exagéré, des immigrés de ces nations «barbares»[31]. Certains Britanniques n'avaient d'ailleurs pas oublié que des Indiens, suivant l'injonction de Gandhi, avaient refusé de combattre pour la Grande-Bretagne, même si, faut-il le rappeler, la contribution indienne à l'effort de guerre fut plus considérable encore en 1939-1945 qu'en 1914-1918[32]. À mesure qu'augmentait le nombre de familles immigrées, celui des cheminées des usines en activité diminuait, provoquant un changement profond dans la géographie de certaines villes, dont Blackburn fournit un exemple parfait. L'immigration des Caribéens et des Indiens ou Pakistanais, si elle est numériquement très négligeable jusqu'en 1961, vient confirmer le déclin inexorable d'une grande partie de l'appareil industriel national et avec lui de la fierté masculine et de la solidarité de classe liée à la culture ouvrière. Ou, pour reprendre Jeremy Seabrook, «[à] travers cette attitude souvent

---

30. Voir Kathleen Paul, Whitewashing Britain, Race and Citizenship in the Postwar Era, *Ithaca (N.Y.), Cornell University Press, 1997, p. 156-157.*
31. Ibid., *p. 42.*
32. Voir Jeremy Seabrook, City Close-Up, *Harmondsworth, Penguin, 1971, p. 73-74.*

vengeresse et punitive à l'égard des immigrés, tout se passe comme si la classe ouvrière était confrontée au spectre de son propre passé, un spectre qu'elle essaie coûte que coûte de fuir[33]. » Cette présence n'est pas sans susciter l'embarras de ceux dont l'ascension sociale et la fuite dans les banlieues résidentielles n'a été possible, pendant la prospérité d'après-guerre, que par le recours à une main-d'œuvre immigrée sous-payée, dont on stigmatise par ailleurs les habitudes étranges et l'hygiène déplorable.

Quelques décennies plus tard, dans les années 1980 et 1990, au moment même où la notion d'emploi unique tout au long de la carrière (*job for life*) était devenue obsolète, de plus en plus de membres des minorités réclamaient des droits dans des domaines divers. Sans oublier que, dans les bourgs de Londres, les approches antiracistes les plus radicales des années 1980 ont souvent généré un sentiment de frustration, voire de véritable irritation, chez bon nombre d'électeurs blancs : on pense ici aux principaux d'établissements scolaires exclus parce qu'ils manquaient d'enthousiasme dans leur application de programmes antiracistes, aux rues rebaptisées pour célébrer les héros de l'anti-apartheid, ou encore aux slogans culpabilisants comme « if you are not part of the solution, you are part of the problem[34] ».

Comme aux États-Unis depuis plusieurs décennies, le discours du *white backlash* est activement soutenu par les médias conservateurs. Lorsqu'un rapport de Bhikhu Parekh est publié en 1999, celui-ci est simplifié à outrance par des journaux comme *The Daily Telegraph* et *The Daily Mail*, qui fulminent contre cet auteur ayant, dit-on, décrété qu'utiliser le terme de *British* et *(Great-)Britain* est raciste. Les réserves de Bhikhu Parekh par rapport au symbole de l'*Union Jack*, loin des multiples simplifications qui ne font pas du tout avancer le débat, trouvent quelque résonance au sein de la gauche. En effet, depuis le début des années 1990, le drapeau avait été l'objet d'une récupération par l'extrême droite. John Tydall, l'homme fort du BNP, avait publiquement déclaré qu'il souhaitait faire de celui-ci « l'équivalent pour tous les nègres en Angleterre de ce que la croix gammée a pu être pour les juifs[35] ». De façon générale, le *white backlash* est indissociable de l'indignation suscitée par la domination croissante d'un discours

---

33. Ibid., p. 49.
34. Voir Romain Garbaye, Getting Into Local Power..., op. cit., p. 57.
35. Cité dans Roger Hewitt, White Backlash and The Politics of Multiculturalism, Cambridge, Cambridge University Press, 2005, p. 127.

politiquement correct teinté de mauvaise conscience postcoloniale, auquel s'opposent les tenants d'un «parler cash» (*blunt speaking*) qui entendent exprimer leurs opinions sur les minorités, et au passage certaines «évidences» sur l'islam[36], de façon complètement désinhibée. Les études de terrain sur l'importance de ce phénomène de *white backlash* font apparaître l'extrême sensibilité des élèves blancs à la célébration de la diversité multiculturelle, interprétée comme un dénigrement implicite de leur culture. Celle-ci, d'ailleurs, est jugée moribonde ou passée de mode : la culture ouvrière est morte car les usines ont fermé ou sont en passe de le faire ; le football est devenu un sport de riches étant donné le prix des billets ; les *fish and chips* n'ont plus la cote ; enfin, des *pubs* ferment tous les jours. En outre, la culture populaire britannique (ou anglaise) est considérée comme fragilisée par les assauts des politiques multiculturelles locales, lesquelles, dit-on, ont avant tout travaillé à ne pas offenser les minorités. Un certain nombre de sentiments partagés par l'opinion publique blanche relèvent ici du mythe pur et simple : ainsi en est-il de l'idée selon laquelle « ils ont interdit Noël» (*they've banned Christmas*) afin de ne pas blesser les minorités religieuses. Cette rumeur grotesque véhiculée par une partie de la presse populaire[37] a laissé une empreinte très forte sur les «petits blancs» des classes ouvrières ou moyennes, comme l'atteste une étude de terrain faite à Plymouth et Bristol en 2005-2006[38], où l'immense majorité des personnes interrogées est convaincue de la véracité d'un mythe qui rend furieux nombre de musulmans, comme Shahid Hussein, travailleur social à Bradford : « quand je lis des trucs comme "les musulmans veulent interdire Noël et empêcher le Bradford Council d'avoir un arbre de Noël", j'hallucine, je me dis que c'est du grand n'importe quoi ! En publiant ça, les journalistes font un tort considérable, pas seulement aux musulmans, mais à tout le pays[39] !»

Autre élément important : la publication du rapport Macpherson et le vote du *Race Relations Amendment Act* (2000) ont suscité un retour de bâton d'autant plus violent dans les quartiers populaires que les plaintes

---

36. On renvoie ici au huitième trait de l'islamophobie selon le rapport du Runnymede Trust (1997) : celui-ci ne requiert pas de justification particulière, il va de soi, comme l'avait déjà noté Edward Said (Covering Islam..., Londres, Routledge & Kegan Paul, 1981).
37. Voir l'article «The Phoney War on Christmas» dans The Guardian, 8 décembre 2006.
38. Voir Simon Clarke et Steve Garner, White Identities..., op. cit., p. 77.
39. Entretien, 20 février 2008.

déposées pour *racial crime* ont été multipliées par trois dès l'instauration de la nouvelle loi[40]. Roger Hewitt, auteur d'une étude très détaillée sur certains quartiers de Greenwich (sud de Londres), insiste sur la porosité de ce discours du *white backlash* même chez des personnes hostiles à l'idéologie du BNP ou même au conservatisme. Ainsi, cette femme blanche, très active dans diverses associations du quartier d'Eltham :

« Qui vous donne le droit de proclamer que parce que vous êtes noir vous souffrez, et que donc vous devez bénéficier de lois spéciales ? Que si l'on vous dit quelque chose de mal, alors vous pouvez intenter un procès ? Ces possibilités n'existent pas si vous êtes blanc, et c'est ça qui cause des problèmes dans les quartiers[41]. »

On aurait tort de croire que le *white backlash* est à l'œuvre chez les seules classes ouvrières blanches. Puisque le multiculturalisme d'entreprise (*corporate multiculturalism*) ne bénéficie en fait qu'à une petite partie de la population, généralement regroupée dans la catégorie assez vague de « bobos » depuis la publication d'un essai du journaliste new-yorkais David Brooks[42], les millions de personnes exclues de ce groupe nourrissent un certain agacement face à l'extrême visibilité, notamment médiatique, de quelques membres des minorités et à la glorification de leur culture. C'est une impression d'impuissance teintée de colère qui affleure dans des documentaires tournés dans les années 1999-2001, comme la série d'émissions de Darcus Howe intitulée « White Tribe » (diffusée sur Channel 4) ou encore à « The Day Britain Died » (Andrew Marr), où un représentant de l'Alliance pour les campagnes anglaises avance que ses amis et lui ont l'impression d'être devenus la vraie minorité au sein de cette société multiculturelle. En effet, la ruralité n'a pas droit de cité dans un multiculturalisme qui ne saurait être autre qu'urbain, avec Londres pour rutilant symbole.

J'ai dit en évoquant les années 1970 que, selon les élèves blancs, « les Asiatiques n'ont aucun style ». La situation a radicalement changé avec les 1990 et 2000, où l'expression *Asian cool* est souvent associée

---

40. Voir Polly Toynbee et David Walker, Did Things Get Better? An Audit of Labour's Successes and Failures, *Londres, Penguin, 2001, p. 172.*
41. *Roger Hewitt*, White Backlash, op. cit., p. 97.
42. Bobos in Paradise, the New Upper-Class and How They Got There, *New York (N.Y.), Simon & Schuster, 2000.* À cette distinction près que le terme « bobo » est beaucoup moins souvent utilisé en langue anglaise, sa langue d'origine donc, qu'en langue française.

à *Cool Britannia* : le ministre des Affaires étrangères Robin Cook proclame que le *chicken tikka masala* est le plat national, sans oublier l'importance d'*Asian Dub Foundation* dans la musique, d'Hanif Kureishi ou de Zadie Smith en littérature, etc. L'Université de Leicester sert de lieu de tournage pour plusieurs films Bollywood, ce qui ne manquera pas d'attirer des étudiants indiens extrêmement aisés, dont les droits d'inscription sont dix, vingt, trente fois supérieurs à ceux déjà très élevés des étudiants britanniques[43]. Ce serait une erreur de considérer que tous les Asiatiques, hindous, musulmans et sikhs, retirent une fierté de ce bouillonnement culturel. Car la célébration multiculturelle de ceux qu'on appelle les «multicultis» est avant tout un discours élitaire et considéré comme arrogant. Interrogé par Yasmin Alibhai-Brown, un chômeur noir de l'East End de Londres fulmine : « célébrer quoi ? Cette vie ? Tout ça, c'est des discours qui plaisent à Trevor Phillips et Paul Boateng, ces mecs qui portent des costumes très chers et ont des manières de blancs[44].» L'apologie de l'*Asian cool* sert avant tout à glorifier ces personnes présentées comme des «modèles d'intégration», les dizaines de millionnaires originaires du sous-continent, dont la biographie se lit comme une *rags-to-riches story*[45] à l'américaine et dont le discours ne cesse de clamer la fierté de l'allégeance à la couronne et aux valeurs britanniques. Implicitement, le but est d'occulter l'existence d'une sous-classe (*underclass*) précarisée[46], numériquement importante chez les hommes d'origine pakistanaise ou bangladaise, géographiquement concentrée dans le centre et le nord de l'Angleterre pour les premiers, dans l'East End de Londres pour les seconds. C'est ainsi qu'au *white backlash* répond une sorte de *brown backlash* diffus. Les deux se méfient d'un certain discours lénifiant sur la «diversité» qui vient tout droit des États-Unis. Walter Benn Michaels, là-bas, s'est fait le principal critique d'un concept vague qui euphémise les véritables discriminations raciales et qui, surtout, occulte les référents de classe. Il avance que les universités américaines sont «moins racistes et sexistes qu'elles ne l'étaient il y a quarante ans et dans le même temps plus élitistes. L'un sert d'alibi à l'autre : quand on demande à ces universités plus d'égalité,

---

43. Voir Sanjay Suri, Brideless in Wembley..., op. cit., p. 359.
44. Cité dans Yasmin Alibhai-Brown, Who Do We Think We Are, op. cit., p. 5.
45. Littéralement, *des haillons à la fortune.*
46. Voir Arun Kundnani, The End of Tolerance, op. cit., p. 52.

elles répondent avec plus de diversité[47].» En Grande-Bretagne, on pense à ces très riches étudiants indiens évoqués plus haut. Le premier retour de bâton, blanc, se nourrit de la visibilité des minorités dans leur ensemble, quels que soient leurs revenus, le second d'une petite minorité de nantis «donneurs de leçons» au sein même de ces minorités. Le terrain d'expression du premier peut être le British National Party, ou certains groupuscules néofascistes, celui du second le simple repli sur soi, l'anomie, la délinquance, voire l'islamisme ou la forme protopolitique de l'émeute[48].

---

47. Cité dans Agone n° 44, «Rationalité, vérité et démocratie», p. 175.
48. On reprend ici l'expression de Gérard Mauger sur les émeutes françaises de 2005, dans L'Émeute de novembre 2005, une révolte protopolitique, Bellecombe-en-Bauges, éditions du Croquant, 2006.

*La politique de tolérance zéro à Sparkhill (Birmingham) :
contrôle routier musclé de deux jeunes d'origine pakistanaise.*

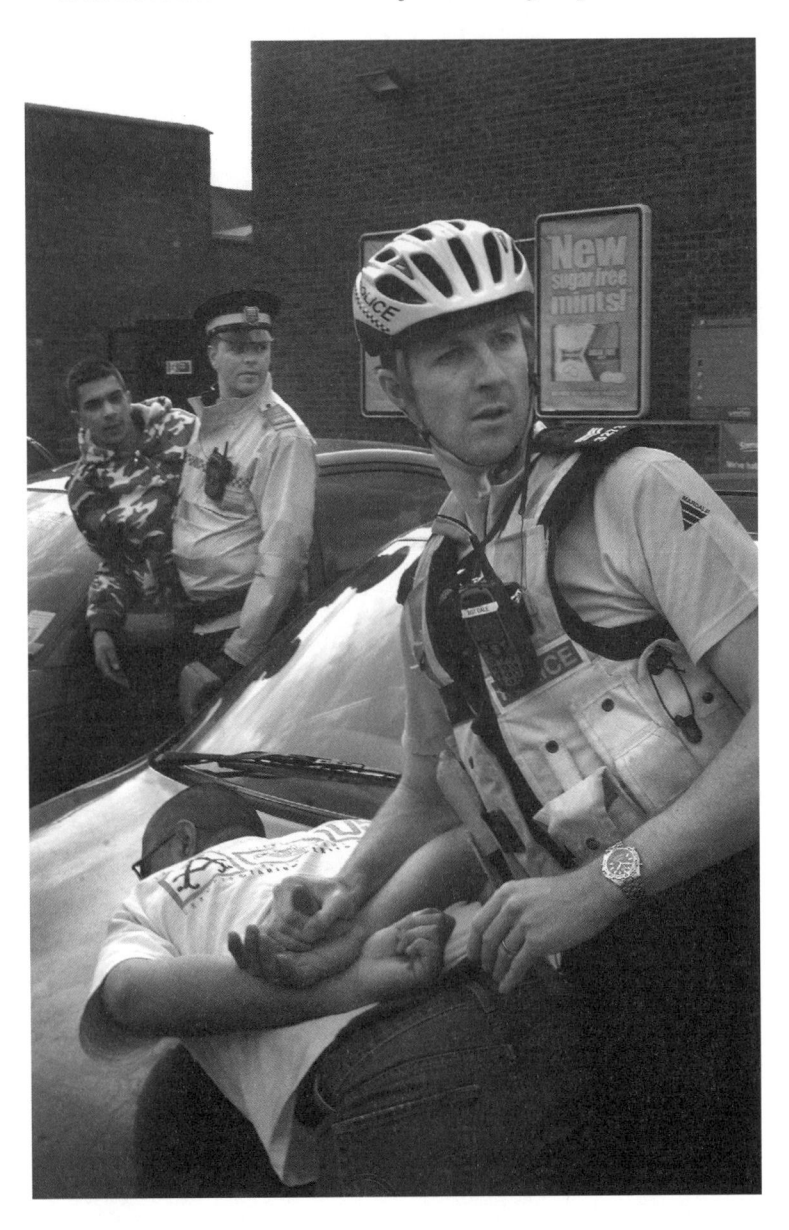

Chapitre 3 / LES ÉMEUTES DE BRADFORD, OLDHAM ET BURNLEY (AVRIL-JUILLET 2001)

« Le voyageur en route vers le nord, s'il est habitué au sud ou à l'est, ne voit point de différence sensible avant de dépasser Birmingham [...] C'est seulement un peu plus au nord, passées les villes spécialisées dans la céramique, que l'on découvre la véritable laideur de l'âge industriel, une laideur si terrible et si implacable que l'on se trouve obligé, pour ainsi dire, de l'accepter. »

George Orwell, *Le Quai de Wigan*, 1936

Les musulmans originaires du sous-continent indien ont eux aussi leur clivage nord-sud (*North-South divide*). Ainsi, d'un simple point de vue démographique, les Pakistanais sont sous-représentés dans la région de Londres (22 % du total des musulmans) par rapport à leur proportion nationale (42,5 % des musulmans en Grande-Bretagne[1]), ce qui revient à dire qu'ils sont très nombreux dans les Midlands mais surtout dans le nord, notamment dans les zones sinistrées du West Yorkshire (Bradford, Dewsbury, Leeds) et du Lancashire (Oldham Blackburn, Burnley, Rochdale, Manchester)[2]. En outre, Londres opère depuis des années un *brain-drain* qui attire vers le sud-est les jeunes talents septentrionaux[3].

Les causes d'un embrasement

Les violences s'étalèrent sur quatre mois, d'avril à juillet 2001. Elles commencèrent et s'achevèrent à Bradford (15 avril, puis 7 juillet) après avoir sévi à Oldham (26 mai) et Burnley (23 juin). Le 7 juillet à Bradford constitua le point culminant des violences, faisant passer les émeutes précédentes à l'arrière-plan. Ces semaines de tensions extrêmes dans

---

1. Selon le recensement de 2001.
2. La population d'Oldham était de 103 000 en 2001, celle de Burnley 90 000, celle de Bradford 300 000.
3. Voir The Observer, 16 juillet 2001.

le nord de l'Angleterre furent concomitantes de la réélection du New Labour, à l'issue d'élections législatives ternies par un taux d'abstention inégalé depuis 1918 (41 %)[4]. Ces élections avaient été émaillées par diverses manœuvres de provocation et d'intimidation orchestrées dans le nord par des partis et groupes d'extrême droite, notamment le BNP et le National Front.

Selon les calculs de l'IMD (Index of Multiple Deprivation), classement national de la pauvreté et de la précarité en Grande-Bretagne[5], Burnley, Bradford et Oldham occupaient, en 2000, respectivement la 46e, 33e et 38e place sur 354 villes[6]. Les raisons de cette crise sont avant tout structurelles, l'état sinistré de ces villes étant lié à la mort du textile et à une reconversion qui tarde à se matérialiser.

À Bradford, le taux de chômage était de 8,3 % en 2001[7], avec un clivage très sensible entre les blancs (5,7 %) et les minorités ethniques (22,4 %) ; le contraste entre les jeunes d'origine pakistanaise ou bangladaise et les jeunes blancs est lui aussi assez remarquable, quelle que soit la ville considérée. Tel est le message délivré par les autorités locales d'Oldham l'année des violences : « À 38 %, le taux de chômage chez les catégories d'origine pakistanaise et bangladaise est presque cinq fois supérieur à celui des blancs[8]. » En termes salariaux, ceux qui ont la chance d'avoir un emploi font souvent partie des catégories précaires. Ainsi, dans la ville de Burnley, les salaires sont de 17 % inférieurs en moyenne au reste du Lancashire, avec une population sud-asiatique qui tire l'ensemble vers le bas. Toujours à Burnley, plus d'une personne sur cinq appartient à la catégorie « traditionnellement peu rémunérée » alors que la moyenne nationale est de l'ordre de moins d'un sur dix. Les salaires d'Oldham ou de Bradford sont eux aussi en moyenne très bas. Ces statistiques ne prennent pas en compte les

---

4. *À Burnley, l'abstention fut de 44 %, à Oldham 40,75 %, à Bradford 47,5 %, sensiblement égale ou supérieure à la moyenne nationale.*
5. *Le calcul est fait selon six critères : revenus, emploi, santé et invalidité, logement, éducation et qualifications, proximité géographique par rapport aux services principaux.*
6. *Les douze premières places sont surtout occupées par des circonscriptions du Lancashire (notamment Liverpool), de Londres (notamment l'East End) et du nord-est, à et autour de Middlesbrough. Données consultables sur : www.communities.gov.uk*
7. *Pour un taux national de 5 %.*
8. *Pour toutes les statistiques qui suivent sur Bradford, voir George Gilligan et John Pratt (eds.),* Crime, Truth and Justice..., *op. cit., p. 193-197 ; voir également H. Ouseley,* Community Pride Not Prejudice, *www.bradford2020.com. Pour Burnley, www.burnley.gov.uk/. Pour Oldham, www.oldham.gov.uk*

contrastes ethniques, ce qui veut dire que ces zones *dans leur ensemble* sont assez largement sinistrées.

La question du logement est cruciale. Ainsi, en 1996, le rapport officiel sur les violences urbaines de Bradford avait pointé du doigt les problèmes de surpopulation, d'insalubrité, de vétusté des quartiers autour du centre-ville (*inner cities*). Au moment des violences de l'été 2001, 13 quartiers (*wards*) de la ville sur 30 comptaient encore parmi les 10 % des zones où l'offre de logement est la plus déficiente de tout le Royaume-Uni, sans compter la discrimination raciale dans l'accès au logement social. Concrètement, beaucoup de jeunes restent chez leurs parents jusqu'à leur mariage, et souvent même au-delà, et vivent dans de petites maisons vétustes de type *terraced houses*, ce qui alimente une «culture de la rue» propre à de jeunes hommes ne sachant que faire dans un domicile où ils se sentent à l'étroit[9].

Burnley possède quant à elle un nombre très important de bâtiments à l'abandon : 8 % de ses logements, contre 3 % au niveau national. Des familles ont simplement déserté des maisons très vétustes sans même essayer de les vendre. Ce problème est partagé par Oldham, mais dans une moindre mesure. Là-bas, en revanche, la question de l'accès au logement social pour les minorités s'est posée avec acuité, avec des cas de discrimination notamment mis en lumière par la CRE.

Au total, les descriptions succinctes de ces trois villes laissent apparaître une pauvreté, un abandon, l'impression d'avoir affaire à un «désert économique», expression assez souvent reprise d'ailleurs pour qualifier ces villes. Pourtant, d'autres cités, ou des quartiers entiers de grandes villes (Londres, Manchester, Birmingham, Liverpool, Glasgow, pour ne citer qu'elles), partagent ce sort peu enviable. Pourquoi dès lors les violences ont-elles éclaté là plutôt qu'ailleurs?

Le cas de Bradford est très particulier, puisque le poids démographique des musulmans (16.1 % en 2001) a, dans un passé récent, été illustré par des questions ayant pris une tournure nationale (affaire Ray Honeyford), voire internationale (*Les Versets sataniques*)[10]. Pour beaucoup de musulmans du nord et des Midlands, Bradford est la ville à défendre, symbole d'une conscience politique musulmane et de la vitalité religieuse de la communauté ; pour les sympathisants ou membres de groupes d'extrême droite, Bradford est au contraire une tache hideuse

---

9. Voir The Bradford Commission Report 1996, op. cit., p. 101.
10. Selon le Bradford City Council, la population d'origine pakistanaise ou bangladaise était de 71 000 en 1998. Voir www.bradford.gov.uk

sur le paysage national, une ville pakistanaise (rebaptisée *Bradistan* ou *Pakiford*) dont les habitants blancs attendent un grand nettoyage : c'est la raison pour laquelle, en prévision d'émeutes éventuelles, des douzaines de musulmans et de blancs du BNP ou National Front ont afflué vers la ville du West Yorkshire le 7 juillet 2001, afin de défendre leur terrain. Certains venaient de Cardiff, de Newcastle, de Manchester ou encore de Bristol.

À Oldham, les violences puisent dans la perception d'une discrimination raciale dans l'accès au logement social et les emplois du secteur public[11]. La police y est vivement critiquée également, comme le rappelle Lee Jasper, noir ayant grandi là-bas et qui officie désormais en qualité de conseiller du maire de Londres sur les questions policières : « Quand j'y étais, le racisme de la police était systématique, cruel, voire violent », avant de poursuivre : « Cela fait des années que la ville échoue face à un racisme institutionnel[12]. » Illustration de ce racisme : les multiples insultes et agressions dont sont victimes les chauffeurs de taxi pakistanais. Les plaintes, lorsqu'elles existent, sont le plus souvent classées sans suite. Oldham n'a pas le monopole de ce type d'agressions : en effet, c'est suite à une attaque sur un chauffeur de taxi d'origine pakistanaise que la ville de Burnley elle-même s'est embrasée...

Dans cette dernière, hormis l'implantation assez forte de groupes d'extrême droite, il faut mentionner certains mythes véhiculés sur la puissance numérique des Sud-Asiatiques, qui ne représentaient au total que 8 % de la population malgré leur forte concentration dans certains quartiers[13]. À Burnley comme dans les deux autres villes, on trouve une profonde hostilité envers les minorités ethniques, notamment musulmanes, et mille rumeurs circulent faisant état d'un traitement privilégié de ces minorités dans l'octroi de subventions publiques.

---

11. Selon un rapport de Islamic Human Rights Commission intitulé The Oldham Riots, *consultable à l'adresse www.ihrc.org.uk/, 1,7 % des employés municipaux sont d'origine pakistanaise ou bangladaise, alors que ces populations constituent environ 8 % du total de la ville.*
12. Cité dans The Guardian, *29 mai 2001. L'expression «racisme institutionnel», d'abord utilisée par Stokeley Carmichael (des Black Panthers américaines), renvoie directement en Grande-Bretagne au rapport MacPherson après le meurtre de Stephen Lawrence, dont il est question plus loin.*
13. Daneshouse, constitué à 66 % de minorités ethniques, compte parmi le 1 % des quartiers (wards) les plus pauvres du pays.

Les faits

À Oldham, du 26 au 28 mai, une confrontation très violente éclate entre blancs et membres des minorités suite à une marche du British National Party. Il faut savoir que dans cette ville, deux marches du BNP avaient déjà été interdites, le 31 mars et le 5 mai. La fin du mois de mai a vu la culmination de semaines de tension raciale, avec le ciblage de familles asiatiques.

À Burnley, on sait que les violences suivent l'agression d'un chauffeur de taxi pakistanais. Enfin, à Bradford, le 7 juillet 2001, les causes immédiates de l'émeute sont liées à la volonté affichée par le BNP de défiler le jour même sur Centenary Square, la place principale du centre-ville. Cette date devait au départ marquer le point culminant d'un festival multiculturel se déroulant sur un mois dans tout le nord de l'Angleterre. Le groupe d'extrême droite avait formulé une demande officielle de manifester une semaine seulement avant la date du 7 juillet, délai limite imposé par la loi anglaise, ce qui prit de court la police locale et les autorités municipales. Face à l'éventualité que des familles issues des minorités ethniques mais aussi britanniques blanches assistent à un concert et à divers événements célébrant le multiculturalisme tandis que, dans le même temps et au même endroit, des néofascistes manifestent leur ire, la mairie de Bradford, conseillée par la police, préféra annuler le dernier jour du festival tout en empêchant le BNP de défiler[14].

Le mouvement antifasciste local fit tout de même connaître sa volonté de manifester ce jour-là, et il était à craindre que des éléments isolés du BNP ne convergent vers Bradford. La tension était extrême, à tel point que, dès le 6 juillet, tous les hôtels de la ville furent pris d'assaut par des journalistes venus des quatre coins du pays. Autre illustration de cette prévisibilité extrême : un certain nombre de jeunes musulmans avaient caché des armes et des battes de base-ball dans des bâtiments en friche proches du centre-ville[15]. La police, quant à elle, installa des caméras de surveillance à de multiples endroits stratégiques, anticipant une confrontation majeure. C'est précisément ce qui constitue le caractère exceptionnel des émeutes de Bradford : tout, ou presque, fut

---

14. Voir Olivier Esteves, Emmanuelle Le Texier, Denis Lacorne (dir), Les Politiques de la diversité, op. cit., p. 152-157.
15. Voir Marie Massey, «Interpreting Islam : Young Muslim Men's Involvement in Criminal Activity in Bradford», dans Basia Spalek (ed.), Islam, Crime and Criminal Justice, Collumpton, Willan Publishing, 2002, p. 31.

filmé, de sorte que, dans les mois qui suivirent, le journal régional le plus lu, le *Telegraph and Argus*, publia les photos de plusieurs centaines de jeunes émeutiers. Le bilan des émeutes de Bradford fut le plus lourd depuis les violences de Brixton en 1981 : 164 officiers de police blessés, plus de 10 millions de livres sterling de dégâts[16]. Entre 400 et 500 jeunes Sud-Asiatiques s'opposèrent aux forces de police et à des membres isolés de groupes d'extrême droite[17]. Les journaux télévisés nationaux firent défiler les images de pubs ou de voitures incendiés, sans oublier ce local associatif (*labour club*) réduit en cendres, où certains émeutiers avaient essayé d'empêcher les personnes s'y trouvant de sortir, et enfin le concessionnaire BMW d'Oak Lane, complètement dévasté. Les caméras ce jour-là s'attardèrent particulièrement sur ce bâtiment, puisqu'il avait déjà été détruit une première fois lors des violences de 1995.

Réactions et rapports officiels

David Blunkett, ministre de l'Intérieur, stigmatise tout de suite un geste absurde et suicidaire : «C'est la population locale qui détruit son propre quartier en engendrant cette violence stupide. Une petite minorité de personnes provoque le chaos et sape toutes les actions locales entreprises pour créer une société prospère et agréable à vivre[18].» Les quatre députés travaillistes locaux réagissent en pointant du doigt la «délinquance», «la criminalité à l'état pur», «l'œuvre de crapules», «n'ayant rien à voir avec la pauvreté», et appelant de leurs vœux «une justice rapide», qui «débusque tout de suite les criminels», et qui «fera un exemple[19]». Ces déclarations sont bien sûr à l'aune de l'indignation ressentie par les Bradfordiens, quelle que soit leur identité ethnique. Plus de 90 % des émeutiers arrêtés étaient des jeunes hommes musulmans d'origine sud-asiatique[20], mais ceux-ci constituaient, bien sûr, une petite minorité de la communauté locale. De fait, tout le monde eut à subir les conséquences des émeutes, en termes d'image (la réputation

---

16. Voir The Economist, *12 juillet 2001*.
17. The Observer, *8 juillet 2001*.
18. Cité dans The Guardian, *9 juillet 2001*.
19. Ces députés sont Marsha Singh (Bradford West), Terry Rooney (Bradford North), Gerry Sutcliffe (Bradford South), Christopher Leslie (Shipley), propos cités dans Christopher Allen, Fair Justice, The Bradford Disturbances, the Sentencing and the Impact (voir www.fairuk.org), p. 24.
20. Alan Carling (et al.), The Response of the Criminal Justice System to the Bradford Disturbances of July 2001, *Programme for a Peaceful City*, Bradford, University of Bradford, 2004, p. 19-20.

de la ville en souffrit considérablement, et durablement) ou financiers : tous les automobilistes, et ce n'est là qu'un exemple, virent leur police d'assurance grimper à l'issue de la flambée de violence.

Dans les semaines qui suivirent, M. Blunkett, tenant de la « tolérance zéro », martela la nécessité de faire passer des serments d'allégeance à la Grande-Bretagne aux nouveaux arrivants et insista sur l'importance de la maîtrise de la langue anglaise[21], ce qui semble pour le moins étrange car, comme l'indiqua le député travailliste Mohammed Sarwar (Glasgow Govan) : « Les émeutiers étaient de jeunes hommes qui parlent l'anglais tout à fait normalement, des gens assez intégrés pour boire un coup de temps en temps, pour fumer un joint de temps en temps, et qui portent des vêtements Nike dernier cri[22]. » Le double risque que présentaient les propos de M. Blunkett était d'une part de décrire des jeunes hommes nés en Grande-Bretagne comme « étrangers », d'autre part de voir tous les néo-arrivants comme une menace potentielle dont il faut exiger la « loyauté ». Il y avait là un double amalgame dont le premier effet est de disqualifier des jeunes qui constituent, pour citer les propos d'Étienne Balibar suite aux émeutes français de 2005, « une catégorie sociale juridiquement et humainement monstrueuse, *qui est la condition héréditaire d'immigrant*[23]. »

« Tough on crime, tough on the causes of crime[24] » (dur avec la criminalité, dur avec les causes de la criminalité) : tel avait été un des mantras du néotravaillisme depuis son émergence, au moment même où M. Giuliani à New York appliquait sa politique de tolérance zéro. Souvent invoqué ou dénoncé, ce slogan accrocheur (*soundbite*) ne résume pas pourtant l'approche « tolérance zéro » des néotravaillistes. En effet, il s'agit avant tout de se montrer impitoyable avec la criminalité elle-même, c'est-à-dire les comportements violents, délinquants, « antisociaux » qui génèrent cette criminalité. Quant aux causes elles-mêmes, elles sont effacées ou tendent à l'être, comme le remarque

---

21. Voir The Daily Telegraph, *12 décembre 2001*.
22. *Mohammed Sarwar fut le premier député d'origine pakistanaise à être élu à la Chambre des communes. Pour ces citations, voir* The Guardian, *5 janvier 2002*.
23. *Dans « Uprisings in the banlieues »,* Lignes, *n° 23, novembre 2006.*
24. *Le slogan fut d'abord publié dans une tribune signée Anthony Blair dans* The New Statesman *(29 janvier 1993), intitulée « Why Crime is a Socialist Issue ». Sur l'origine et l'expression « tolérance zéro » et le mythe créé autour de l'expression, voir Loïc Wacquant,* Punir les pauvres, le nouveau gouvernement de l'insécurité sociale, *Marseille, Agone, 2004, p. 288-294.*

Laurent Bonelli dans son analyse de la tolérance zéro en France[25] : on n'est guère prêt à voir dans la précarité, le chômage, la discrimination, une famille brisée, etc. autant d'éléments explicatifs, fussent-ils partiels, de la flambée de violence. Il va donc de soi que les ministres blairistes, au premier rang desquels M. Blunkett lui-même, n'allaient pas prendre en considération les causes sociales et ethnico-sociales des troubles ayant émaillé le printemps et l'été 2001, ce d'autant moins que, deux mois plus tard à peine, les attentats du 11 septembre légitimeraient un virage sécuritaire spectaculaire.

Les divers rapports officiels ayant fait suite aux violences (rapport Cantle, rapport Denham[26]) ou les précédant immédiatement (rapport Ouseley[27]) partageaient sinon la rhétorique, tout du moins l'idéologie de David Blunkett. En cela, le contraste entre tous ces rapports et celui produit par le juge Scarman, publié en 1981 suite aux violences de Brixton, est assez frappant, d'autant plus qu'à l'époque, le juge Scarman, magistrat chevronné, avait été nommé par le Premier ministre conservateur Margaret Thatcher. Le criminologue John Lea évoque ces différences multiples, qui apportent un éclairage intéressant sur l'idéologie du néotravaillisme. D'une part, le rapport Scarman de 1981 posait la question centrale : « Est-ce que les minorités ethniques – les noirs en particulier – sont traitées ou non en tant que citoyens à part entière ? ». Quant aux rapports de 2001, ils se contentaient de formuler le problème en ces termes : « Comment les communautés socialement exclues – les blancs pauvres et les Asiatiques – ont-elles pu se débrouiller pour se retrouver dans une telle pagaille, et que peut-on faire, ou plutôt que peuvent-elles faire elles-mêmes afin de restaurer "la cohésion sociale ?" (*community cohesion*)[28] »

Autre différence notable : les violences de Brixton au début des années 1980 avaient été interprétées par Scarman comme le signe manifeste d'un « manque de culture », d'un « désavantage ethnique »

---

25. La France a peur, une histoire sociale de l'« insécurité », Paris, La Découverte, 2008, p. 94-95.
26. Ted Cantle, Community Cohesion, a Report of the Independent Review Team, *Londres, Home Office, 2001* ; John Denham, Building Cohesive Communities: a Report of the Ministerial Group on Public Order and Community Cohesion, Londres, HMSO, 2002.
27. Ce rapport a été achevé peu avant les émeutes de Bradford et a été publié juste après.
28. Cité dans George Gilligan et John Pratt (eds.), Crime, Truth and Justice…, op. cit., p. 193. « Cohésion sociale » est la traduction généralement donnée de l'anglais community cohesion.

(*ethnic disadvantage*) pour reprendre les termes d'alors. En revanche, Bradford, Burnley et Oldham ont, prétend-on à présent, révélé que certaines communautés souffrent d'«un excès de culture», au sens où les Asiatiques «sont trop musulmans, trop traditionnels», trop repliés sur eux-mêmes et sur leur culture. Apparaît ici un schème particulier tantôt appelé «néoracisme» (Étienne Balibar), «culturisme» (*culturism*, Tariq Modood) ou «culturalisme» (Tzvetan Todorov), «inhérentisme» (Lawrence Blum) ou «racisme culturel» et «racisme *colorblind*» (Eduardo Bonilla-Silva)[29]. Comme le montrent les centres d'intérêts de ces chercheurs, celui-ci est à l'œuvre tant en France qu'en Grande-Bretagne ou aux États-Unis. Il repose sur la croyance que certaines cultures seraient intrinsèquement différentes et, implicitement, que tout effort pour les changer est vain. Il s'explique surtout par le fait que, depuis 1945, la justification biologique du racisme est devenue inacceptable pour le plus grand nombre. Autre différence sensible : le rapport Scarman évoquait directement à la fois le comportement policier mais aussi le problème posé par l'émergence de groupes de droite extrême[30]. Autant d'aspects à peine esquissés, et parfois escamotés, par les rapports Cantle, Denham ou Ouseley.

Le rapport Scarman, bien que commandé par un gouvernement conservateur, était encore largement influencé par l'idéal d'un État providence garant de justice sociale. Quant aux rapports des années 2000, comme le déplore le criminologue John Lea, leur raisonnement d'ensemble est le suivant :

« Si d'aventure nous parvenons à faire des noirs, des Asiatiques et des blancs pauvres des modèles de passivité qui offrent leurs services au capitalisme mondialisé en se présentant comme la main-d'œuvre la moins payée du monde, alors, et alors seulement, nous pourrons

---

29. Voir Étienne Balibar et Immanuel Wallerstein, Race, nation, classe : les identités ambiguës, *Paris, La Découverte, 2007* ; Tariq Modood, Multicultural Politics, op. cit., *p. 10-14* ; Tzvetan Todorov, La Peur des barbares, au-delà du choc des civilisations, *Paris, Robert Laffont, 2008, p. 89* ; Lawrence Blum, I'm not Racist but...The Moral Quandary of Race, *Ithaca (N.Y), Cornell University Press, 2002, p. 124-134* ; Eduardo Bonilla-Silva, Racism without Racists : Color-Blind Racism and the Persistence of Racial Inequality in the United States, *Lanham (MD), Rowman & Littlefield Publishers, 2003.*
30. Voir les commentaires de Faisal Bodi dans The Guardian, *1ᵉʳ juillet 2002.*

rénover les quartiers populaires et empêcher de nouvelles émeutes. Voilà un scénario qui n'invite pas à l'optimisme[31]...»

Notons enfin que certaines références dans ces rapports manquent quelque peu de sérieux : on pense ici par exemple à l'antienne sur la fuite des blancs (*white flight*) dans le rapport Ouseley. En effet, l'utilisation sans nuance de cette expression renvoyant directement à l'histoire des États-Unis caricature un phénomène en exagérant l'ampleur de la ségrégation résidentielle sur des bases ethniques en Grande-Bretagne. Outre-Atlantique, comme le montrent des études sur Atlanta, Detroit ou Chicago, le phénomène de *white flight* a une histoire complexe remontant au moins à l'immédiat après-guerre. Les problèmes de logement dans ces villes ont induit une très forte mobilisation des blancs des classes ouvrière ou moyenne à mesure que des quartiers blancs devenaient des «zones de transition» de plus en plus prisées par les noirs. Les agences immobilières blanches (et parfois noires) ont bâti des fortunes sur des rumeurs d'installation de familles indésirables dans certains quartiers, et la population locale (notamment les femmes) s'est très activement mobilisée contre ce qui était vu comme une invasion d'allogènes. Ainsi que le précise Thomas Sugrue : «Pour les blancs de Detroit ne pouvant pas ou ne désirant pas partir, l'intrusion des noirs dans leurs quartiers était l'équivalent moral d'une guerre pure et simple[32].» Il y a ici une différence de degré, plutôt que de nature[33], considérable avec la Grande-Bretagne. Invoquer «la fuite des blancs» sans autre précision tient davantage de la posture politique qu'autre chose, d'autant que ce phénomène lui-même a été très peu étudié, même aux États-Unis. Le parallèle fait ici par Ouseley dans l'utilisation de *white flight*, ou par Trevor Phillips, lorsqu'il déplore la ségrégation insidieuse «à l'américaine» qui menace la cohésion nationale britannique[34], ressortit à une forme de catastrophisme politique et renvoie à

---

31. Eduardo Bonilla-Silva, Racism Without Racists, op. cit. p. 200-201.
32. Voir Thomas Sugrue, The Origins of the Urban Crisis : Race and Inequality in Postwar Detroit, Princeton (N.J.), Princeton University Press, 1996, p. 246.
33. La différence de nature peut tenir à l'importance aux États-Unis du système d'«affirmative action», générateur de fuite des blancs et d'un white backlash extrêmement fort ; voir Thomas Sugrue, The Origins of the Urban Crisis..., op. cit., p. 4-5 ; Kevin M. Kruse, White Flight, Atlanta and the Making of Modern Conservatism, op. cit., p. 13.
34. La comparaison de Phillips était entre des villes comme Chicago et Miami d'une part, Leicester et Bradford d'autre part ; voir Simon Clarke et Steve Garner, White Identities..., op. cit., p. 86-87.

certaines descriptions horrifiées des réalités américaines faites par des politiques britanniques – notamment Enoch Powell lorsqu'il évoque «ce phénomène tragique et incontrôlable de l'autre côté de l'Atlantique» dans son discours «Rivers of Blood» de 1968, ou Margaret Thatcher qui voit dans les violences urbaines de Brixton de 1981 «des scènes qui évoquent les émeutes américaines des années 1960 et 1970[35]». Ce «réflexe» d'une comparaison américaine bien trop facile est à l'œuvre chez Thatcher, Powell, Ouseley et Phillips, en dépit des différences politiques considérables entre les deux premiers et les deux derniers. Enfin, l'insistance sur le communautarisme de «la vie en vase clos» (*parallel lives*) des musulmans et l'évocation somme toute rapide de la fuite des blancs donne à penser, même si cela n'est pas dit explicitement, que les blancs ont quitté certains quartiers parce qu'ils y étaient, ou s'y sentaient, rejetés...

Les peines de prison

Dès le départ, le DPP (Director of Public Prosecutions) décida que le juge en charge de l'affaire, Stephen Gullick, statuerait sur une affaire «d'émeute» (conformément au *Public Order Act* de 1986[36]), chose très rare dans l'histoire judiciaire anglaise car susceptible de donner lieu à des peines d'emprisonnement pouvant aller jusqu'à dix ans fermes. Beaucoup de commentateurs conclurent que des pressions au plus haut niveau avaient conduit l'équivalent britannique du parquet à prendre cette décision, afin de faire du procès un exemple national qui ne souffrirait aucune ambiguïté[37]. Ainsi, Javid Arshad, avocat de permanence le jour des émeutes, se rappelle que la police de Bradford elle-même était très surprise et embarrassée de cette décision[38].

Le gouvernement Blair ne tarda pas à mettre en place une vaste opération (*Operation Wheel*) pour traquer les émeutiers. On le sait : le journal local (*The Telegraph & Argus*) publia en première page,

---

35. *Le texte du discours de Powell est disponible en ligne (voir www.telegraph.co.uk); pour la comparaison faite par Thatcher, voir* The Downing Sreet Years, *op. cit., p. 143.*
36. *Cette législation, dans son paragraphe principal, indique que «lorsqu'au moins 12 personnes formant un groupe ont recours ou menacent d'avoir recours à une violence illégale dans un but commun, et que leur comportement est tel qu'une personne assez vigoureuse [*of reasonable firmness*] présente sur les lieux en vient à craindre pour sa sécurité personnelle, chacune des personnes ayant recours à cette violence se rend alors coupable d'émeute».*
37. The Guardian, *1ᵉʳ juillet 2002.*
38. *Entretien, 16 mai 2008.*

pendant plusieurs mois, la photo de 200 jeunes Asiatiques pris sur le vif le 7 juillet, appelant tout un chacun à donner des informations sur les responsables des violences. Près de 200 suspects furent arrêtés et, notons-le, beaucoup de familles d'origine pakistanaise firent pression sur leurs fils pour qu'ils se rendent à la police[39] : la plupart des jeunes jugés puis emprisonnés se rendirent eux-mêmes à la justice. En coulisse, toutefois, il se raconte que de multiples pressions furent exercées. Ainsi, selon Abbas, jeune Bradfordien proche de plusieurs émeutiers :

« Je crois, comme beaucoup de jeunes de ma génération, que les gens plus âgés, ceux qui ont des ambitions politiques locales, tous ceux-là ont intimidé les parents pour qu'ils donnent leurs fils et leurs neveux, pour éviter un grand nettoyage. Beaucoup se haïssent, et ont préféré donner leur propre famille avant que quelqu'un d'autre ne le fasse [...] Tout ça, c'est aussi une question de castes, ce qui pour les jeunes n'a aucun sens[40]. »

Au final, les peines prononcées furent particulièrement sévères. Quelques exemples : Asam Latif, quatre ans et neuf mois fermes pour jet de six pierres ; Mohammed Akram, cinq ans fermes pour jet de « projectiles divers » ; Mohammed Munir, quatre ans et neuf mois pour avoir jeté deux pierres ; Ashraf Hussain, quatre ans pour trois pierres. En décembre 2007, la dernière personne jugée fut Mohamed Sheikh : au total, on compta 297 arrestations, 187 condamnations pour « émeute » (*riot*), 45 pour « violences aggravées » (*violent disorder*)[41]. Cette approche de type « tolérance zéro » a inspiré ce commentaire d'un journaliste du *Belfast Telegraph*, tout autant habitué à des délits similaires en Irlande du Nord qu'abasourdi par la sévérité des peines à Bradford : « Ici à Belfast, si la justice veut faire un exemple, elle condamne à un mois ferme quelqu'un qui a jeté un cocktail Molotov[42]. » Contraste saisissant s'il en est, mais l'on ne saurait omettre deux différences fondamentales : la loi nord-irlandaise en matière de sécurité est différente de celle de l'Angleterre[43] et, surtout, les émeutes de Bradford, par leur caractère prévisible, donnèrent lieu à l'accumulation de multiples

---

39. « *Leurs fils* », puisque seules deux femmes furent arrêtées.
40. Entretien, 20 mai 2008.
41. The Yorkshire Post, 22 décembre 2007.
42. Cité dans Christopher Allen, Fair Justice..., op. cit., p. 44.
43. Voir Alan Carling (et al.), The Response of the Criminal Justice System..., op. cit., p. 27-34.

preuves photographiques, fait sans précédent dans l'histoire des violences urbaines outre-Manche.

Les longues peines de prison ferme suscitèrent la consternation chez les parents des jeunes arrêtés. En 2002, une campagne fut lancée, *Fair Justice For All*, dans le but de faire appel des peines prononcées, de venir en aide aux jeunes incarcérés et à leur famille, et de créer un vrai débat autour de questions centrales mais trop souvent escamotées, notamment le rôle moteur de l'extrême droite dans le déclenchement des violences. Cette campagne, qui réunit dès le départ des centaines de personnes à Bradford, reçut le soutien d'Imran Khan, l'avocat très médiatique qui avait défendu la famille de Stephen Lawrence.

Le procès et l'incarcération des jeunes qui ont suivi peuvent se comprendre comme un chapitre de l'histoire de la tolérance zéro au Royaume-Uni, rappelant la façon dont cette politique impacte davantage les jeunes que les autres catégories d'âge. Plus important pour nous : Pakistanais et Bangladais ayant de forts taux de natalité, il est clair que les effets de cette politique se font davantage sentir au sein de ces communautés que dans la majorité blanche vieillissante. Rien de nouveau là-dedans, puisque des politiques du même type aux États-Unis (opération *Hammer* ou *Crash* dans différents quartiers de Los Angeles[44]) ont été critiquées par de nombreuses associations de jeunes pour les mêmes raisons. Comme l'avance la grande avocate Helena Kennedy (*Queen's Counsel*) pour la Grande-Bretagne, « [t]out l'arsenal de mesures liberticides, la nécessité d'améliorer les statistiques policières, en prenant davantage en compte les récidives, en imposant des peines obligatoires ou planchers, tout cela conduira immanquablement à un accroissement du nombre de détenus issus des minorités, elles qui sont déjà surreprésentées dans les prisons[45]. » Certains dispositifs de la fin des années 2000 – on pense au *mosquito device* dont la fréquence hertzienne est spécifiquement conçue pour faire fuir les jeunes de certains centres commerciaux[46] – constituent *de facto* une forme de discrimination à l'encontre de ces jeunes, doublée, fût-ce indirectement, d'une discrimination de nature ethnico-raciale.

---

44. Voir Mike Davis, City of Quartz, Excavating the Future in Los Angeles, Londres, Pimlico, 1998, p. 284-292.
45. Cité dans Helena Kennedy, Just Law..., op. cit., p. 184.
46. Celui-ci fut introduit à Barry (Pays de Galles) peu après son invention en 2005. Ce n'est sans doute pas un hasard s'il est par exemple utilisé dans des villes pluriethniques (comme Rochdale près de Manchester).

Les peines prononcées à l'issue des violences urbaines de Bradford ont laissé un goût très amer. Un an après les violences, Faisal Bodi, journaliste au *Guardian*, établit ce contraste entre 1981 et 2001 : « Tandis que les émeutes des années 1980 ont servi de catalyseur à l'intégration des noirs, les explosions de violence de l'été dernier n'ont fait qu'élargir le fossé entre les musulmans d'une part et le reste de la population[47]. »
Beaucoup à Bradford ne comprennent pas pourquoi un seul juge, Gullick en l'occurrence, a pu être en charge d'une affaire impliquant plus de 200 personnes. Ensuite, malgré la volonté du juge de mettre en place un « tarif » clair (*tariff-setting*) incluant une liste d'éléments aggravants ou au contraire de circonstances atténuantes[48], certaines incohérences furent mises en lumière, notamment lorsque des émeutiers se rendant coupables de délits de gravité distincte reçurent au final les mêmes peines. Surtout, la justice n'a pas suffisamment tenu compte du parcours personnel de chaque jeune. Altaf Arif, assistant social ayant interrogé une vingtaine d'entre eux dans différentes prisons du nord de l'Angleterre, déplore vivement que « des jeunes sans casier ont eu des condamnations égales à celles infligées à des crapules notoires, dont le casier judiciaire est interminable[49]. »
Janet Bujra, de Bradford University, a elle aussi parcouru ces prisons du nord de l'Angleterre pour recueillir les avis des émeutiers. Selon elle :

« Les jeunes en prison étaient parfaitement conscients que le National Front et le BNP les avaient complètement menés en bateau. Des éléments isolés du National Front avaient été là, ce samedi, quoi... une, deux, trois heures, et au final le BNP et toute l'extrême droite en avaient profité au maximum, donc les jeunes musulmans savaient qu'ils étaient tombés dans le panneau. Au-delà d'ailleurs de toutes les attentes du BNP[50]... »

Ce dernier ne pouvait espérer mieux en effet que les émeutes de Bradford pour tirer les dividendes politiques du comportement violent de centaines de jeunes « inassimilables », « trop différents de nous ». Surtout, ces jeunes, par le déchaînement de leur violence, avaient montré au pays entier que les forces de police, au moins au début des

---

47. Cité dans The Guardian, 1ᵉʳ juillet 2002.
48. Alan Carling (et al.), The Response of the Criminal Justice System..., op. cit., p. 39-41.
49. Entretien, 19 novembre 2008.
50. Entretien, 20 mai 2008.

émeutes, semblaient dépassées, validant la mise en garde du BNP selon laquelle ce sont les minorités ethniques – musulmane notamment – qui détiennent le pouvoir en Grande-Bretagne, et que les « Britanniques de souche » sont devenus une minorité menacée. Le chef du BNP, Nick Griffin, déclara à l'issue des émeutes : « nous n'avons pas de problème asiatique, mais nous avons un problème *musulman*[51].» Le 11 septembre offrirait un surcroît inespéré de crédibilité à cette assertion.

---

51. *Pendant l'été 2001, M. Griffin s'est rapproché de Hasmukh Shah, le leader du Conseil mondial des hindous, pour créer un pacte antimusulman. Voir Rahila Gupta, From Homebreakers to Jailbreakers...,* op. cit., *p. 13.*

Femme voilée à Manningham (Bradford) et publicité du Times (jeu de mot sur growth, croissance, *et* gross, déplorable*).*

Chapitre 4 / DANS LE SILLAGE DU 11 SEPTEMBRE

« Je détectais parfois chez ceux qui avaient perdu leurs biens ou dû fuir, et le plus souvent chez des Américains, une sorte d'étonnement à l'idée que ce ne fût pas arrivé plus tôt, que ces hommes avec des barbes de six jours ne fussent pas venus plus tôt pour mettre le feu à leur maison, arracher les tuyauteries, ou emporter les tapis de prière qu'ils avaient marchandés dans le souk et achetés comme investissement – pour le crime de boire du whisky, de gagner de l'argent, de faire du jogging, le soir, sur les avenues, en survêtement fluo. Ne l'avions-nous pas en quelque sorte mérité, pensions-nous, nous les Américains? »

Don DeLillo, Les Noms, 1983

Community cohesion dans les cendres des tours jumelles

De façon générale, les attentats islamistes en territoire occidental s'expliquent par le passage, au milieu des années 1990, de la stratégie de «l'ennemi proche» à celle de «l'ennemi lointain». En effet, auparavant – et pour schématiser[1] –, des islamistes palestiniens s'en prenaient à Israël, des islamistes cachemiris à l'Inde et des islamistes tchétchènes à la Russie. L'évolution symbolisée par Oussama ben Laden et Ayman Al-Zawahiri marque la focalisation sur les États occidentaux les plus puissants et sur les intérêts israéliens partout dans le monde[2].

L'impact des attentats du 11 septembre a été considérable en Grande-Bretagne, plus encore qu'en France. Selon Vincent Latour, ils ont été «quasiment perçus par les Britanniques comme des événements intérieurs[3]». Il y a plusieurs raisons évidentes à cela. Pensons d'abord à la proximité culturelle, politique et historique entre Londres et Washington, qui se décline de multiples façons: dans l'économie (près de 200 citoyens

---

1. Deux exceptions à ce cadre général : l'attaque de 1993 dans le World Trade Center et celle de 1995 contre le métro Saint-Michel à Paris.
2. Voir Marc Sageman, Leaderless Jihad, op. cit., p. 38.
3. Dans art. cit., p. 31.

britanniques ont péri dans l'attentat), dans les médias (Rupert Murdoch, par exemple, est citoyen des États-Unis depuis 1985), dans la diplomatie (la *special relationship* entre les deux États laissait augurer un alignement total de Blair sur Bush). Ensuite, qu'Al-Qaida ait choisi l'Afghanistan et les zones tribales du Pakistan comme terrain d'entraînement n'est pas sans avoir des répercussions particulières sur notre sujet d'étude, compte tenu de l'origine pakistanaise (cachemirie) d'une majorité de musulmans en Grande-Bretagne. À cela s'ajoute, bien sûr, l'existence de la cinquième colonne *Londonistan* depuis les années 1990, dont les éléments les plus en vue – notamment le caricatural Abou Hamza Al-Masri – ont attisé la crainte d'attentats suicides sur le territoire britannique, crainte qui se matérialiserait le 7 juillet 2005.

Dès les jours suivant les attentats de New York et du Pentagone pourtant, les gestes d'apaisement sont assez nombreux, que l'on pense aux médias – le *Sun* et le *Daily Mirror* publient des articles insistant sur le distinguo à faire entre musulmans et terroristes[4] – ou bien aux politiques : en effet, leaders travaillistes et conservateurs mettent tout de suite en garde contre les amalgames fâcheux entre membres ou sympathisants d'Al-Qaida et l'immense majorité des musulmans. Seule Margaret Thatcher regrette publiquement que les imams du pays n'aient pas assez vigoureusement dénoncé l'acte de barbarie d'Al-Qaida. Ses paroles sont vite critiquées par la direction de son parti[5]. Le Muslim Council of Britain, comme son homologue aux États-Unis (l'American Muslim Council, AMC), a lui aussi violemment dénoncé les attentats. Les leaders travaillistes rivalisent d'enthousiasme dans leur éloge d'un MCB loyal à la politique britannique, caressant l'espoir que celui-ci appuie une guerre en Afghanistan imminente. Pourtant, très tôt, l'organe musulman fait savoir que «les grandes puissances ne doivent pas réagir par l'action militaire[6]», ce qui rend Downing Street furieux. Les principaux élus musulmans, siégeant aux Communes et aux Lords, font également l'objet d'un puissant lobbying de l'appareil travailliste. Le but est de s'assurer leur soutien dans le conflit à venir.

---

4. Le 13 septembre 2001, le Sun *publie deux pages centrales avec pour titre:* «Islam is Not an Evil Religion». *Il n'y a là rien d'étonnant: comme le note Thomas Deltombe pour la France* (op. cit., *p. 11), régulièrement les médias, en particulier la télévision, alimentent les amalgames (notamment entre* «islamique» *et* «islamiste») *avant d'appeler à la plus grande prudence et au refus des amalgames lors de diverses crises, puis de céder à des penchants souvent, hélas, habituels.*
5. *Sur ces points, voir Tahir Abbas (ed.),* Muslim Britain..., op. cit., *p. 93-94.*
6. Ibid., *p. 95.*

De fait, seul Lord Ahmed s'oppose à une guerre ; il visitera d'ailleurs l'Irak en compagnie de George Galloway, dont il sera question un peu plus loin. Khalid Mahmood (député de Perry Barr, Birmingham) exprime quelques réserves, mais ses propos sont très vite noyés par la puissante machine de communication travailliste dirigée par Alastair Campbell. Le 11 septembre suscite des réactions très contrastées au sein de la communauté musulmane. La condamnation domine, mais un certain nombre, notamment chez les anciens, préfère garder le silence et ne pas évoquer ce qui s'est passé. Or cette omerta est potentiellement nocive, comme l'affirme ici Shiraz Maher :

«Partout où j'allais, tout le monde parlait du 11 septembre. Tout le monde sauf ceux que je croisais à la mosquée, qui adoptaient la politique de l'autruche. Je trouvais cela frustrant, et ce silence permettait à des groupes extrémistes comme *Hizb-Ut-Tahrir* de recruter. Moi-même j'ai assez vite décidé de les rejoindre[7]...»

Certaines études menées dans les mois qui ont suivi montrent une opinion musulmane britannique rétive à jeter l'opprobre sur Oussama ben Laden, confirmant l'existence d'un clivage d'opinion déjà analysé en 1988-1989 (Rushdie) et en 1990-1991 (guerre du Golfe). Ainsi, selon un sondage commandé pour l'émission «Today» (BBC Radio 4), 67 % des musulmans interrogés estiment que les États-Unis ne devraient pas penser que ben Laden est derrière les attaques. En outre, 57 % ne croient pas Bush et Blair lorsqu'ils disent que la guerre menée n'est pas une guerre contre l'islam. Selon une autre étude, publiée en novembre 2001 par l'excellent magazine musulman *Q-News*, 79 % des personnes sondées pensent qu'aucune preuve accablante n'incrimine ben Laden[8].

Les conséquences à moyen terme des attentats du 11 septembre 2001 (mais aussi de ceux du 7 juillet 2005 à Londres) ont avant tout été d'ordre religieux. En effet, l'extrême focalisation sur l'islam et la récurrence de termes comme *jihad* ou «extrémisme» dans les médias a suscité une curiosité somme toute logique vis-à-vis de la religion elle-même. Ainsi, des milliers de jeunes, notamment des femmes, ont découvert une religion qui, pour la génération des parents en tout cas, n'allait guère au-delà du respect assez mécanique de traditions culturelles peu en rapport avec l'islam lui-même. Sur les campus de

---

7. Cité dans Philip Lewis, *Young, British and Muslim*, op. cit., p. 119.
8. Pour ces sondages, voir Philip Lewis, *Islamic Britain*, op. cit., p. 224.

villes comme Bradford, Leeds ou Birmingham, le nombre d'étudiants portant la barbe et le nombre de filles ayant décidé de porter le *hijab* s'est accru de façon très sensible. Dans le même temps, les cours d'arabe, d'études coraniques ou de jurisprudence islamique (*fiqh*) ont connu un succès qui, en 2011, ne se dément pas.

Certains observateurs vont même jusqu'à évoquer l'émergence d'une catégorie de *reverts*[9], allusion aux nombreux convertis (*converts*) à la religion musulmane[10]. Le phénomène des *reverts* dessine bien un retour à la religion dans laquelle on a grandi, mais sous une forme propre à une culture donnée, peu en phase avec l'enseignement coranique. Il ne constitue aucunement une tendance britannique, et il est aussi bien à l'œuvre dans les pays occidentaux que dans des États arabes ou musulmans[11]. Là-bas, il s'explique surtout par l'échec historique du nationalisme, notamment arabe, dont le fiasco de la guerre des Six jours est le plus humiliant symbole[12]. Si ce retour à la religion, qui dans un nombre limité de cas débouche sur l'extrémisme, n'est donc pas non plus postérieur au 11 septembre[13], il est clair que les attentats contre les tours jumelles et l'emballement médiatique subséquent ont accéléré la tendance. Il ne s'agit pas nécessairement d'un repli sur soi que certains politiques qualifient volontiers de « communautarisme », mais bien de redécouvrir l'héritage religieux de sa famille, de sa communauté et de puiser des sources de fierté et de respect de soi (*self respect*) dans des circonstances hostiles. Chez de nombreuses femmes notamment, cette quête s'explique par la difficulté de parfaire leur connaissance de l'islam, car trop peu de mosquées, malgré les progrès timides, permettent encore leur accueil. Comme le note cette *Aalima* (sage musulmane) du Yorkshire, Umm Mohsin, « les femmes ont une véritable soif de connaissance et elles n'hésitent plus à faire fi des institutions qui les freinent dans leur quête[14]. »

---

9. La chaîne de télévision Channel 4 a même produit un film sur ce phénomène en Grande-Bretagne, Yasmin, de Kenny Glenaan (2004).
10. Voir Ali Köse, Conversion to Islam, A Study of Native British Converts, Londres, Kegan Paul, 1996.
11. Voir, pour l'Égypte, Sherifa Zuhur, Revealing Reveiling, Albany (N.Y.), State University of New York Press, 1992.
12. Voir John L. Esposito, The Future of Islam, op. cit., p. 59.
13. Voir note précédente ou Katherine Bullock, Rethinking Muslim Women and the Veil, Challenging Historical and Modern Stereotypes, Londres, International Institute of Islamic Thought, 2007, p. 105-109.
14. Cité dans Wahida Shaffi (ed.), Our Stories Our Lives, Inspiring Women's Voices, Bristol, The Policy Press, 2009, p. 89.

Le nombre grandissant de convertis à l'islam s'ajoute à celui des *reverts*. La focalisation médiatique et politique sur les musulmans a généré l'islamophobie, mais également suscité la curiosité et l'intérêt d'un nombre limité de Britanniques blancs. Souvent, la conversion a lieu suite à un contact très positif noué avec un musulman, qui sert en quelque sorte d'exemple : il est très rare en effet qu'on se convertisse sans un contact humain de quelque type qu'il soit, même si cette conversion est facilitée par une quête de spiritualité antérieure à la rencontre[15]. Ce qui est souvent décrit comme une odyssée spirituelle s'explique par le désenchantement du monde (Weber) au sein d'un Occident se caractérisant, selon les convertis, par une sorte de vide spirituel, dont les signes patents peuvent être l'image dégradée de la femme comme objet de marketing et de convoitise sexuelle, ainsi que la notion de famille considérée comme obsolète. À tous ces maux, les convertis à l'islam pensent que leur nouvelle religion apporte une réponse. Certains de ces convertis sont de vrais spécialistes de l'islam, internationalement réputés, à l'image de Timothy Winter (Cambridge University) ou de brillants vulgarisateurs de la religion, comme la journaliste galloise Meryl Wyn Davies.

Un certain nombre de noirs caribéens se convertissent eux aussi à l'islam ; historiquement, ce phénomène renvoie aux liens entre islam et un militantisme politique de type *black power*, comme aux États-Unis, et plus récemment au rap et au hip hop. Un personnage clé ici est Michael X (Michael De Freitas), Trinidadien né en 1933, qui a rencontré Malcolm X à Londres en 1965 et plus tard Mohamed Ali[16]. Les conversions plus récentes sont liées à des lieux de socialisation communs, dans les *inner cities* par exemple. Hélas, les noirs convertis les plus connus sont souvent des extrémistes, à l'instar de Germaine Lindsay, un des quatre terroristes des attentats de Londres.

Le retour du religieux dont il est question ici ne s'accommode pas nécessairement très bien avec le concept blairiste de *community cohesion*, traduit en français, faute de mieux, par « cohésion sociale ». Cette notion est une importation du Canada, où elle est invoquée dans les politiques publiques depuis les années 1990. Elle dessine une démarche intégrationniste, invitant toutes les communautés ethniques ou religieuses à s'identifier ensemble aux symboles nationaux britanniques ; c'est dans

---

15. Ali Köse, Conversion to Islam..., op. cit., p. 194-195.
16. Voir Richard S. Reddie, Black Muslims in Britain, Oxford, Lion Hudson, 2009, p. 120-128.

ce but qu'a été instaurée dans les écoles anglaises, en 2002, une éducation civique qu'on est tenté d'appeler « à la française »[17]. Proche des enseignements fournis par les rapports Cantle, Denham et Ouseley déjà mentionnés, et qui déplorent tous la tendance à l'autoségrégation des minorités, la notion de *community cohesion* a été vraiment popularisée en 2004 à l'occasion de la publication d'un nouveau rapport, intitulé *The End of Parallel Lives ?*, produit par une commission présidée par Ted Cantle[18].

Community est un terme extrêmement vague en langue anglaise, revêtant un sens tout autant démographique que spatial ; contrairement au « communauté » français, qui renvoie à l'hydre du « communautarisme » transformée en slogan politique lors des élections présidentielles de 2007[19], la *community* anglaise revêt une forte connotation positive, puisqu'elle est d'essence inclusive et non exclusive (comme « communautarisme » en français), et renvoie à la fierté qu'on ressent d'appartenir (*sense of belonging*) à une communauté, locale et/ou nationale. Steven Poole, dans un essai sur les mots de la propagande politique, évoque en détail l'instrumentalisation de ce terme de *community*[20], sans cesse utilisé par la vulgate blairiste, par-delà les conceptualisations du terme dans la sociologie classique, chez Émile Durkheim, Max Weber ou Ferdinand Tönnies.

Ce que signale officiellement la *community cohesion*, c'est en réalité l'arrêt de mort d'un multiculturalisme britannique très critiqué par des personnalités publiques importantes, plus ou moins proches d'Anthony Blair : on pense ici à l'apologue de la troisième voie, le sociologue Anthony Giddens[21], ou bien à Trevor Phillips, président de la Commission for Racial Equality de 2003 à 2006. On notera au passage que les discours souvent très alarmistes de M. Phillips sur les périls de « l'autoségrégation » et son utilisation cavalière des statistiques

---

17. Des cadres du parti travailliste sont allés au siège du Parti socialiste français, rue de Solférino, afin d'en savoir davantage sur l'éducation civique en France.
18. The End of Parallel Lives ? The Report of the Community Cohesion Panel, Londres, HMSO, 2004. Voir également Commission on Integration and Cohesion, Our Shared Future, West Yorkshire, 2007.
19. Sans que soit jamais défini ce concept, d'ailleurs, comme le note Gérard Noiriel dans À quoi sert l'identité nationale, Marseille, Agone, 2007, p. 94-95 ; voir également Robert Castel, La Montée des incertitudes, travail, protections, statut de l'individu, Paris, Seuil, 2009, p. 390-394.
20. Voir Unspeak, Words are Weapons, Londres, Abacus, 2004, p. 14-36.
21. Voir The Third Way, The Renewal of Social Democracy, Londres, The Policy Press, 1998, p. 133.

et du terme «ghetto» lui ont valu de multiples critiques de la part de sociologues ou démographes[22].

Sur le terrain, ce virage à 90 degrés dans les politiques publiques – très net après les émeutes dans le nord du pays et bien sûr le 11 septembre – a induit des ajustements divers, qui sont parfois de simple façade : pour ne donner qu'un exemple, le Asian Women and Girl Centre de Manningham (Bradford) a choisi de se rebaptiser Meridian Centre, afin de ne pas véhiculer une impression «communautariste» et pour que son nom soit compatible avec une «cohésion sociale» embrassant toutes les communautés d'un quartier multiethnique. Si le gouvernement réclame ce genre de changement, dans la pratique, le ministère de l'Intérieur (Home Office) ne prescrit pas de mesure d'évaluation d'une cohésion sociale dont on réclame pourtant qu'elle soit contrôlée[23]. De multiples acteurs sociaux évoquent la notion de *community cohesion* avec doute, voire avec sarcasme. Beaucoup y voient un énième slogan travailliste ronflant mais vide de sens, occultant les «vraies questions» de politique nationale – chômage ou échec scolaire des musulmans d'origine pakistanaise et bangladaise – ou bien sûr internationale, qui tournent autour de l'Afghanistan, de la Palestine et plus encore, à partir de 2003, de l'Irak.

La mobilisation contre la guerre en Irak

En fait, il existe des démonstrations de cohésion sociale (*community cohesion*), réunissant en leur sein différents groupes ethniques ou religieux, qui voient le jour non seulement malgré mais aussi parfois *en opposition à* un pouvoir politique ayant pourtant fait de ce concept un cheval de bataille. Ainsi, le 15 février 2003, une impressionnante illustration de *community cohesion* fit la une de tous les journaux télévisés du monde, lorsque des foules immenses et multiculturelles défilèrent contre la marche forcée à la guerre en Irak. À Bradford, le révérend méthodiste Geoff Reid explique :

«Je pense que cela a vraiment changé certains préjugés dans cette ville. Il est apparu clairement aux musulmans qu'on pouvait tout à fait

---

22. Voir Nissa Finney et Ludi Simpson, "Sleepwalking to Segregation?", op. cit., p. 94 ; Simon Clarke et Steve Garner, White Identities..., op. cit., p. 86.
23. Voir Nissa Finney et Ludi Simpson, "Sleepwalking to Segregation?", op. cit., p. 31.

être blanc et britannique et s'opposer à Bush et Blair, jusqu'à manifester avec des musulmans. Je pense vraiment que cette année 2003 a contribué à la paix dans notre ville[24]. »

Le ciment de la mobilisation anti-Blair et anti-Bush ne devrait pas nous faire exagérer l'alliance ponctuelle décrite ici. En effet, malgré les défilés communs, une différence existe bel et bien entre le jugement de l'opinion publique britannique non musulmane sur le conflit en Irak – pour qui il s'agit d'un échec déplorable de la diplomatie, du renseignement britannique et de la politique étrangère – et celui de l'opinion musulmane, où l'on est plus prompt à interpréter le conflit comme une énième agression occidentale contre le « monde musulman ». Sans oublier que, comme le suggère de façon acerbe le grand romancier Ian McEwan dans *Samedi*, certains manifestants londoniens descendent dans la rue surtout parce qu'ils craignent les conséquences potentielles d'un conflit pour leur propre sécurité.

Il n'empêche que certaines images demeurent impressionnantes. La manifestation de Londres, regroupant entre 1 et 2 millions de personnes, est sans précédent dans l'histoire du pays. Elle est à l'initiative de la coalition contre la guerre (Stop the war coalition), rejointe par CND (Campaign for Nuclear Disarmement) et la Muslim Association of Britain. Elle se déroule dans une atmosphère très détendue, malgré l'extrême gravité de l'alternative : maintenir un dictateur bourreau de son peuple au pouvoir ou déclencher une guerre menée hors du cadre onusien, déclenchée au nom d'arguments spécieux. Même s'ils ne constituent qu'un quart environ du mouvement, les musulmans sont très nombreux dans la foule[25]. L'invasion de l'Afghanistan et, surtout, de l'Irak a induit une véritable désaffection musulmane par rapport au Labour, fragilisant ce parti dans la dizaine de circonscriptions où le vote musulman est absolument crucial[26]. On peut presque parler d'un sentiment de trahison, même si lors du vote sur l'envoi de troupes en Irak, 139 députés travaillistes ont décidé de s'opposer

---

24. *Entretien, 8 août 2008. Geoff Reid est un des principaux acteurs du dialogue interreligieux à Bradford.*
25. *Voir Danièle Joly, L'Émeute..., op. cit., p. 219.*
26. *On peut en compter onze : Birmingham Sparkbrook, Bethnal Green & Bow, Bradford West, East Ham, Birmingham Ladywood, Blackburn, Poplar and Canning Town, West Ham, Bradford North, Ilford South, Leicester South. Au total, le Royaume-Uni compte 646 circonscriptions législatives (élections de mai 2005).*

à la consigne de M. Blair, ce qui constitue une fronde sans précédent dans l'histoire du parti[27].

Un tel mécontentement a invité un nombre croissant de musulmans à se tourner vers les libéraux-démocrates (*lib-dems*), voire dans certains cas vers les conservateurs, comme à Leicester[28]. Mais cette désillusion a surtout fait émerger un nouveau parti, Respect, créé en janvier 2004 par George Galloway, travailliste dissident écossais, rhéteur hors pair et personnage assez controversé. L'acronyme Respect renvoie aux idées clés du parti : *Respect, Equality, Socialism, Peace, Environmentalism, Community, Trade-Unionism* (syndicalisme). En plus de s'inscrire dans le sillage du mouvement altermondialiste britannique (principalement trotskiste), ce parti attise, selon Romain Garbaye, « un processus de victimisation et d'identification émotionnelle des musulmans vers leurs coreligionnaires[29] ». Surtout, il ne cesse de pourfendre la corruption morale du blairisme et s'inspire pour ce faire des luttes du « vieux parti travailliste » (Old Labour), où la démarche antiraciste et multiculturelle était de mise. C'est ce qui ressort des propos d'Abdurahman Jafar, candidat à la mairie de Newham (East End de Londres) : « Respect est loyal envers les pauvres et les opprimés et c'est pourquoi il s'oppose à l'islamophobie, tout comme nous nous serions opposés au racisme anti-noirs ou anti-Irlandais dans les années 1970[30]. » Le parti établit des parallèles systématiques entre questions internationales et nationales : ainsi, selon Galloway et ses proches, le délabrement de l'État providence, illustré par un système scolaire scandaleusement inégalitaire et des services de santé moribonds, est largement imputable aux fortunes colossales dépensées dans le déploiement de forces militaires, tant en Afghanistan qu'en Irak.

Lié au Socialist Workers Party trotskiste, Respect a connu quelques succès locaux, notamment l'élection à la Chambre des communes de George Galloway à Bethnal Green (East End de Londres) aux dépens d'Oona King, qui avait voté pour la guerre en Irak, sans oublier la victoire aux élections locales de Salma Yacoob, à Sparkbrook (Birmingham). Cette dernière, entrée en politique suite à une agression raciste[31], porte un

---

27. Les libéraux démocrates, nationalistes écossais et gallois ont également voté contre. Le président de la Chambre des communes Robin Cook a démissionné de ses fonctions le 17 mars 2003 en guise de protestation.
28. Voir Romain Garbaye, Getting Into Local Power..., op. cit., p. 53-54.
29. Cité dans Revue française de civilisation britannique, op. cit., p. 69.
30. Ibid., p. 72.
31. On lui a craché au visage alors qu'elle promenait ses jeunes enfants.

hijab et en dérange plus d'un : les dirigeants travaillistes du New Labour dont elle stigmatise la dérive droitière, mais aussi les tenants musulmans de l'ordre patriarcal, leaders locaux autoproclamés (*gatekeepers*) pour qui une femme ne saurait s'investir en politique[32]. Respect illustre la difficulté qu'il y a à défendre une politique de gauche radicale – dans laquelle des électeurs appartenant à différents groupes ethniques sont appelés à se retrouver – tout en veillant à cibler, notamment en politique internationale, l'électorat musulman de l'East End de Londres, de Bradford, Blackburn ou Birmingham. En outre, son lien complexe avec le Socialist Workers Party explique en partie le divorce qui a eu lieu en son sein à la fin 2007.

La mobilisation contre la guerre en Irak a surtout montré qu'une majorité de musulmans, dont l'âge moyen est peu élevé, partageait une culture politique peu éloignée des non-musulmans britanniques. Cette culture passe par l'utilisation de la rue comme moyen de pression démocratique, ce qui constitue (notamment pour les filles) tant une façon de s'émanciper de la domination patriarcale que de défier l'establishment britannique. Dans une série d'entretiens avec de jeunes musulmanes londoniennes d'origine bangladaise qui ont participé à la manifestation du 15 février 2003, Ron Geaves insiste avant tout sur le fait que ces filles étaient à peine nées au moment des *Versets sataniques* ou de la première guerre du Golfe, ces événements qui servent de repère (et de symbole historique d'aliénation) à la génération des quadras. Plus important : ces étudiantes estiment que leur identité musulmane est centrale, que leur loyauté première est envers leur religion, mais qu'en même temps, il n'existe aucune sorte de contradiction entre leur identité religieuse et leur identité nationale, fièrement décrite comme britannique. Conscientes du caractère très hétéroclite de l'union forgée avec des trotskistes ou socialistes athées lors de la mobilisation contre la guerre, les jeunes femmes interrogées ressentent avec beaucoup de frustration ce qu'elles décrivent comme l'injustice et l'hypocrisie de la politique internationale de M. Blair[33]. Elles comme d'autres font partie du nombre substantiel de membres de minorités ethniques ayant rejoint un mouvement altermondialiste britannique, lui aussi extrêmement hétéroclite. C'est ce mouvement qui a organisé le Forum social européen de Londres sous la houlette de Ken Livingstone, en

---

32. On lira avec intérêt son portrait dans Danièle Joly, L'Émeute..., op. cit., p. 220-222.
33. Voir Tahir Abbas (ed.), Muslim Britain..., op. cit., p. 74-75.

2004. Comme le note Danièle Joly, cette participation assez massive des minorités à l'altermondialisme marque un contraste assez net avec la France, où les militants d'ATTAC (Association pour la taxation des transactions financières et pour l'action citoyenne) et consorts sont très largement « blancs »[34].

Contrairement à la première guerre du Golfe et aux *Versets sataniques*, l'année 2003 a montré un fossé gigantesque non pas entre des musulmans britanniques s'opposant à l'opinion publique et aux médias principaux, mais bien entre l'opinion publique (qui inclut les musulmans) et les caciques du parti travailliste s'alignant sur la rhétorique martiale de George Bush, puissamment relayés par l'immense majorité des médias, notamment les journaux détenus par Rupert Murdoch (*The Times, The Sunday Times, The Sun, News of the World* et le réseau de chaînes de télévision Sky), Lord Rothermere (*The Daily Mail, The Evening Standard* et plus de cent titres régionaux), Richard Desmond (*The Daily Express*) et les jumeaux Barclays (*The Scotsman, The Daily Telegraph* et *The Spectator* à partir de 2004). De fait, seuls *The Guardian, The Daily Mirror, The Independent* et *The New Statesman* étaient opposés à la guerre. Beaucoup de ces publications relayaient sans aucune distance critique les injonctions travaillistes, appelant les familles britanniques à stocker de l'eau et des vivres en prévision d'une guerre dont on ne pouvait rien prévoir, Saddam Hussein étant capable, dit-on, de déployer des armes de destruction massive en l'espace de 45 minutes.

Des personnes plus avisées et plus désintéressées nourrissaient des inquiétudes d'un tout autre ordre. Le 27 avril 2004, après l'invasion de l'Irak, 52 anciens ambassadeurs britanniques dans des pays arabes (ou en Israël) publièrent dans le *Guardian* une lettre exhortant M. Blair de tenter d'infléchir la politique de M. Bush ou, en cas d'échec, de se retirer tout simplement de la coalition. Le document fait un lien entre Irak et « feuille de route » en Palestine, avant d'évoquer la colère que suscite la politique britannique et américaine dans les pays arabes :

« Le nombre d'Irakiens tués par les forces de la coalition est estimé entre 10 000 et 15 000, et il nous semble lamentable que l'on ne nous fournisse pas d'estimation digne de ce nom. Le mois dernier, le nombre de tués à Falloujah était de plusieurs centaines, avec des pertes civiles incluant hommes, femmes et enfants. Des réactions telles

---

34. Voir L'Émeute, op. cit., p. 176.

que «nous déplorons vivement chaque victime. Nous leur rendons hommage, ainsi qu'à leur famille, pour leur bravoure et leur sens du sacrifice» ne peuvent que faire référence aux morts de la coalition. Il est dommage que l'on ne veille guère à apaiser les passions que le meurtre d'Irakiens ne manque pas de susciter.»

Ces «passions» étaient ressenties de façon très vive par un certain nombre de Britanniques musulmans. Peut-être est-ce cela que Ken Livingstone, maire de Londres, reconnut dans des termes généraux : «Londres, une des grandes capitales mondiales, a tout à perdre si une guerre éclate et tout à gagner au maintien de la paix, de la coopération internationale et de la stabilité mondiale[35].» En tout cas, il se trouvait déjà, à travers le pays, des groupes de jeunes musulmans qui se passaient en boucle, sur internet, des *shock videos* montrant l'agonie de femmes, de vieillards et d'enfants irakiens aux mains des troupes de la coalition[36]...

---

35. Cité dans Tariq Ali, Rough Music, Blair, Bombs, Baghdad, London, Terror, *Londres, Vintage, 2007*, p. 46.
36. Ibid., p. 52.

La une d'un journal local à Beeston (Leeds), le 8 juillet 2005, d'où sont issus trois des quatre terroristes des attentats de Londres.

Chapitre 5 / DEPUIS LES ATTENTATS DE LONDRES (7 JUILLET 2005)

« *Lorsque la communauté internationale en est réduite à trouver un mot nouveau pour décrire un préjugé de plus en plus répandu, alors on peut en effet dire qu'on a affaire à une évolution bien triste et inquiétante. Tel est le cas avec "islamophobie".* »

Kofi Annan, Conférence de l'ONU sur l'islamophobie, 7 décembre 2004

Comme cela a été dit en introduction, les médias français ont souvent interprété les attentats de Londres comme l'illustration tragique d'un multiculturalisme britannique qui facilite le repli sur soi et le ressentiment communautaires. Les causes principales de l'attentat sont pourtant ailleurs. Elles reposent non sur des éléments intérieurs britanniques, mais sur deux types d'enjeux internationaux. Les premiers sont liés à l'implication militaire britannique en Afghanistan mais surtout en Irak, qui ont achevé de rendre la Grande-Bretagne très impopulaire aux yeux du monde musulman. Un sondage Gallup d'une envergure sans précédent a permis une analyse de la population musulmane mondiale : il en ressort que parmi les franges les plus radicalisées, 25 % ont une opinion négative de la France, 26 % de l'Allemagne, 68 % de la Grande-Bretagne, 84 % des États-Unis, des préférences n'ayant rien à avoir avec le multiculturalisme britannique (ou américain), faut-il le rappeler[1].

Les seconds enjeux sont inséparables du contexte de poussée du terrorisme islamiste, dans les années 2000, propre aux régions du Pakistan dont sont originaires tant de musulmans outre-Manche. La vidéo « testament » du chef des kamikazes, Mohamed Sidique Khan, révélée au public le 1er septembre 2005 sur Al-Jazeera, revient de façon relativement claire sur les principaux éléments de politique étrangère :

---

1. Voir John L. Esposito et Dalia Mogahed, *Who Speaks for Islam?*, op. cit., p. 82-83.

«Vos gouvernements démocratiquement élus[2] ne cessent de commettre des atrocités contre mon peuple à travers le monde. Les avoir élus vous rend directement responsable. Nous sommes en guerre et je suis un soldat. À présent, c'est à vous de goûter à la réalité de cette situation[3].»

Comment dès lors expliquer la grille de lecture de beaucoup de médias français? Il y a d'abord le soutien d'un grand nombre d'éditorialistes ou personnages publics à la guerre en Irak : André Glucksmann, Pascal Bruckner, Romain Goupil, Bernard-Henri Lévy, Alain Finkielkraut, Alexandre Adler, Claude Imbert[4], Pierre-André Taguieff, Bernard Kouchner. On peut également penser que dénoncer un multiculturalisme britannique mortifère était une façon implicite de glorifier le «modèle» républicain et laïque français (quelques mois avant les émeutes de novembre et décembre 2005!).

De multiples signes avaient montré à M. Blair que l'Irak suscitait l'ire de nombreux jeunes musulmans, et que certains étaient tentés de rejoindre ce que Marc Sageman a appelé depuis la «troisième génération» des terroristes islamistes, celle de *homegrown terrorists* nés sur le territoire qu'ils prennent pour cible. Ainsi, dès le 10 février 2003, avant même la manifestation pacifique du 15 février, le Joint Intelligence Committee fait savoir qu'«une action militaire britannique en Irak aurait pour effet d'accroître la menace qu'incarne Al-Qaida[5]». Un mois plus tard pourtant, le 18 mars, M. Blair convainc une majorité de députés aux Communes de voter l'envoi de troupes.

Les mises en garde se sont multipliées. Un rapport confidentiel du ministère de l'Intérieur intitulé «Les jeunes musulmans et l'extrémisme» fait état de la perception, chez beaucoup d'entre eux, d'un passage de «l'oppression passive», caractérisée par l'inaction des gouvernements

---

2. *Des élections générales, reconduisant M. Blair, avaient eu lieu le 5 mai 2005, deux mois avant les attentats.*
3. *La vidéo est consultable sur www.youtube.com ; Marc Sageman (dans Leaderless Jihad, op. cit., p. 139) rappelle à juste titre que lorsque des terroristes ont été arrêtés ou ont laissé des traces (messages vidéo) depuis 2004, à Madrid, au Caire, à Charm el-Cheikh, à Amsterdam, Chicago, Odense, Glasgow, Londres ou bien d'autres villes encore, l'Irak a toujours été brandi comme leur principale motivation.*
4. *Claude Imbert est allé jusqu'à voir dans la politique allemande de refus de s'investir en Irak une forme de «national-pacifisme», voir* Le Point, *4 octobre 2002.*
5. *Cité dans Milan Rai, op. cit., p. 15*

pendant les années 1990 (Bosnie) à «l'oppression active», illustrée par l'Afghanistan et, bien sûr, l'Irak[6]. Pourtant, même après les attentats eux-mêmes, M. Blair se refuse catégoriquement à voir dans l'Irak une cause quelconque des attentats. Très vite, des ministres comme Jack Straw lui emboîtent le pas; ce dernier déclare sans ambiguïté le 20 juillet que «cela rassure peut-être certaines personnes de penser que ces attaques sont liées à l'action militaire en Irak. Ce n'est pourtant pas le cas[7].» En privé pourtant, les langues se délient. Selon Clare Short, plus de la moitié des députés aux Communes sont convaincus d'un lien évident entre les attentats et le bourbier irakien[8]. Enfin, la baronne Amos, présidente travailliste de la Chambre des Lords a indiqué en septembre 2006 que le programme de *community cohesion* devait prendre en compte «entre autres, la question de la politique étrangère britannique[9]».

Dès les premières heures qui ont suivi les attaques, des rapprochements entre la tragédie londonienne et la politique étrangère ont été effectués, notamment dans les colonnes des journaux ayant toujours critiqué l'approche belliciste de Blair. Voici le commentaire de Tariq Ali, ce vétéran de la gauche radicale, dès le lendemain des attentats :

«Au début du G8[10], Tony Blair a déclaré que «c'est la pauvreté qui est la cause du terrorisme». C'est faux : la cause principale de la violence, c'est cette même violence que l'on inflige aux peuples du monde musulman. Faire sauter des bombes sur des innocents est tout aussi barbare à Bagdad, Jénine, Kaboul qu'à New York, Madrid ou bien Londres. Si l'on ne reconnaît pas cela, les horreurs ne sont pas prêtes de s'arrêter[11].»

Les profils sociologiques des quatre terroristes – Hasib Hussain, Shehzad Tanweer, Jermaine Lindsay (qui a changé son nom en Abdullah Jamal après sa conversion) et Mohamed Sidique Khan – ne correspondent pas à l'explication par la pauvreté faite par M. Blair, d'ailleurs

---

6. Voir The Sunday Times, *10 juillet 2005*.
7. Cité dans Milan Rai, 7/7, The London Bombings, Islam and the Iraq War, *Londres, Pluto Press, 2006, p. 14*.
8. Voir The Financial Times, *16 juillet 2005*. Clare Short avait été secrétaire d'État au développement international avant de démissionner en 2003.
9. Cité dans Nissa Finney et Ludi Simpson, "Sleepwalking to Segregation?", op. cit., p. 108.
10. Les attentats du 7 juillet ont eu lieu dans un contexte de G8 organisé à Gleneagles (Écosse, 6-8 juillet 2005).
11. The Guardian, *8 juillet 2005*.

démentie par les travaux de spécialistes du terrorisme comme Marc Sageman, Louise Richardson ou Robert Pape. Tous ont été décrits par de très nombreux témoins comme des jeunes sans histoire, voire des « modèles », terme régulièrement appliqué au chef présumé des terroristes, Sidique Khan. Le plus grand mystère entoure cet homme de trente ans, assistant scolaire à Hillside Primary School dans le quartier de Beeston, à Leeds. Il a contribué activement à l'éducation de centaines d'enfants, et tout le monde semble n'avoir que de (très) bons souvenirs de lui. Il était marié, avec deux jeunes enfants.

Sidique Khan était suivi par MI5 depuis des années. Ainsi, le 11 septembre 2001, il avait improvisé une fête discrète dans le Iqra Islamic Centre de Beeston[12]. Dans les quelques années qui ont suivi, il a été écouté plusieurs fois par les services de renseignement, notamment lors de conversations avec un des kamikazes anglais de Tel-Aviv en 2003, Asif Hanif ; Khan apparaissait par ailleurs dans la liste de contacts d'Omar Khyam, arrêté le 30 avril 2004 alors qu'il fomentait un vaste attentat sur le sol britannique. Malgré cela, Khan n'a pas été considéré comme « suspect essentiel[13] ».

La mauvaise conscience de MI5[14] est à l'aune de la tragédie londonienne, qui fit 52 morts, plus de 700 blessés, après que trois bombes eurent explosé dans le métro[15] et une dans un bus à Tavistock Square. Les quatre terroristes s'étaient eux-mêmes endoctrinés à coups de visionnages de *shock videos* ou *atrocity videos*, comme le rappelle un ami anonyme après les faits :

> « Ces vidéos disent : "regardez ce qui arrive à vos frères et sœurs musulmans", et c'est là que vous commencez à avoir la haine [...] À partir de là, vous sentez que vous avez besoin d'en savoir plus sur votre religion, sur vos frères et sœurs musulmans qui se font massacrer à travers le monde[16]. »

---

12. Voir Richard Watson, « The Rise of the British Jihad », art. cit., p. 49.
13. Ibid., p. 74.
14. *Les services de renseignement sont souvent tiraillés entre la volonté d'arrêter des gens dangereux pour éviter qu'ils ne sévissent, et la tentation de les laisser libres un temps afin d'en recueillir des informations précieuses.*
15. *Deux bombes ont explosé sur la Circle Line, à Edgeware Road (quartier arabe) et à Aldgate East (quartier bangladais) ; l'autre bombe a explosé sur la Picadilly Line, entre Russell Square et King's Cross.*
16. Cité dans Milan Rai, 7/7, The London Bombings, Islam and the Iraq War, op. cit., p. 52.

Ces terroristes n'ont pas besoin de formation en Afghanistan, pas non plus besoin de lien avec une mosquée radicale ou avec Al-Qaida, même si des éléments semblent indiquer que des contacts existaient bel et bien entre Mohamed Sidique Khan et la cellule Al-Qaida de Kohat au Pakistan[17]. Internet a remplacé l'Afghanistan comme terrain d'entraînement, et se confectionner une bombe artisanale avec de l'engrais agricole est chose aisée, comme l'ont déjà montré l'IRA (Irish Republican Army) ou Timothy McVeigh à Oklahoma City (1995). Tout cela confère une extrême invisibilité et impalpabilité aux terroristes, comme l'admet un rapport provisoire de la police publié le 7 août 2005, qui établit un contraste inquiétant entre la menace présente et l'infiltration réussie, par le passé, des cellules de commandement de l'IRA)[18].

Le jour même des attentats, les musulmans britanniques se sentent montrés du doigt davantage encore qu'après le 11 septembre 2001. Dans tout le pays, des musulmans d'origine pakistanaise ou bangladaise sont évités comme la peste dans les transports en commun, notamment lorsqu'ils portent des sacs à dos, à l'instar des Khan, Hussain, Tanweer et Lindsay. Dans le même temps, les agressions antimusulmanes augmentent encore plus qu'après le 11 septembre 2001 et le BNP, qui a choisi depuis 2001 de parler d'un problème «musulman» et non pas d'un problème «asiatique», recrute des militants à travers le pays.

Stigmatisation d'une communauté et dérive liberticide

Philippe Legrain, auteur d'un essai sur l'immigration en Grande-Bretagne, se souvient:

«Le 22 juillet 2005, j'étais dans un bus de Londres quand tout à coup, mon cœur s'est mis à battre la chamade et je me suis mis à transpirer: j'étais assis juste à côté d'un jeune Asiatique qui portait un sac à dos. J'ai pensé sortir, ou demander à mon voisin ce que pouvait bien contenir son sac. Après quoi je me suis dit que tout ceci était exagéré et qu'il pouvait légitimement s'offusquer de ma question. Je n'ai finalement rien dit et suis resté assis en me demandant si j'étais sur le point de mourir[19].»

---

17. Voir Robert Watson, «The Rise of the British Jihad», art. cit., p. 76.
18. Voir The Sunday Times, 7 août 2005.
19. Cité dans Immigrants, Your Country Needs Them, Londres, Little & Brown, 2006, p. 306.

À quelques jours d'intervalle, Andy Sykes, militant antiraciste de renom qui a su brillamment infiltrer le BNP, prenait un train Leeds-Halifax. Il raconte que, dans son compartiment, de nombreuses personnes étaient agglutinées d'un côté, laissant un grand espace vide autour d'un jeune musulman à l'air embarrassé, et qui était muni d'un petit sac à dos. Andy Sykes s'est alors assis à côté de lui, et a parlé du temps qu'il fait[20].

Ces anecdotes, multipliables par milliers à travers le pays, montrent à quel point les attentats de Londres ont induit une pression supplémentaire sur les musulmans, en particulier sur celles et ceux dont l'apparence vestimentaire rappelle directement leur appartenance religieuse. Dans le meilleur des cas, ces pressions ont pris la forme de discours assimilationnistes tenus par travaillistes, conservateurs ou éditorialistes en vue. Les attentats ont inspiré des appels constants à leurs « responsabilités », eux dont la seule identité politique se résumait désormais à leur proximité ou leur distance idéologique vis-à-vis des « extrémistes », eux dont le caractère « modéré » (*moderate*) est exigé et vérifié avant toute discussion[21]. Évoquant cette exigence de modération matinée de soupçon vis-à-vis de toute une communauté, John Esposito, spécialiste américain de l'islam, apporte deux éléments importants : d'une part, il avance que cette exigence appliquée à tous les juifs ou chrétiens serait considérée comme insultante ; d'autre part il précise que le terme anglais pour évoquer cette modération est *moderate* plutôt que *mainstream*, ce qui donne l'impression que l'islam ne peut être autre que politique, car le premier adjectif s'applique à un parti ou un positionnement politique, tandis que le second est très général[22]. En Grande-Bretagne, cette suspicion généralisée se verrait renforcée lors de différents attentats ratés, notamment contre l'aéroport de Glasgow le 30 juin 2007.

Dans le pire des cas, les pressions mentionnées plus haut se sont matérialisées en agressions physiques. Leur nombre avait déjà augmenté en flèche entre 2001 et 2002, jusqu'à progresser parfois de 100 %, comme dans le Staffordshire, le Lincolnshire, les West Widlands et North Wales[23]. Dans le même temps, les associations venant en aide aux

---

20. *Entretien, 15 mai 2008.*
21. *Voir Peter Hopkins et Richard Gale (eds.),* Muslims in Britain, *op. cit., p. 2 ; sur ce type d'injonction aux États-Unis, voir John L. Esposito,* The Future of Islam, *op. cit., p. 178-179.*
22. *Voir Ibid., p. 168-169.*
23. *Voir Helena Kennedy,* Just Law..., *op. cit., p. 188-189.*

victimes d'agressions racistes ont été littéralement submergées d'appels[24].

Très souvent, les femmes sont ciblées, elles qui sont plus visibles et considérées comme plus dociles lorsqu'elles portent un *hijab*, même si les quelques études menées montrent l'inverse : il apparaît en effet que les femmes portant le *hijab* sont les plus à même de revendiquer une égalité de traitement sur le marché du travail, et de se plaindre de discriminations[25]. Les cas typiques sont ceux de femmes voilées insultées au volant, lorsque la distance physique et le caractère très éphémère d'une rencontre à un feu ou à un stop garantit l'impunité[26]. Ce qu'on appelle en anglais *car rage* est ici justifié par un paradoxe incompréhensible pour des Anglais ayant une lecture univoque du voile : comment des femmes opprimées « aux mains de leur Talibans de maris peuvent-elles conduire une voiture » ? On ne sera pas surpris, au final, que ces menaces constantes débouchent sur une vraie tentation de repli sur soi communautaire, dans des quartiers de type *inner cities* qui sont tout autant critiqués pour leur insalubrité que plébiscités pour leur sécurité intérieure, par opposition aux banlieues résidentielles ou aux centres-villes.

L'extrême droite, on le sait, n'a pas attendu 2005 pour centrer son programme politique sur le danger incarné par l'islam. Les émeutes de 2001 sont très importantes lorsque l'on considère, par exemple, le virage islamophobe d'un parti comme le BNP. Celui-ci proclamait en 2002, dans une brochure largement diffusée à travers le pays : « si vous voulez savoir ce que l'islam veut dire, il suffit de vous procurer une copie du Coran et de vérifier par vous-même. Ce que l'islam veut dire, c'est "intolérance, massacres, pillage, incendies volontaires et persécution des femmes" » (en anglais, *intolerance, slaughter, looting, arson and molestation of women*)[27].

Ce discours « passe » de mieux en mieux à mesure que l'ombre menaçante du *jihad* plane sur le pays, d'autant plus que le BNP est en apparence plus respectable que son ancêtre, le National Front des années 1970. Il séduit de plus en plus les classes moyennes blanches, montrant d'ailleurs que contrairement à une certaine interprétation

---

24. Helena Kennedy, Just Law..., op. cit., p. 196.
25. Cela ne devrait pas être très surprenant compte tenu du courage qu'une telle tenue requiert dans le contexte des années 2000. Sur ce point, voir Peter Hopkins et Richard Gale (eds.), Muslims in Britain..., op. cit., p. 47.
26. Voir Joanna Herbert, Negotiating Boundaries in the City..., op. cit., p. 124-125.
27. Voir Tahir Abbas (ed.), Muslim Britain..., op. cit., p. 56-60.

traditionnelle (peut-être héritée de figures comme Theodor Adorno ou George Orwell)[28], les classes ouvrières ne sont pas nécessairement plus enclines au racisme que les autres.

Les personnes rétives face à l'aspect assez caricatural du discours du BNP peuvent être séduites par les attaques moins diffamantes d'un Robert Kilroy-Silk, présentateur d'un *talk-show* très regardé sur la BBC, et dont les propos islamophobes (même s'il met en cause «les Arabes») lui ont valu sa mise à pied en 2004[29], avant qu'il forme un parti politique de droite radicale, UK Independence Party, volontiers europhobe et anti-immigrés. Le site *UK MigrationWatch* apporte un semblant de crédibilité aux allégations de Kilroy-Silk. Lancé, ce n'est pas un hasard, en octobre 2001, il se présente volontiers comme apolitique, et a un recours systématique aux statistiques, au mieux simplifiées à outrance, au pire carrément mensongères[30]. Une des tactiques statistiques les plus utilisées consiste à considérer les minorités ethniques nées sur le sol britannique comme autant d'«immigrés» qui se voient affublés d'une nationalité étrangère.

D'autres, généralement classés à gauche de l'échiquier politique, publient des textes où affleurent clichés sur l'islam et sur les musulmans. Assez souvent, comme pendant l'affaire des *Versets sataniques*, ces personnes invoquent une «liberté d'expression» fréquemment présentée comme le digne héritage des Lumières. Mais la plupart du temps, ces figures publiques évitent de se poser la question de la responsabilité inhérente à certains propos généralisateurs et parfois diffamatoires, comme ils le feraient fort logiquement si la communauté juive était en question. Les personnes les plus représentatives ici sont Polly Toynbee (*The Guardian*), certains politiques (Denis MacShane, ministre des Affaires européennes sous Blair entre 2002 et 2005) ou auteurs (le romancier

---

28. Pour une critique d'Études sur la personnalité autoritaire d'Adorno, voir Eduardo Bonilla-Silva, Racism Without Racists, op. cit., p. 132 ; sur le lien très fort entre racisme et classes ouvrières anglaises chez Orwell, voir Le Lion et la licorne, dans Essais, journalisme, lettres, Paris, éditions Ivréa/Encyclopédie des nuisances, 1996, p. 85.
29. Sur la trajectoire politique de Kilroy-Silk, voir le chapitre de Fred Halliday dans Elizabeth Poole et John E. Richardson, Muslims and the News Media..., op. cit., p. 25-33. L'article «We Owe Arabs Nothing» qui a conduit à la mise à pied de Kilroy-Silk a été publié dans The Sunday Express, 4 janvier 2004.
30. Sur MigrationWatchUK, voir Nissa Finney et Ludi Simpson, "Sleepwalking to Segregation?", op. cit., p. 48, p. 63-68.

Martin Amis)[31]. Nous pensons avec Tzvetan Todorov que ces figures publiques, tout comme leurs homologues français, amputent le riche héritage des Lumières voire, pour reprendre Todorov, le soumettent à «un véritable kidnapping[32]». Plus généralement, loin des discours frontalement haineux du BNP, ils confèrent une véritable respectabilité au discours islamophobe, notamment par cette invocation des Lumières et par la disqualification, souvent légitime d'ailleurs, d'une gauche antiraciste brandissant le libelle de «raciste» ou «islamophobe» avec une ardeur et une absence de nuances trop souvent contreproductive[33].

Il arrive également que la prudence louable de certains médias dans l'utilisation de certains termes ait en fin de compte un effet lui aussi contreproductif. Ainsi, en août 2006, une tentative d'attentat aérien sur un vol transatlantique est déjouée ; la BBC, relatant les faits, ne parle que de terroristes «nés en Grande-Bretagne», sans évoquer qu'il s'agit d'islamistes, dans le but sans doute de ne pas alimenter les stéréotypes. Rod Liddle (*The Spectator*) réagit de suite, vilipendant le caractère bienpensant et politiquement correct d'une certaine gauche londonienne «ne voulant froisser personne[34]». D'autres, à l'instar de Melanie Phillips que j'évoquerai plus loin, parlent carrément d'une chape de plomb des islamistes sur les grands médias britanniques.

Émerge donc après le 11 septembre et le 7 juillet 2005 un discours dominant assez pesant qui, selon Arun Kundnani, décrit non plus des «Asiatiques à la culture différente» mais bien, désormais, des «musulmans aux *valeurs* différentes[35]». De proche en proche, ces valeurs renvoient à des loyautés dont on craint de plus en plus ouvertement qu'elles soient incompatibles : envers la Grande-Bretagne, ou bien envers Allah

---

31. Voir Polly Toynbee, The Guardian, *11 juin 2004*, The Independent, *23 octobre 1997*; Ian Macshane, «*Come back, Voltaire*», The New Statesman, *14 février 2008*; Martin Amis, The Daily Mail, *18 octobre 2007*.
32. Cité dans La Peur des barbares, au-delà du choc des civilisations, Paris, Robert Laffont, 2008, p. 51.
33. *Tel est le cas par exemple de la* Islamic Human Rights Commission, *qui décerne notamment des prix d'islamophobie à différentes personnes publiques. Pour une critique de cette commission (dans le domaine du cinéma), voir* The Observer, *28 janvier 2007.*
34. *Sur cette affaire, voir Shamit Saggar,* Pariah Politics, Understanding Western Radical Islamism and What Should be Done, *Oxford, Oxford University Press, 2010, p. 192.*
35. *Voir* The End of Tolerance, *op. cit., p. 127.*

et les coreligionnaires musulmans[36]. En conséquence, les arrestations arbitraires se multiplient, tout comme les fouilles ou contrôles au faciès, jusqu'à institutionnaliser une expression humoristique qui témoigne bien d'une certaine désillusion : « conduite en état de minorité ethnique » (*driving while brown*)[37]. Entre 2001 et 2002, les contrôles policiers de ces populations au niveau national ont augmenté de 16 %, celui des noirs ayant crû de 6 % et des blancs baissé de 2 %. À Londres, l'écart est plus net encore, la hausse pour les Asiatiques étant de 40 %, celle des noirs de 30 %, la baisse pour les blancs de 8 %[38]. Implicitement, la hausse considérable pour *tous* les Asiatiques à Londres en dit long sur le ressentiment antimusulman que ce ciblage policier ne manque pas d'alimenter chez les communautés sikhes et hindoues, détestant être mises sur le même plan « que tous ces terroristes musulmans ».

Quant aux véritables arrestations, elles sont rendues possibles par un arsenal législatif liberticide mis en place après les attentats de Londres (*Immigration, Asylum and Nationality Act* de 2006), après le 11 septembre (*Criminal Justice Act*, 2003 ; *Anti-Terrorism Crime and Security Act*, 2002), et parfois même avant (*Terrorism Act*, 2000). La législation de 2006 permet notamment de refuser la nationalité britannique à une personne étrangère « si cela sert l'intérêt public[39] » et vise également à empêcher « la glorification » du terrorisme, « glorification » étant un terme assez vague qui donne les coudées franches pour réprimer différentes formes de dissidence. La loi de 2003 autorise la garde à vue pendant 14 jours, sans nécessaire inculpation, en pleine désobéissance de l'article 5 de la Convention européenne des droits de l'homme[40] ; en outre, elle abroge le droit de garder le silence. La loi de 2000 avait, dans l'esprit, mis fin à la notion de présomption d'innocence en matière de terrorisme présumé, puisqu'il incombe désormais à l'accusé de prouver son innocence, et non plus à l'accusation de prouver que tel ou tel

---

36. Pour un bon exemple de ce type de rhétorique, voir Melanie Phillips, Londonistan, How Britain is Creating a Terror State Within, Londres, Gibson Square, 2006.
37. Brown *renvoie à la couleur de peau des musulmans issus du sous-continent. Driving while brown est une reprise ironique de* driving while blind *(« rouler bourré »).*
38. Ces chiffres ont été révélés par le ministère de l'Intérieur en mars 2003. Voir Helena Kennedy, Just Law..., op. cit., p. 185.
39. Voir Arun Kundnani, The End of Tolerance..., op. cit., p. 177-179.
40. Voir les commentaires de l'avocate Helena Kennedy dans Just Law..., op. cit., p. 32, p. 52 ; Arun Kundnani, The End of Tolerance..., op. cit., p. 173.

suspect est bel et bien un terroriste[41]. Entre le 11 septembre 2001 et le 30 septembre 2005, 895 personnes sont arrêtées selon le *Terrorism Act* (2000), plus de la moitié sans aucune accusation[42]. Dans le même temps, le gouvernement travailliste de M. Blair tente de renouer le contact avec la minorité musulmane, surtout après les attentats de Londres. Pour ce faire, il met en place une *Muslim taskforce* dès le 19 juillet 2005. Celle-ci a pour fonction d'enquêter sur six questions : 1/ le rôle des imams et des mosquées ; 2/ comment impliquer les femmes et les jeunes ; 3/ comment les communautés locales peuvent combattre l'extrémisme ; 4/ sécurité et islamophobie ; 5/ éducation ; 6/ rapports avec la police[43]. Les associations impliquées dans le projet demandent que soient inclus un volet sur les médias[44] et un autre sur la politique étrangère britannique mais Downing Street s'y oppose. De même, le gouvernement refuse de mettre en place une commission d'enquête publique (*public inquiry*) sur les attentats, de crainte que les liens entre attentats et fiasco irakien soient établis officiellement. Cette ligne dure du Premier ministre travailliste suscite la déception, voire le ressentiment de nombreux musulmans, qui souhaiteraient que tous les enjeux nationaux et internationaux soient mis sur la table et sérieusement débattus. Ainsi, Yasmin Alibhai-Brown avance dans *The Independent* le 1er août 2005 :

> « Cette main tendue s'avèrera complètement inutile si le gouvernement s'obstine à ne pas prendre sérieusement en considération d'une part l'anxiété et la colère des musulmans qui détestent cette guerre en Irak, d'autre part notre loyauté aveugle envers les néoconservateurs américains. Comment Tony Blair ose-t-il sermonner les musulmans sur les dangers du fondamentalisme tout en restant aveuglément fidèle à la « relation spéciale » avec les États-Unis ? Si l'intégration implique de s'aligner sur une politique étrangère aussi fondamentaliste, alors

---

41. Voir Helena Kennedy, Just Law..., op. cit., p. 32.
42. Voir Arun Kundnani, The End of Tolerance..., op. cit., p. 170.
43. Voir Milan Rai, 7/7, The London Bombings, Islam and the Iraq War, op. cit., p. 150-151.
44. *Face au nombre croissant de discours islamophobes dans les médias, il existe bien une* Press Complaints Commission, *mais elle n'a aucun pouvoir coercitif, étant financièrement dépendante des journaux eux-mêmes.* Voir Elizabeth Poole et John E. Richardson (eds.), Muslims and the News Media, op. cit., p. 53-62.

très peu pour moi. Si cela requiert de fermer les yeux sur certaines violations britanniques des droits de l'homme, alors je n'en serai pas. »

L'alignement sans condition de Londres sur Washington prend pendant plusieurs années la forme d'une vassalité assumée : ainsi, ni Blair ni ses ministres n'ont vraiment réagi face au scandale de Guantanamo, où se sont retrouvés une dizaine de Britanniques et des étrangers résidant en Grande-Bretagne – parfois sans aucune raison, comme pour le plus célèbre d'entre eux, Moazzam Begg[45]. Le *Washington Post* a aussi accusé la Grande-Bretagne de prêter une minuscule île de l'océan Indien, Diego Garcia[46], pour que la CIA puisse y procéder, en toute quiétude, à des « interrogatoires en profondeur » (*interrogation in depth*), euphémisme orwellien pour éviter de parler de torture. En outre, les alliés proche-orientaux et embarrassants de Londres entachent par effet de ricochet la réputation de la démocratie britannique, surtout quand on sait que le pays lui-même compte un certain nombre d'immigrés de ces pays, dont ils exigent la démocratisation. Il n'est que de citer ce responsable de la CIA à la retraite pour s'en convaincre : « Si vous voulez un interrogatoire musclé, vous envoyez votre suspect en Jordanie, si vous voulez que quelqu'un soit torturé, alors vous l'envoyez en Syrie, et si vous voulez que quelqu'un disparaisse, sans jamais laisser de trace, alors optez pour l'Égypte[47]. » On peut espérer que le récent « printemps arabe », comme il a été appelé, changera la donne en la matière.

La métropole britannique possède ses mini-Guantanamo sous la forme des prisons de Bellmarsh et Woodhill, tous deux centres d'internement illégaux, maintes fois dénoncés par les *Law Lords*[48]. Selon la célèbre avocate spécialiste des droits de l'homme Gareth Peirce, de nombreuses personnes – musulmanes pour la plupart – y ont été internées sur la base d'allégations non étayées, sans attente d'un procès[49]. Enfin, le 31 mars 2003, John Ashcroft et David Blunkett ont signé un accord facilitant le transfert de prisonniers britanniques aux États-Unis, dans les cas de crimes visant Washington ; cet accord n'est pas bilatéral et

---

45. Voir le récit qu'en a tiré cet « ennemi combattant » né en Grande-Bretagne dans Enemy Combatant, My Imprisonment at Guantanamo, Bagram, and Kandahar, New York (N.Y.), The New Press, 2007.
46. Diego Garcia est située à 1 500 kilomètres environ au sud du Sri Lanka. Voir The Independent, 13 décembre 2003 ; The Guardian, 19 octobre 2007.
47. Cité dans Arun Kundnani, The End of Tolerance..., op. cit., p. 176-177.
48. Ibid., p. 174-175.
49. Voir The Independent, 26 juin 2005.

pose des problèmes considérables, notamment liés à la peine de mort, légale dans un pays et pas dans l'autre[50].

Ce vaste arsenal de mesures liberticides tend certes à calmer l'opinion publique, mais risque bien d'être contreproductif et de faire perdre la bataille des « cœurs et des esprits » (*the battle of hearts and minds*), tellement cruciale lorsqu'il est question de terrorisme[51]. C'est ce que déplore la grande avocate Helena Kennedy dans un jugement sans appel : « la Grande-Bretagne a une vraie expérience du terrorisme. Nous aurions dû tirer la leçon de nos erreurs commises en Irlande du Nord, lorsque nous avons pris, sans vergogne, des raccourcis avec la légalité [...] jusqu'à ce que toute une communauté se soit sentie soupçonnée et stigmatisée[52]. » Le parallèle est d'autant plus opératoire que l'enquête officielle Stevens sur les exactions pendant les années noires de l'IRA fait apparaître, dans un rapport rendu public le 17 avril 2003, des dérives passées dont la Grande-Bretagne se rend coupable, ou complice, au même moment ou presque : personnes arrêtées sur simples allégations, intimidation et internement de non-terroristes, « disparition » d'innocents dans certains cas extrêmes.

À cette liste s'ajoute l'incohérence du Labour au pouvoir. Tantôt il insiste sur la loyauté des musulmans à la Grande-Bretagne, notamment lorsque, en 2005, le Home Office commande un vaste sondage dont il ressort que 44 % des musulmans se sentent « appartenir très fortement » à la Grande-Bretagne, proportion congruente avec celles obtenues pour les hindous (42 %), les sikhs (45 %) et les noirs caribéens (44 %)[53]. Tantôt il met en place des projets dont la finalité est certes louable mais dont l'effet est de stigmatiser un peu plus la communauté musulmane. Tel est le cas du programme « Preventing Violent Extremism », lancé par Ruth Kelly en avril 2007[54]. De nombreuses associations antiracistes déplorent en effet que ce projet ne s'attaque qu'à l'extrémisme *islamiste* et non, par exemple, à l'extrême droite, afin au moins de montrer que le fléau combattu est général, et que les musulmans n'ont pas l'apanage de l'extrémisme.

---

50. Voir Helena Kennedy, Just Law..., op. cit., p. 53.
51. Voir Marc Sageman, Leaderless Jihad, op. cit., p. 156-162.
52. Voir Helena Kennedy, Just Law..., op. cit., p. 37.
53. Voir Peter Hopkins, Richard Gale (eds.), Muslims in Britain..., op. cit., p. 11.
54. Ruth Kelly était alors secrétaire d'État aux Communautés et aux autorités locales.

Au chapitre des satisfactions musulmanes toutefois, on notera qu'en décembre 2003, une loi est votée qui interdit la discrimination religieuse sur le marché du travail, afin de se mettre en conformité avec le traité d'Amsterdam (article 13)[55]. Jusqu'alors, en effet, une personne d'origine bangladaise pouvait porter plainte pour discrimination en tant que «noir» mais pas en tant que «musulman». Les sikhs et juifs, eux, pouvaient déposer une plainte en invoquant leur appartenance *ethnique*, ce qui n'est pas le cas de fois multiethniques, à l'instar de l'islam ou du bouddhisme. La loi de 2003 (*Employment Equality (Religion or Belief) Regulations*) est venue modifier cette anomalie, même si elle ne s'applique qu'au monde du travail.

Une autocritique balbutiante?

Peu après les attentats de 2005, Lord Stevens, ancien chef de la police de Londres, a publié une enquête selon laquelle 99 % des musulmans en Grande-Bretagne n'ont rien à voir avec l'islamisme, tandis que 1 % – 16 000 personnes si l'on s'en tient aux chiffres du recensement de 2001 – est lié à l'extrémisme politico-religieux. Malgré ces chiffres, un certain nombre de sondages organisés entre 2005 et 2007 semblent indiquer qu'il existe une frange de la communauté, entre 5 et 20 % selon les cas, qui peine à condamner *sans ambiguïté* les attentats de Londres. C'est l'élément sur lequel insiste Shamit Saggar dans l'essai *Pariah Politics : Understanding Western Radical Islamism and What Should be Done*[56]. Une minorité plus ou moins substantielle condamne les attentats mais, pour reprendre les termes d'une de ces études, «comprend les sentiments et les motivations à leur origine». Ce sont, comme on dit, des indécis (*fence-sitters*), qu'on rapprochera de l'expression *sneaking regarders* utilisée au plus fort des troubles nord-irlandais afin de décrire ces catholiques qui, sans être solidaires des attentats de l'IRA, étaient horrifiés par les méthodes des forces de sécurité britanniques[57]. De fait, suggère Shamit Saggar, la politique britannique s'est trop concentrée sur la nécessité de débusquer coûte que coûte des terroristes, en négligeant le soutien moral potentiel de musulmans qui, s'ils sont harcelés par la police, stigmatisés par une certaine presse, discriminés sur le marché de l'emploi, peuvent tout à fait basculer dans l'extrémisme, voire le terrorisme. Le risque est

---

55. Voir Tariq Modood, Multicultural Politics, op. cit., *p. 163*.
56. *Oxford University Press, 2010, p. 199-224*.
57. Ibid., *p. 215*.

d'autant plus grand lorsque des opérations de police tournent à la démonstration sécuritaire et au fiasco le plus complet, à l'instar du raid policier à Forest Gate (East End de Londres) en avril 2006. Au-delà de cette indécision d'une partie de la communauté, des formes d'autocritique ont bel et bien vu le jour après 2005. Tariq Modood compare deux crises fondamentales, celle des *Versets sataniques* et celle des attentats de Londres, en arguant que depuis 2005, et contrairement à 1989, s'est amorcée une véritable autocritique de la part de bien des associations, représentants ou intellectuels musulmans[58].

Ceci prend la forme d'une prise de conscience de la trop grande passivité des leaders locaux musulmans, dans la décennie qui a précédé l'attentat de 2005. Elle conduit dans un certain nombre de cas à la création de structures alternatives, remettant directement en cause des leaders qui ne sont qu'*officiellement* représentatifs de l'islam en Grande-Bretagne. D'où le foisonnement d'associations créées depuis 2005 : Progressive British Muslims en 2005, British Muslims for Secular Democracy (BMSD) en 2006, et la Quilliam Foundation en 2008, toutes instances nationales[59]. Celles-ci combattent avec autant de vigueur l'extrémisme que l'islamophobie. Ces structures s'inquiètent d'une dérive au sein du Muslim Council of Britain : en effet, quelques-unes de ses figures importantes sont proches des extrémistes du Jamaat-e-Islamia même s'ils voient quelque avantage à travailler avec le gouvernement de M. Blair, notamment en termes de subventions[60]. Évoquons enfin City Circle, association de musulmans laïcs londoniens travaillant à la City, qui organise de multiples conférences ou débats faisant intervenir des conférenciers prestigieux, musulmans et non-musulmans[61].

Comme le remarque Philippe Vervaecke, ces mouvements sont avant tout élitaires, et concentrés autour de Londres. Néanmoins, ils confèrent une visibilité médiatique à des acteurs sociaux et politiques ayant à cœur de montrer que l'on peut être musulman *pratiquant* et tout aussi critique des islamistes qu'un citoyen britannique non musulman. Surtout, ces structures puisent dans une frustration ainsi résumée par Ed Hussain,

---

58. Voir Tariq Modood et Fauzia Ahmad, «British Muslim Perspectives on Multiculturalism», Theory, Culture & Society, n° 24 (2), 2007, p. 187-188.
59. Voir le chapitre de Philippe Vervaecke dans Olivier Esteves, Emmanuelle Le Texier et Denis Lacorne, Les Politiques de la diversité..., op. cit., p. 205-221. Les sites internet de ces trois structures sont respectivement : www.pbm.org.uk, www.bmsd.org.uk et www.quilliamfoundation.org
60. Voir Arun Kundnani, The End of Tolerance..., op. cit., p. 182.
61. Consulter www.thecitycircle.com

ancien islamiste et membre fondateur de la Quilliam Foundation, qui réagit ici aux attentats de Londres :

> « Moi, un musulman modéré, ordinaire, dont la pratique religieuse est orientée vers la spiritualité, je n'avais pas de voix, comme des millions d'autres musulmans. Nous n'étions pas pour les attentats suicides, ne défiions pas des gouvernements, ne menacions pas de prendre des otages : pourquoi donc est-ce qu'on ferait la une des journaux[62] ? »

Les milliers de musulmans prenant des initiatives concrètes contre l'islamophobie et pour mieux faire connaître leur religion et leur histoire n'ont pas besoin de mises en garde culpabilisantes pour construire des passerelles avec la majorité non musulmane. Celles-ci sont si nombreuses et hétéroclites qu'il est impossible ici d'en faire un inventaire précis ; or ce sont malheureusement ces initiatives qui sont souvent passées sous silence dans l'espace médiatique britannique, français ou américain[63]. Dans la plupart des cas, l'accent est mis sur le désenclavement des mosquées et la formation des imams, sur la formation des adolescents à une citoyenneté britannique musulmane, sur les liens à nouer entre monde scolaire et mosquées, etc.

Les initiatives sont très nombreuses à travers le pays, ne se limitent pas au Grand Londres, et certaines existaient déjà quelque temps avant les attentats de 2005. C'est le cas de la «journée porte ouverte des mosquées» (*Open Mosque Day*), permettant aux non-musulmans de s'initier aux rituels principaux, aux ablutions et aux prières. Le prix de la mosquée modèle de l'année (*Model Mosque of the Year*) récompense également celles qui ont le plus œuvré pour l'ouverture à l'extérieur, l'inclusion des femmes, enfin celles dont les sermons sont en anglais. Cette évolution revêt un caractère de plus en plus urgent car compte tenu du renouvellement des générations, les plus jeunes ne parlent souvent que l'anglais.

Ceci suppose de recruter des imams anglophones, ce qui n'est pas aisé pour de multiples raisons. Les conseils des mosquées, décisionnaires en la matière, rechignent parfois à recruter des imams anglophones nés

---

62. Cité dans Ed Hussain, The Islamist : Why I joined Radical Islam in Britain, What I Saw Inside and Why I Left, *Londres, Penguin, 2007, p. 214.*
63. Voir John L. Esposito, The Future of Islam, op. cit., p. 29-31. *Ce silence médiatique génère l'incompréhension du plus grand nombre : «Pourquoi les musulmans n'ont-ils pas dénoncé la violence du 11 septembre ? »*, demande-t-on alors...

en Grande-Bretagne car ils sont plus exigeants en termes de salaires et de conditions de travail que les imams pakistanais ou bangladais parrainés, par exemple, par des chefs d'entreprise locaux. Sans oublier que le métier d'imam est assez peu rémunéré, et que nombre de jeunes prometteurs préfèrent embrasser des carrières plus attrayantes[64]. Malgré cela, des changements profonds ont eu lieu : à Bradford par exemple, on estime entre un quart et un tiers le nombre d'imams nés en Grande-Bretagne dans les quelque 80 mosquées de la ville[65].

L'évolution appelée de ses vœux par le gouvernement britannique et par un nombre croissant de musulmans est pourtant assez lente. Comme l'avance Sean McLoughlin, qui a travaillé sur les mosquées de Leeds, celles-ci font beaucoup trop souvent office de « clubs pour » les premières générations d'immigrés, qui arrivent à un âge avancé[66] ». Le fossé générationnel est donc profond, opposant les anciens qui sont, selon un jeune musulman de Leeds interrogé par un journaliste, « théologiquement instruits mais politiquement passifs », aux jeunes, « théologiquement crétins mais politiquement actifs[67] ». Enfin, dans certains cas extrêmes de très forte concentration musulmane, il arrive que des imams ne cachent pas leur mépris des initiatives interreligieuses. C'est ce que regrette George Moffat, pasteur anglican de St Paul's (Manningham, Bradford) de 1993 à 2007 : « on a contacté des imams de la mosquée deobandi de Carlisle Road, ils nous ont carrément dit "on fait pas de social, et de toute façon, à terme, on veut faire de St Paul's une mosquée"[68]. »

Des associations œuvrent afin de relier *madrasas* et établissements scolaires, soucieuses, dans un premier temps, de montrer que *madrasa* ne veut rien dire d'autre qu'école coranique, où des milliers de jeunes Britanniques passent de nombreuses heures. Le but est de tordre le cou à ce que Marc Sageman appelle la « théorie des *madrasas*[69] », schéma fort simpliste qui voit dans celles-ci le lieu privilégié d'endoctrinement des jihadistes. Les liens noués avec des écoles débouchent sur des concours de dictée ou de rédaction. Mike Latham est directeur d'une école primaire (Newby Primary) du quartier de West Bowling à Bradford,

---

64. Voir Philip Lewis, Young, British and Muslim, op. cit., p. 94.
65. Voir Olivier Esteves, Emmanuelle Le Texier et Denis Lacorne, Les Politiques de la diversité..., op. cit.
66. Voir Scotland on Sunday, 17 juillet 2005.
67. Cité dans The Guardian, 16 juillet 2005.
68. Entretien, 28 août 2008.
69. Voir Marc Sageman, Leaderless Jihad, op. cit., p. 20, p. 52.

qui compte 90 % d'élèves musulmans. Sur un mur de son bureau est accrochée une immense carte du Pakistan. Il dit :

« Chaque mois, nous avons des réunions avec tout le monde, il n'y a aucune réticence de la part des enseignants, hommes ou femmes. Les *madrasas* font un travail très important afin que les élèves aient des règles saines pour avancer dans la vie. Cette initiative est dans l'intérêt de tout le monde, pour que les élèves deviennent de bons musulmans et de bons citoyens, qu'ils travaillent dur à l'école pour obtenir un emploi qu'ils auront choisi. En fait, je suis presque surpris que nous n'ayons pas créé ces liens avant[70]... »

Tous les enseignements dont il est question ici constituent une forme hybride de conscientisation à la citoyenneté britannique *et* musulmane. Différentes universités ont signé des conventions avec des mosquées afin de valider des matières comme l'arabe, le *fiqh* (jurisprudence islamique), l'enseignement coranique. Ces modules, pour les étudiants concernés, cohabitent dans leur cursus avec les disciplines d'ordinaire enseignées sur les campus. Inversement, le Muslim College de Londres, institution mondialement respectée, est partenaire d'universités comme Birkbeck College ou School of Oriental and African Studies. On notera que le séminaire traditionaliste, deobandi, de Bury (Lancashire) a commencé à s'ouvrir depuis quelques années, proposant entre autres des cours d'anglais, d'informatique, de droit et de comptabilité[71].

Il existe outre-Manche un vrai foisonnement de démarches invitant musulmans et non-musulmans à la connaissance et au respect mutuels, par-delà les clichés islamophobes et les éditoriaux indignés des médias conservateurs. C'est sans doute ce qui fait dire à Philip Lewis qu'au final, il serait trop pessimiste de tirer pour la Grande-Bretagne une conclusion *exclusivement* négative du 11 septembre et des attentats de Londres. L'immigration depuis les années 1990 d'autres musulmans – d'Iran, de Palestine, d'Irak ou de Turquie – a certes, pour une infime minorité d'entre eux, alimenté l'islamisme et le terrorisme international mais, en règle générale, cette arrivée d'autres coreligionnaires aux obédiences et coutumes différentes a remis en cause des certitudes solidement ancrées chez les musulmans issus du sous-continent indien, largement majoritaires. L'interaction croissante entre les obédiences débouche sur

---

70. Entretien, 20 mai 2008.
71. Philip Lewis, Young, British and Muslim, op. cit., p. 102.

des projets concrets : c'est le cas de Nasiha (Citizenship Foundation), créée dans le Yorkshire et dont la dimension devient nationale[72]. Il s'agit d'un programme de citoyenneté à destination des jeunes, authentifié par des musulmans de zones géographiques très différentes, et qui met l'accent tout autant sur ce qui unit les différents citoyens de la cité (on pense à la dimension intégrationniste de la « cohésion sociale ») que sur le respect mutuel de la diversité multiculturelle, ainsi que le commande le Coran[73]. Toutes ces évolutions attestent la validité de la distinction faite par Philip Lewis, qui oppose une approche musulmane « cosmopolite » (hybride, moderne, basée sur l'échange) à une approche « transcontinentale » traditionaliste, qui importe directement l'islam d'Arabie Saoudite ou du Pakistan sur le territoire britannique[74]. Trop souvent, cette approche transcontinentale rechigne à prendre en compte le contexte historique du XXIe siècle dans l'application de préceptes coraniques nécessitant une véritable réinterprétation (*ijtihad*), ce qui ajoute une forme d'aliénation historique à l'aliénation géographique déjà notée.

---

72. Voir www.nasiha.co.uk
73. Notamment *« Nous vous avons constitués en peuples et en tribus pour que vous vous connaissiez entre vous »* (sourate XLIX, verset 13).
74. Ibid., p. 113.

Conclusion

« Je ne me souviens pas de son nom ; mais on sait à coup sûr que, de mèche avec une sage-femme, il veut répandre dans le monde entier la foi mahométane, et c'est la raison pour laquelle en France, à ce qu'on dit, la majeure partie du peuple professe déjà la foi mahométane. »
Nicolas Gogol, « Les Carnets d'un fou »,
dans *Nouvelles de Pétersbourg*, 1835

Certes, cet essai n'a pas vocation comparative, mais il est destiné à un lectorat français ou francophone qui ne manquera pas d'établir contrastes et parallèles avec la situation des musulmans en France, et avec les politiques publiques, le discours médiatique, les débats touchant à l'islam *en* ou *de* France. C'est pourquoi je souhaiterais, en conclusion, développer quelques questions seulement esquissées dans les chapitres précédents, et qui ont suscité, en France et en Grande-Bretagne, des débats parfois vifs opposant des argumentaires souvent comparables. Ceci est vrai même si un certain consensus politico-médiatique en France tend à opposer « modèle universel républicain » et univers anglo-saxon, « ce curieux amalgame servant d'éternel repoussoir aux théoriciens français », pour citer le chercheur américain John R. Bowen[1]. Après un rappel des principaux enjeux autour du concept d'islamophobie, qui fait partie du titre de cet essai, il sera question du débat autour du « communautarisme » musulman outre-Manche, en plaçant la focale sur les mariages arrangés et forcés, ainsi que sur les tribunaux musulmans et les écoles publiques musulmanes. Pour finir, quelques pronostics sur l'avenir seront proposés.

Sur l'islamophobie

Rappelons que c'est suite à un rapport du Runnymede Trust, publié en 1997, que le terme d'« islamophobie » s'est insinué dans le débat public en Grande-Bretagne. D'emblée, le concept a été attaqué, notamment par

---

1. Dans *Why The French Don't Like Headscarves, Islam, The State and Public Space*, Princeton (N.J.), *Princeton University Press*, 2007, p. 15.

certains tenants de centre-gauche d'une laïcité radicale à la française : on pense par exemple à Polly Toynbee, du *Guardian*, ou à Denis MacShane, homme du New Labour féru de culture française. Nombre de ces figures étaient des travaillistes multiculturalistes jusqu'à ce que l'affaire des *Versets sataniques* provoque chez eux un virage à 180 degrés. Polly Toynbee, éditorialiste influente, a publié un article intitulé «In Defence of Islamophobia : Religion and the State» dans *The Independent* dès la publication du rapport, arguant que l'islamophobie est tout aussi légitime que la «christianophobie», avant de préciser que si elle habitait en Israël, elle penserait la même chose du judaïsme. Elle conclut que «la religiophobie est complètement rationnelle», que «le racisme est le problème, pas l'islamophobie». À l'instar de certains antiracistes français (Dominique Sopo ou Caroline Fourest)[2], Polly Toynbee n'entend pas que la notion d'islamophobie puisse venir *compléter* le terme de racisme en le précisant lorsque cela s'y prête, à l'image «d'antisémitisme». Il est d'ailleurs cocasse que dans la même édition de *The Independent*, le 23 octobre 1997, on trouve sur une autre page un article traitant d'une étude universitaire très détaillée établissant qu'un musulman «est plus bien susceptible d'être victime de violence raciste lorsqu'il ou elle porte des symboles ou vêtements islamiques. Ceci est vrai des musulmans blancs mais aussi des Asiatiques».

On ne s'étonnera pas non plus que l'islamophobie ait été critiquée par des journalistes ou essayistes conservateurs, par exemple Melanie Phillips (*Daily Mail*) ou Rod Liddle (*The Spectator*, *The Sunday Times*)[3]. Melanie Phillips dénonce ce concept dans des accents orwelliens : l'islamophobie incarne «ce crime de la pensée qui cherche à museler une critique pourtant légitime de l'islam et à diaboliser ceux qui souhaitent dire la vérité sur l'agression islamiste[4].» On notera une affinité avec l'argumentaire du BNP qui dans une brochure déjà mentionnée entend «dire la vérité à propos de l'islam[5]». Malgré le manichéisme d'un tel discours, l'essai lui-même a rencontré un immense succès en librairie. Phillips n'y fait que s'ériger en héraut d'une liberté d'expression menacée par quelque cinquième colonne islamiste qui, à l'en croire,

---

2. *Lui-même et Caroline Fourest pensent que le terme a été inventé par la nébuleuse islamiste elle-même, sans jamais donner de détails précis. Voir Caroline Fourest*, Prochoix, n° 26-27, 2003, p. 13 ; Dominique Sopo, SOS Anti-racisme, Paris, Denoël, 2005, p. 78.
3. *Pour Rod Liddle, voir* The Independent, *2 janvier 2009.*
4. *Cité dans* Londonistan, op. cit.*, p. 21.*
5. *Tahir Abbas*, Muslim Britain..., op. cit.*, p. 59-60.*

musellerait une bonne partie des médias et empêcherait, pour rappeler l'axiome d'Orwell dans *1984*, de «dire que deux et deux font quatre» sur l'islam. Dans la réalité pourtant, défendre une liberté d'expression soi-disant menacée par une *oumma* qui imposerait une chape de plomb «politiquement correcte» aux critiques de l'islam et des musulmans, c'est avant tout s'assurer une visibilité médiatique maximale dans la mesure où de nombreux médias britanniques ou français ne sont jamais rassasiés de clichés sur l'islam[6]. C'est *fantasmer* une menace pesant sur la liberté alors que la liberté de provoquer ou d'insulter l'islam est grande – même si elle peut être risquée –, sans oublier qu'elle rapporte beaucoup financièrement, aux auteurs, éditeurs et journaux, ce qui est d'autant plus appréciable en cette période de crise profonde de la presse[7].

Le type de discours dont il est question ici finit par braquer beaucoup de musulmans, facilement enclins à percevoir de l'animosité là où il n'y en a pas nécessairement, ou à sentir une sourde hostilité lorsqu'il n'y a que de l'incompréhension. C'est à une conclusion de ce type que se livre Alain Gresh, qui cite des propos de Maxime Rodinson sur les juifs. Chez ces derniers, ce grand intellectuel perçoit « une hypersensibilité aux critiques, aux attaques, et des fantasmes interprétatifs qui décèlent des agressions, des manifestations d'hostilité, même là où il n'y en a pas, dans des attitudes, des paroles, des gestes indifférents[8].» Autant d'aspects qui ont caractérisé de nombreux musulmans en Grande-Bretagne et en Europe de l'Ouest depuis au moins une décennie. En témoigne la différence d'appréciation d'un film comme *East is East* (Damien O'Donnell, 1999), sorti en France sous le titre *Fish & Chips*, comédie burlesque traitant d'une question très sérieuse : celle du mariage arrangé. Beaucoup de musulmans y ont vu une comédie islamophobe ancrant plus profondément encore les préjugés antimusulmans, à tel

---

6. *Sur la tactique qui consiste à présenter vaillamment une opinion soi-disant très minoritaire pourtant partagée par le plus grande nombre, voir, pour la France, Mona Chollet* et al., Les Éditocrates, ou comment parler de (presque) tout en disant (vraiment) n'importe quoi, Paris, La Découverte, 2009.
7. *Il y avait surtout un calcul financier quand* Charlie Hebdo *a fait savoir, quelques jours avant sa date de parution, qu'il publierait les caricatures danoises le 8 février 2006. Cette publication a rapporté beaucoup d'argent au magazine de M. Val., et à son actionnaire principal, M. Val lui-même.* Voir Ibid., p. 187.
8. Cité dans Alain Gresh, L'Islam, la république, le monde, Paris, Fayard, 2004, p. 80. *Le texte d'origine de Maxime Rodinson est extrait de l'article «Antisémitisme éternel ou judéophobies multiples?», dans* Peuple juif ou problème juif?, *Paris, La Découverte, 1997, p. 250.*

point que l'Islamic Human Rights Commission a consacré plusieurs pages à ce film dans un rapport intitulé « The British Media and Muslim Representation : the Ideology of Demonisation » (janvier 2007)[9] : les 1 125 musulmans interrogés y ont vu un film insultant, à mettre sur le même plan que plusieurs douzaines de grosses productions hollywoodiennes comme *Aladdin* ou *Les Aventuriers de l'arche perdue*, qui recyclent sans vergogne toutes sortes de clichés sur islam, musulmans et arabes[10].

Beaucoup de non-musulmans ont au contraire décelé dans *East is East* une forte dimension d'empathie, sans trace de paternalisme, l'œuvre autobiographique d'un auteur, Ayub Khan-Din, lui-même issu d'un mariage mixte et qui montre une famille musulmane partageant de multiples points communs avec les familles britanniques « blanches ». Bref, mettre sur le même plan *Aladdin* et *East is East*, c'est, hélas, perdre le sens des nuances, celui-là même que permet une lecture attentive du rapport du Runnymede Trust en 1997.

L'hypersensibilité dont il est question ici se trouve alimentée par le discours de nombreux médias ou politiques qui, s'il est rarement *ouvertement* islamophobe, tend à amalgamer musulmans européens et musulmans du Proche-Orient, d'Asie ou d'Afrique, ou bien Arabes et musulmans, musulmans pratiquants et extrémistes, etc. Le résultat découle de l'observation faite plus haut par Maxime Rodinson dans le cas des juifs : l'islamophobie réduit au silence une autocritique qui s'exprimerait plus sereinement sans cette atmosphère de suspicion. C'est la conclusion que tire la journaliste galloise Merryl Wyn Davies, convertie à l'islam, et à qui nombre de ses collègues ont déjà demandé : « Mais comment se fait-il qu'une Galloise intelligente et sympathique comme vous puissiez vous convertir à une religion de fondamentalistes militants qui oppriment les femmes ? ». Selon elle, l'islamophobie « fournit une justification parfaite pour que les musulmans modernes se tiennent sur leurs gardes : on voit ici à l'œuvre cette culture de la récrimination qui devient essentielle pour eux, où leurs condamnations ne servent qu'à accroître leur impuissance, leur anomie, leur frustration[11]. »

---

9. *Le rapport est disponible à l'adresse suivante :* www.ihrc.org.uk. *On lira avec intérêt la critique plus subtile faite du film dans Amrit Wilson,* Dreams, Questions, Struggles, op. cit., *p. 131-134.*
10. *Voir l'étude de quelque 900 films où apparaissent de « méchants Arabes » dans Jack Shaheen,* Reel Bad Arabs : How Hollywood Vilifies a People, *New York (N.Y.), Olive Branch Press, 2001. Un documentaire a été fait de ce livre,* www.reelbadarabs.com
11. Citée dans New Internationalist, *mai 2002, n° 345.*

Ces sentiments diffus sont bien vite instrumentalisés par des élites politiques ou religieuses locales, dont le fonds de commerce est l'exploitation victimaire, un fait noté une fois encore par Maxime Rodinson dans le cas des juifs[12]. En fin de compte, l'exhortation à «devenir moderne» coûte que coûte accroît le repli sur soi de nombreux musulmans, et consolide le terreau de l'islamophobie et celui des extrémismes de toutes sortes. Ian Buruma, dans un essai consacré au meurtre de Théo Van Gogh et au débat sur la place des musulmans aux Pays-Bas, décrit assez finement les discours enflammés d'Ayaan Hirsi Ali, cette Somalienne un temps réfugiée en Hollande, convaincue que l'islam lui-même constitue la cause de l'oppression de nombreuses femmes et de l'obscurantisme des hommes. Arguant que «nous devons [...] donner aux migrants ce dont ils manquent dans leur propre culture: la dignité individuelle», Ayaan Hirsi Ali ne mesure pas la condescendance de tels propos, pas plus qu'elle ne mesure, en zélote de l'athéisme, à quel point la dignité personnelle, pour beaucoup de musulmans, passe par la pratique de la religion elle-même. Ian Buruma conclut ainsi: «Ayaan Hirsi Ali a fini par prêcher à ceux qui étaient déjà convaincus, et par aliéner ceux-là mêmes qu'elle devait convaincre[13].»

Loin de nous l'idée de prétendre que le terme d'islamophobie est idéal. Par galvaudage, on peut déplorer qu'il ait perdu une partie de son sens, et qu'il ait été, en effet, instrumentalisé par des islamistes ou sympathisants d'islamistes veillant à faire taire leurs critiques. L'islamophobie ne doit pas empêcher la critique d'une ou des religions en général[14]. Elle doit surtout être analysée sereinement et prudemment par des chercheurs en sciences sociales, afin de montrer qu'elle n'est pas

---

12. «*Cette mythification de l'hostilité ressentie est souvent utilisée, plus ou moins consciemment, par les cadres dirigeants du groupe visé dans des buts réalistes, stratégiques et tactiques. Ils élaborent une idéologie d'intouchabilité, favorablement accueillie par la communauté, le groupe qu'ils guident, car elle légitime ses réactions spontanées, elle en fait pratiquement un groupe tabou*» (dans Maxime Rodinson, Peuple juif..., op. cit., p. 251).
13. Cité dans Ian Buruma, On a tué Théo Van Gogh, Essai sur la fin de l'Europe des Lumières, *Paris, Grasset, 2006, p. 195. Le titre original anglais est*: Murder in Amsterdam, Liberal Europe, Islam and the Limits of Tolerance. *Il n'évoque jamais les «Lumières», choix éditorial français d'autant plus étrange que Buruma lui-même se méfie des «fondamentalistes des Lumières» (Ayaan Hirsi Ali et d'autres) dans son livre. Pour une critique typique de la démarche d'Hirsi Ali (même si elle n'est pas mentionnée), voir* John L. Esposito et Dalia Mogahed, Who Speaks for Islam?..., op. cit., p. 155-156.
14. *Voir le rapport de la fondation Quilliam sur ces questions*: www.quilliamfoundation.org

qu'un énième «gros concept», comme aurait dit Gilles Deleuze, qui au lieu d'aider à penser les situations empêche précisément de les penser. Même si le terme est certes utilisé à des fins politiques par certains islamistes, son utilisation par des autorités publiques et des grands médias de qualité (*The Guardian*, *The Independent*, BBC) doit permettre de rendre compte du caractère nocif de préjugés antimusulmans qu'il ne faut pas cesser de combattre : cette mobilisation doit permettre, justement, à un maximum d'indécis musulmans de ne pas basculer vers l'islamisme. C'est en cela qu'un récent rapport de la fondation Quilliam peut être critiqué : l'«islamophobie», selon l'utilisation qu'on en fait, peut certes alimenter l'islamisme en lui fournissant un terme repoussoir disqualifiant ses critiques, mais peut tout aussi bien servir à lutter contre lui s'il est utilisé prudemment par des acteurs politiques ou médiatiques sérieux.

Tous les jours, les termes de «racisme» et d'«antisémitisme» sont vidés d'une partie de leur sens eux aussi, le premier à travers un certain discours antiraciste dont on a analysé certaines limites évidentes dans ces pages, le second par ceux qui veulent faire taire toute critique de la politique israélienne dans les territoires occupés. Or, même si certains sociologues (Loïc Wacquant) enjoignent leurs collègues d'utiliser «racisme» avec le plus de précaution possible[15], il n'a jamais été question d'*abandonner* des concepts qui continuent, plus que jamais, de demeurer indispensables au débat public. Il me semble qu'il en va de même pour «islamophobie» ou pour d'autres termes qui ont aussi leurs limites, à l'instar de «diversité» (terme critiqué par Walter Benn Michaels) ou même «exclusion» (cette «notion-piège» selon Robert Castel[16]).

Dans son rapport de 1997, mais aussi dans la deuxième version publiée en 2004, le Runnymede Trust avoue que le terme pose différents problèmes (notamment de clarté), mais qu'au final, il est souhaitable qu'il puisse compléter ceux de racisme et d'antisémitisme dans la lutte contre des discriminations qui sont raciales, ethniques mais aussi religieuses[17]. Dans un jugement de la Haute Cour britannique le 3 juillet 2003, un distinguo utile a d'ailleurs été opéré entre une «insulte envers les

---

15. Voir les propos de Jim Cohen, dans Olivier Esteves, Emmanuelle Le Texier et Denis Lacorne, Les Politiques de la diversité..., op. cit., p. 74.
16. Voir Robert Castel, La Montée des incertitudes..., op. cit., *Paris, Seuil, 2009, p. 339-360*.
17. Voir The Runnymede Trust, Islamophobia, a challenge for us all, op. cit., p. 1 ; Richard Stone (ed.), Islamophobia : Challenges and Action, op. cit., p. 9.

principes d'une religion» et les «insultes ou intimidations des fidèles d'une religion[18]», le terme d'islamophobie pouvant lui-même prêter à une certaine confusion, comme l'ont noté en Grande-Bretagne et en France des figures aussi diverses que Kenan Malik, Salman Rushdie ou Antoine Sfeir[19]. Faudrait-il pour autant distinguer l'«islamophobie» de la «musulmanophobie»? Je n'en suis pas convaincu. Si ces distinctions permettent d'alimenter des discussions intéressantes lors de colloques universitaires, il reste que, sur le terrain, des paroles insultantes à l'égard d'une religion peuvent être interprétées comme des propos portant directement atteinte aux croyants eux-mêmes, en tout cas si cette religion constitue un pan essentiel de leur identité. Comme souvent, le parallèle avec l'Irlande du Nord est éclairant : Ian Paisley, cet extrémiste protestant, n'a eu de cesse pendant sa longue carrière de marteler qu'il ne «déteste pas les catholiques» mais qu'il s'oppose vigoureusement à la *religion* catholique, dans des termes fielleux souvent appréhendés comme autant d'insultes personnelles par les catholiques de Derry ou Belfast[20].

Communautarisme

Peu de mots sont aussi flous, négatifs et prisés des acteurs médiatiques du débat public que celui de «communautarisme», notamment depuis le début des années 2000. «Gros concept», ce terme est sans doute le seul à faire l'unanimité à travers l'échiquier politique français de l'extrême droite à l'extrême gauche[21], jusqu'à souvent inclure des antiracistes ou des musulmans eux-mêmes, qui s'infligent une forme de violence symbolique par le recours à un mot dont l'usage vise principalement à disqualifier, en la rendant suspecte, tout ou partie de leur communauté. La logique d'ensemble est ici la même que lorsque des élus syndicaux français

---

18. Richard Stone (ed.), Islamophobia : Challenges and Action, op. cit., p. 32.
19. Voir Kenan Malik, «The Islamophobia Myth» dans Prospect, février 2005. Pour Salman Rushdie et Antoine Sfeir, voir «L'appel des douze», publié dans L'Express, 2 mars 2006.
20. Voir John D. Brewer, Anti-Catholicism in Northern Ireland, 1600-1998, The Mote and the Beam, Londres, Macmillan, 1998, p. 105-115.
21. Voir Laurent Lévy, Le Spectre du communautarisme, Paris, éditions Amsterdam, 2005, p. 9-10. Le même auteur raconte dans La «Gauche», les arabes et les noirs (Paris, La Fabrique, 2010) comment des professeurs affiliés à la Ligue communiste révolutionnaire (LCR) et à Lutte ouvrière (LO) étaient très actifs (contre le voile) dans un des scandales du voile de 2003-2004, au lycée d'Aubervilliers.

déplorent publiquement «le dégraissage» dans certaines entreprises, anticipant ensuite «une forte grogne» parmi les employés. En Grande-Bretagne, une violente critique du «communautarisme» existe également, mais la langue anglaise (cela vaut aussi outre-Atlantique) ne possède pas de mot unique à la puissance d'évocation aussi forte que celui de «communautarisme» – et notamment, on l'a vu, parce que le terme «communauté» (*community*) qui en constitue la racine est généralement connoté très positivement, malgré son caractère flou. Sans oublier que les Anglo-Saxons en général, comme ils le disent volontiers, ne méfient des «-ismes» et aiment à se penser plus pragmatiques que les Français. Néanmoins, surtout depuis le 11 septembre, différentes expressions évoquant un communautarisme musulman qui prendrait des proportions alarmantes ont été utilisées et reprises avec enthousiasme dans l'espace médiatique : on pense ici à «vies en vase clos» (*parallel lives*), «mentalité de ghetto» (*ghetto mentality*), «autoghettoïsation» (*self-ghettoisation*), le tout dans un pays en proie à «une dérive somnambulesque vers le communautarisme» (*sleepwalking to segregation*) pour reprendre la métaphore de Trevor Phillips utilisée en septembre 2005. Enfin, l'utilisation très fréquente du terme de «ghetto» pour évoquer des quartiers bien plus divers en termes ethniques que la plupart des quartiers de classes moyennes ou aisées participe de la même logique[22] : les minorités, surtout les musulmans, veulent demeurer entre elles, cultivent un différentialisme relevant de la pathologie, doivent impérativement s'ouvrir aux autres, etc. L'intégration, loin d'être une responsabilité politique de l'État, devient une injonction faite aux individus musulmans, sommés de s'intégrer (compris au sens de s'assimiler). Historiquement, il est intéressant de noter que cette perception d'un communautarisme parmi les minorités visibles précède en réalité la constitution de quartiers ethniques, comme le fit remarquer la sociologue Ruth Glass dès 1961[23]. Concrètement, on déplorait que les Caribéens demeurent entre eux, ne se mélangent pas, alors même qu'ils étaient éparpillés dans différentes grandes villes avant que des enclaves ethniques comme Brixton ou Handsworth (Birmingham) ne voient le jour. Aujourd'hui, on corrèle volontiers extrémisme (et même terrorisme) à ce que l'on voit comme

---

22. Voir différentes données statistiques dans Nissa Finney et Ludi Simpson, "Sleepwalking to Segregation?", op. cit., p. 136-142.
23. Voir Ruth Glass, Newcomers : West Indians in London, Londres, Allen & Unwin, 1961, p. 213.

l'extrême autoségrégation résidentielle des musulmans. Dans la réalité, Nissa Finney et Ludi Simpson montrent bien que les rares données disponibles semblent indiquer que les personnes arrêtées par Scotland Yard ne proviennent pas toutes de supposés «ghettos» musulmans : entre août 2004 et octobre 2006, dix-sept personnes arrêtées pour des soupçons de terrorisme viennent de zones urbaines à forte concentration musulmane (au moins 18 %) ; 16 personnes arrêtées pour les mêmes raisons viennent de villes petites ou moyennes comptant moins de 1 % de musulmans[24].

Aux États-Unis également, il est de bon ton de pointer le communautarisme des noirs, qui aiment rester entre eux, et celui des Latinos, qui s'obstinent à utiliser la langue espagnole[25]. Pourtant, l'histoire de l'évolution urbaine depuis 1945 se résume presque à un scénario inverse : les blancs fuient les quartiers où s'installent des noirs, pour le grand bonheur des promoteurs immobiliers, dont quelques-uns sont noirs, d'ailleurs. Eduardo Bonilla-Silva évoque ce communautarisme ethnique et social des blancs comme la cause elle-même d'une perception, chez les blancs, d'un communautarisme au sein des minorités. Il s'agit selon lui d'une projection classiquement freudienne[26] : ainsi, habitants des beaux quartiers de Londres, New York ou Paris, symboles d'un «entre-soi» de classe, liraient dans *The Spectator*, *L'Express* ou *Newsweek* des articles décrivant la dérive communautariste de minorités notamment musulmanes. Rien de bien original ou nouveau à travers ce schéma : dans l'étude classique de Norbert Elias sur les structures de l'exclusion sociale, on découvre les antagonismes entre habitants d'un village, et ceux d'une zone de relégation appelée le «lotissement». On y lit, au détour d'une étude sur la fonction des commérages, que «les "villageois" rejetaient l'autre groupe comme un ramassis de marginaux cosmopolites tout en les empêchant, par leurs médisances, de participer à la vie communautaire. Et ils leur faisaient également grief de s'en tenir à l'écart[27].»

On peut de façon simplement démographique retourner l'argument du communautarisme contre les majorités des pays ici considérés : en effet,

---

24. *Ce travail se base sur les données publiées dans* The Guardian *et* BBC Online. *Voir* "Sleepwalking to Segregation?", op. cit., *p. 109*.
25. *Sur ce dernier point, voir Samuel Huntington*, Who are We? The Challenges to America's National Identity, New York (N.Y.), Simon & Schuster, 2004.
26. *Voir* Racism without Racists, op. cit., *p. 63-66*.
27. *Cité dans* Logiques de l'exclusion, op. cit., *p. 213*.

dans les liens de socialisation quotidiens, au travail, dans la rue, dans les transports en commun, les minorités ethniques quelles qu'elles soient ont, par leur simple statut de *minorités*, beaucoup plus de chance d'interagir avec des membres de la minorité blanche que l'inverse. Ainsi, en Angleterre, une vaste étude du *Citizenship Survey* montre que plus de 50 % des blancs déclarent ne pas avoir d'amis non-blancs, tandis que 20 % des minorités ethniques en moyenne (cela inclut les Pakistanais et Bangladais) déclarent n'avoir que des amis au sein de leur minorité[28].

À un niveau plus strictement religieux, un musulman pratiquant a davantage de chance d'être familiarisé avec la religion chrétienne que l'inverse. Il y a une raison simplement historique à cela : l'islam est né plusieurs siècles après le christianisme dont il s'inspire. La conséquence est simple : de nombreux musulmans sont pleinement conscients de tout ce qui les unit aux chrétiens, si l'on pense à leur connaissance de récits comme celui d'Adam et Ève, de l'Arche de Noé, des Dix Commandements, de David et Salomon, pour ne citer que ces points communs[29]. On rappellera à cet égard l'étude de John Brown sur la ville de Bedford (nord de Londres) dans les années 1970, où les musulmans pakistanais interrogés sentent une affinité particulière avec le christianisme. Plus près de nous, une vaste étude réalisée par Gallup – étalée sur six années, depuis 2000 – montre que 91 % des musulmans en France ont une opinion favorable du christianisme, 71 % des musulmans en Grande-Bretagne, 69 % des musulmans en Allemagne[30].

À l'inverse, combien de chrétiens, pratiquants ou non, ont conscience des préceptes les plus simples de l'islam ? Parmi les directeurs de la CIA, tous passés par les meilleurs campus américains, John L. Esposito rappelle que presque personne ne connaissait les distinctions les plus simples entre islam chiite et islam sunnite, en 2000 comme en 2005[31]. Historiquement, la majorité de l'opinion occidentale se trouvait dans une situation où, avant la révolution iranienne et l'émergence d'un nouvel ennemi international, elle ignorait tout ou presque de l'islam et où, depuis lors, elle est régulièrement abreuvée de termes interprétés de façon strictement monovalente et systématiquement négative,

---

28. Nissa Finney et Ludi Simpson, "Sleepwalking to Segregation?", op. cit., p. 97.
29. Sur cette conscience chez les musulmans, voir par exemple John L. Esposito, The Future of Islam, op. cit., p. 40.
30. Ibid., p. 159.
31. Ibid., p. 50-51.

qu'elle pense peut-être connaître (par simple familiarité phonétique) mais qu'elle ne connaît pas : *imam*, *madrasa* sans oublier bien sûr *jihad* (lié au 11 septembre), *fatwa* (lié à l'ayatollah Khomeiny et à Salman Rushdie), *charia* (lié aux Talibans afghans).

On notera que le « communautarisme » – surtout social – des blancs n'est jamais appréhendé en tant que tel précisément parce que l'identité blanche n'est elle-même presque jamais débattue. C'est sans doute pourquoi dans le discours public, en langue française ou anglaise, il n'y a pas de terme ou d'expression adéquate, à la forte puissance évocatrice, afin de qualifier ce « communautarisme social », expression qui peut sembler étrange pour beaucoup. Analysant ce phénomène en France dans le milieu scolaire, Agnès Van Zanten parle d'un « "entre soi" à la fois social et ethnique » qui bénéficie d'une « grande invisibilité sociale », masquant les effets délétères d'une « parentocratie » scolaire où les stratégies d'évitement apparaissent nombreuses et complexes[32].

Évoquer le « communautarisme musulman » ne surprend personne, tant l'expression a été banalisée, et même si l'on est bien en peine de *définir* ce que ce communautarisme recouvre précisément ; quant à « entre soi social », ou « communautarisme social », bien qu'omniprésent en tant que stratégie d'évitement des classes ouvrières et des minorités ethniques visibles, l'expression surprend, interpelle, suscite toutes sortes de questionnements.

Dans l'étude de Bonilla-Silva sur les États-Unis, les personnes interrogées n'envisagent pas cette hyper-ségrégation blanche comme une donnée problématique : puisque les blancs sont en majorité, alors on tend à considérer le fait de côtoyer des blancs comme la norme. Implicitement, il incombe donc aux minorités de s'intégrer elles-mêmes au sein de pays où la majorité est souvent rétive à cette intégration (d'abord résidentielle), et où un « habitus blanc » imperméable génère une culture de la solidarité inconsciente entre membres de la majorité, solidarité qui peut très bien ne pas être explicitement exclusive ou « raciste » au départ, ce qui renvoie à l'essence du « contrat racial » analysé par le sociologue Charles Wright Mills[33]. Cette solidarité inconsciente est particulièrement à l'œuvre dans le domaine de l'emploi,

---

32. Cité dans Didier Fassin et Éric Fassin (dir.), De la Question sociale à la question raciale ?, op. cit., *p. 197-201*.
33. *Pour une analyse de la Grande-Bretagne sur la base de ce contrat racial de Mills, voir Simon Clarke et Steve Garner,* White Identities, a Critical Sociological Approach, op. cit., *p. 24-27.*

lorsqu'un membre de la majorité blanche recommande à son supérieur le recrutement d'un ami, très souvent issu de la majorité également. On peut également penser que la critique violente du communautarisme musulman relève d'une forme de jalousie. Jalousie, d'abord, par rapport à la vitalité d'une religion, par exemple chez des chrétiens pratiquants qui observent, à Londres ou à Paris, que leurs lieux de culte sont délaissés ou carrément remplacés par des cafés Starbucks ou par des magasins de prêt-à-porter. Mais jalousie surtout par rapport à l'importance du lien social et de la solidarité au sein de la minorité musulmane, car les appréciations de l'extérieur sont souvent aveugles à certains clivages internes : des travaux ont été faits en ce sens parmi les blancs de l'East End londonien, qui assistent au démantèlement de leur communauté symbolisé par des expressions péjoratives telles que *chav(ette)* ou *white trash* alors que les Bangladais, eux, s'entraident remarquablement[34]. Dans le nord de l'Angleterre et dans les Midlands, la réussite individuelle, celle des jeunes filles à l'université par exemple, est presque systématiquement associée chez elles à leur «contribution à la communauté» ; le rêve utilitariste d'une vie à l'abri du besoin est très souvent lié au besoin intériorisé de venir en aide à la *biraderi*[35].

La jalousie dont il est question ici est souvent commentée chez des classes ouvrières décimées, notamment par Didier Lapeyronnie pour la France[36], mais cela ne devrait pas donner l'impression que les ouvriers ont le monopole du ressentiment racial. En effet, la notion de «racisme ouvrier» n'a pas beaucoup de sens en soi, notamment «parce qu'elle procède, fondamentalement, par abstraction des conditions sociales d'existence du groupe ouvrier[37]». En outre, le «communautarisme» supposé des musulmans suscite le ressentiment et la jalousie d'une partie de la population allant bien au-delà des «petits blancs». En Grande-Bretagne, l'implantation du BNP dans des zones de classe moyenne et des zones rurales l'atteste clairement[38].

---

34. Voir *Geoff Dench* et al., The New East End : Kinship, Race and Conflict, Londres, *Profile Books, 2006*.
35. Voir *Yasmin Hussain et Paul Bagguley*, Moving on Up : South Asian Women and Higher Education, *Stoke-on-Trent, Trentham Books, 2007*.
36. Voir *Le Ghetto urbain*, op. cit., p. 407, notamment «*les blancs ont l'impression que les Maghrébins sont plus solidaires, plus unis et savent tirer parti de cette unité*».
37. Cité dans Didier Fassin et Éric Fassin, De la question sociale à la question raciale ?, op. cit., p. 87.
38. Voir The Independent, 28 mars 2010.

Considérons à présent trois questions qui en fournissent de bonnes illustrations : mariages arrangés et forcés, tribunaux musulmans, enfin écoles musulmanes. La pratique du mariage arrangé s'inscrit dans une tradition sud-asiatique qui n'est pas associée à une religion en particulier. Bhikhu Parekh précise d'ailleurs que cette institution est considérée comme centrale dans la culture sud-asiatique[39]. La distinction entre mariage arrangé et mariage forcé est ensuite fonction du degré de négociation dans le choix d'une épouse ou, le plus souvent, d'un époux. De fait, de multiples nuances existent selon la possibilité – nulle, sensible, forte ou totale – de négocier le mariage ; depuis 1945, il apparaît clairement que, parmi tous les musulmans installés en Grande-Bretagne, ce sont les Pakistanais et les Bangladais qui ont eu les possibilités les plus réduites de négocier l'identité de leur époux ou épouses, et que les Chypriotes turques, à l'inverse, ont joui d'une latitude très grande en la matière[40]. Chez les communautés du sous-continent indien, on a souvent affaire à des « présentations arrangées », dans le cadre de grandes fêtes organisées dans des salles louées, voire conçues à cet effet, ce qui permet d'assurer des rencontres au sein de la communauté, et si possible de la même caste[41]. Ceci constitue une activité économique fort lucrative : agences matrimoniales traditionnelles, à l'image de Suman Marriage Bureau établi à Southall dès 1972[42], ou plus récemment agences organisant des séances de speed dating, comme Apna speed-dating ou AsianSpeedD8, qui toutes deux ont fait se rencontrer des dizaines de milliers de personnes depuis leur lancement en 2003-2004[43]. Une telle association entre l'ultra-modernité de ces méthodes de rencontre et la tradition religieuse n'a rien de surprenant : le speed dating lui-même fut inventé à la fin des années 1990 par un rabbin de Los Angeles, Yaacov Deyo, afin de s'assurer que les juifs de Beverly Hills ne contractent pas de mariage mixte.

D'autres rappels historiques s'avèrent nécessaires. En 1980, le gouvernement Thatcher avait mis en place la loi dite de *primary purpose*, ou « objectif principal », selon laquelle il incombait désormais aux demandeurs de visa d'apporter la preuve aux autorités que leur but en immigrant était de retrouver leur époux ou épouse, et non de

---

39. Bhikhu Parekh, Rethinking Multiculturalism, Cultural Diversity and Political Theory, Londres, Palgrave Macmillan, 2006, p. 274-275.
40. Voir Humayun Ansari, The Infidel Within..., op. cit., p. 277.
41. Voir Sanjay Suri, Brideless in Wembley, op. cit., p. 191.
42. Voir www.s-m-b.com
43. Voir www.asianspeedd8.com et www.apnaspeeddating.com

s'installer en Grande-Bretagne[44]. Assez vite, la seule notion de *primary purpose* pour les familles d'immigrés devint anathème. En effet, tous les demandeurs de visa, mariés ou souhaitant se marier, durent sacrifier à un rituel assez embarrassant : répondre aux questions intrusives d'agents des services d'immigration. Ces questions incluaient souvent des détails sur la vie quotidienne, voire privée, tels que : « De quel côté du lit votre mari dort-il ? Dans quelle position ? Quel dentifrice utilise votre épouse ? ». La Cour européenne des droits de l'homme a d'ailleurs condamné à plusieurs reprises ce principe du *primary purpose*.

Une des premières mesures décidées par le gouvernement d'Anthony Blair fut d'abolir la législation thatchérienne. Par ce geste, M. Blair montra qu'il entendait remercier les minorités ethniques, dont certains membres de renom avaient apporté leur contribution à la victoire du parti travailliste en 1997. Malheureusement, les effets contreproductifs de l'abolition de cette loi ont été multiples, comme l'illustre de façon manifeste la période 1997-2007. En effet, les pressions familiales pour faire venir un mari ou une épouse du Pakistan ou du Bangladesh se sont accrues de façon très sensible, à présent que le frein de « l'objectif principal » avait été levé. Les chiffres du Home Office reflètent cette évolution : ainsi, on compta en tout 1 560 demandes de visas de maris potentiels issus du Pakistan en 1996, contre 5 080 en 1998, soit juste après l'abolition de la loi[45]. Or, l'augmentation de mariages transcontinentaux s'accompagne arithmétiquement d'une augmentation du nombre de mariages forcés, avec quelques tragédies dont la presse populaire aime à faire ses gros titres.

La situation a évolué depuis 1999-2000. Le gouvernement travailliste a dû à plusieurs reprises revoir sa copie : d'abord en retardant l'âge légal pour effectuer une demande de visa, fixé à 18 ans en 2003, puis à 21 ans en 2007 ; ensuite, en déclarant illégaux les mariages forcés (loi de 2007), ce qui permet officiellement aux jeunes femmes de se retourner contre leur famille avec l'appui des tribunaux, scénario qui, dans la pratique, est assez inimaginable[46]. M. Blair et d'autres, comme

---

44. Sur ces questions, voir Randall Hansen, Citizenship and Immigration in Post-War Britain, Oxford, Oxford University Press, 2000, p. 230-232 ; Ian R. G. Spencer, British Immigration Policy since 1939, the Making of Multi-Racial Britain, Londres, Routledge, 1997, p. 147-148.
45. Selon les chiffres donnés par la BBC dans « Newsnight », 12 août 1999.
46. Voir Anne Phillips, Multiculturalism Without Culture, op. cit., p. 119-123. On peut y lire une comparaison intéressante entre les différentes approches européennes en matière de mariage forcé.

Lord Anthony Lester, ont souhaité faire du mariage forcé un délit à part entière. Néanmoins, des acteurs associatifs de premier plan, comme Amrit Wilson, déplorent le Janus bifrons blairiste : d'un côté, on légifère tous azimuts, de l'autre, on opère des coupes claires dans les subventions aux associations qui, depuis des décennies, défendent les femmes des minorités ethniques, à l'instar de Southall Black Sisters[47].

Ann Cryer, députée travailliste du West Yorkshire en croisade nationale contre les mariages arrangés, décrit la situation en ces termes :

« Lorsqu'on évoque tabac, alcool, obésité, on parle de « question de santé publique », ce qui implique que chacun d'entre nous fasse un effort pour inviter son voisin à adopter un autre style de vie. Il devrait en être de même s'agissant de la communauté asiatique. Ils doivent adopter un autre style de vie, et chercher mari ou femme en dehors de leur cercle familial[48]. »

Il y a ici une façon pour le moins maladroite de pointer une pratique culturelle relative à la famille et la procréation, qui se trouve mise sur le même plan que tabagisme, fréquentation assidue du pub et des McDonald's. Ces propos témoignent en outre d'une pathologisation de la communauté musulmane, dépeinte comme un groupe « en crise », complètement responsable des problèmes qu'elle rencontre et qui a besoin de « médecins » experts extérieurs afin d'éradiquer ses propres virus. Cette pathologisation emprunte volontiers, même chez des travaillistes comme Ann Cryer, au discours conservateur américain sur la « sous-classe » chez Dinesh D'Souza, Charles Murray ou Richard J. Herrnstein.

Le « communautarisme » des musulmans est également illustré par le débat souvent caricatural sur les tribunaux musulmans et sur les écoles publiques musulmanes. Revenons succinctement ici sur chaque question.

La « peur d'une chariacratie[49] » à l'anglaise est apparue avec le tollé provoqué par les propos de l'archevêque anglican Rowan Williams le 7 février 2008, pour qui il était inévitable que des aspects de la *charia*

---

47. Voir Amrit Wilson, « The Forced Marriage Debate and the British State », Race & Class, 2007, 49 (1), p. 26-36.
48. Citation et statistiques fournies par la BBC dans « Newsnight », 16 novembre 2005. Ann Cryer pointe implicitement ici les problèmes génétiques que peut causer l'endogamie.
49. C'est le titre d'un chapitre dans Kathleen M. Moore, The Unfamiliar Abode : Islamic Law in the United States and Britain, Oxford, Oxford University Press, 2010, p. 103-128. « Sharia'cracy » renvoie au départ aux provinces du nord du Nigéria.

puissent être reconnus dans le droit anglais, ce qui existe déjà dans les faits[50]. L'arrivée en masse de musulmans a induit, après au moins deux décennies de présence, la mise en place de tribunaux, ou «conseils de la *charia*», ayant le sens anglais de *tribunal* plutôt que *court*: on entend par là qu'il s'agit d'instances non officielles qui, en l'occurrence, reposent entièrement sur la volonté également partagée de deux ou plusieurs parties de voir régler certains différends par une instance religieuse, notamment en matière de divorce, de problèmes liés à la propriété de biens immobiliers, etc. Ces tribunaux ont des prérogatives limitées. Comme le dit le juge Gerald Butler, «[c]e que ces tribunaux ne peuvent pas faire, c'est s'immiscer sur le terrain judiciaire. Cela ne doit jamais arriver[51]».

Ce tollé est d'autant plus étrange que ses propos étaient très mesurés, prononcés de surcroît devant un parterre d'éminents juristes à la Royal Courts of Justice de Londres[52]. La reconnaissance que Rowan Williams évoque est avant tout d'ordre *pragmatique*, puisque ces tribunaux existent depuis des années. Le tollé dont il est question tient principalement au manichéisme britannique (et occidental) autour de la *charia*, qui repose sur l'utilisation quasi systématique du singulier, comme lorsqu'on évoque *la* loi islamique[53]. Or, en Grande-Bretagne comme ailleurs, la *charia* est une notion mouvante, en constante négociation, faisant référence – si l'on se limite à l'outre-Manche – à au moins sept systèmes d'interprétations, qui renvoient aux principales obédiences musulmanes[54].

Quelle que soit l'opinion qu'on a de ces tribunaux – et les travaux de juristes ou sociologues sur la question sont encore trop peu nombreux –, force est de reconnaître qu'ils participent d'une véritable continuité historique, et ce pour trois raisons. Premièrement, ceux-ci ne diffèrent guère de leurs homologues juifs, par exemple le prestigieux Beth Din de Londres. À la fin du XIXe siècle, avec l'arrivée massive d'immigrés juifs d'Europe de l'Est, ce tribunal jugea de très nombreux différends entre personnes consentantes, allégeant ainsi la charge de travail des tribunaux civils[55]. Deuxièmement, l'histoire coloniale britannique en

---

50. Pour le script de l'entretien, voir www.archbishopofcanterbury.org
51. Cité dans BBC News, *28 novembre 2006*.
52. Voir Tariq Modood, Still not Easy..., op. cit., *p. 61-62*.
53. Voir le rapport de la Quilliam Foundation sur ces questions, op. cit.
54. Voir Kathleen M. Moore, The Unfamiliar Abode..., op. cit., *p. 115*.
55. Voir Lloyd P. Gartner, The Jewish Immigrant in England, 1870-1914, Londres, Allen & Unwin, 1960, p. 180.

Inde montre bien que les autorités ont souvent préféré, notamment après la révolte des Cipayes (1857-1858), déléguer à des représentants religieux communautaires certains pouvoirs en matière de justice administrative dans le but de satisfaire ces élites et d'économiser de l'argent. On touche ici à la troisième raison historique, liée à l'application de politiques néolibérales depuis les années Thatcher : au sein d'une société où se multiplient les partenariats public-privé et où les gouvernements successifs embrassent (sans nécessairement le dire) la notion d'un État minimum au sens de Hayek, il est historiquement logique qu'on délègue à des acteurs privés – fussent-ils religieux et musulmans – des décisions touchant aux litiges financiers, aux mariages ou, surtout, aux divorces[56].

Les divorces prononcés et reconnus par les tribunaux islamiques ou juifs ne peuvent pas remplacer le divorce civil et, dans le cas des musulmans, nombre de femmes souhaitant quitter leur époux obtiennent l'assentiment d'une institution religieuse, ce qui leur permet ensuite de se remarier sans être couvertes d'opprobre par la communauté. Les associations de femmes musulmanes (comme le Muslim Women Helpline) savent gré à ces tribunaux d'officialiser la volonté de séparation de centaines de ces femmes[57]. D'ailleurs, ces institutions religieuses s'avèrent souvent plus efficaces que leurs équivalents civils lorsque des femmes musulmanes demandent, après un divorce réclamé par leur mari, de recouvrer le *marh*, cette somme d'argent laissée de côté pour l'épouse au moment où le mariage a été contracté.

Beaucoup de femmes musulmanes ignorent l'existence de ces tribunaux et découvrent avec satisfaction qu'elles peuvent obtenir un divorce reconnu par un de ces conseils de la *charia*. Néanmoins, il serait abusif de considérer ces instances comme de véritables structures d'aide aux femmes musulmanes, même si ces dernières y ont beaucoup plus recours que leurs homologues masculins. Dans les *sharia councils*, il arrive que la culture patriarcale domine, à tel point que certaines femmes ont déploré ne pas avoir été vraiment entendues, ou bien ont ressenti un manque de confiance à leur égard, voire ont été choquées de ce que des juges ne soient pas prêts à entendre leurs plaintes contre des maris adultères, violents ou polygames[58]. De toute évidence, ces tribunaux

---

56. *Sur ces deux points, voir* Kathleen M. Moore, The Unfamiliar Abode..., op. cit., *p. 110, p. 127.*
57. Voir BBC News, *11 février 2008.*
58. *Voir* Kathleen M. Moore, The Unfamiliar Abode..., op. cit., *p. 122-125.*

ne sont pas parfaits, pas plus que les tribunaux civils britanniques. Il reste néanmoins que de nombreuses femmes sont satisfaites de pouvoir les solliciter. *In fine*, il est impossible de dire si ces tribunaux illustrent un repli sur soi communautaire, s'ils le génèrent ou, au contraire, si leur existence même suscite la gratitude des musulmans à l'égard de la Grande-Bretagne, pays où la tolérance officielle à leur égard est bien plus forte que dans d'autres pays d'Europe, du moins pour l'instant.

La question des écoles publiques musulmanes est elle aussi très difficile à trancher, compte tenu entre autres des conséquences que peut provoquer le nombre d'années de scolarité passées à côtoyer des coreligionnaires. Toutefois, là aussi il faut se méfier du simplisme induit par certains affichages : on a vu que la fin de la carte scolaire (*catchment area*) décidée par Margaret Thatcher a fait de certaines écoles publiques non confessionnelles des établissements à très forte majorité musulmane. Plus récemment, l'école juive du roi David (King David Primary, Birmingham) accueille au moins une moitié d'élèves musulmans[59]. Ensuite, on peut penser que c'est la qualité de l'enseignement dispensé qui, au sortir de l'école, permet aux élèves d'intégrer les meilleures universités et le marché du travail. À cet égard, certaines écoles musulmanes – notamment Feversham College (Bradford), aux résultats exceptionnels – rendent possible une meilleure intégration professionnelle des élèves musulmans.

Dans un pays où le système éducatif est historiquement lié à l'Église anglicane et où des écoles catholiques, méthodistes ou juives existent déjà, on est en droit de se demander ce qui génère le plus de repli sur soi communautaire : est-ce la possibilité pour des musulmans d'avoir leurs propres écoles, à l'instar de ces autres groupes religieux, ou est-ce l'impossibilité de se voir octroyer ce qui est un droit acquis pour des confessions souvent plus minoritaires que les musulmans eux-mêmes ? Refuser à des contribuables musulmans souvent nés en Grande-Bretagne ce qui est autorisé pour d'autres, c'est inévitablement confirmer le sentiment, partagé par certains, que les musulmans eux-mêmes sont en quelque sorte des citoyens de seconde zone – point de vue, il est vrai, très exagéré, mais qui semble assez crédible pour que certains leaders locaux souvent autoproclamés adoptent une posture victimaire à des fins politiques ou religieuses. N'oublions pas non plus l'existence à travers le pays d'écoles indépendantes musulmanes fonctionnant le week-end, par exemple, et qui sont libres d'enseigner ce qu'elles

---

59. The Independent, *17 février 2007.*

veulent puisqu'elles ne sont pas visitées par l'organisme d'inspection national (Office for Standards in Education, Children's Services and Skills, OFSTED)[60]. C'est ainsi que dans plusieurs douzaines d'écoles de ce type, des propos antisémites, homophobes et relayant, entre autres, le message des *Protocoles des Sages de Sion* ont droit de cité. Les écoles musulmanes publiques sont aux antipodes de ces établissements notamment financés par des intérêts saoudiens[61].

Le débat est ici assez complexe pour que des associations de musulmans s'opposent aux écoles musulmanes publiques (tout comme elles s'opposent aux conseils de la *charia*, qui sont loin de faire l'unanimité) : ainsi, British Muslims for Secular Democracy, sous la houlette de figures médiatiques telles que Yasmin Alibhai-Brown, promeut une séparation tranchée entre «les cultes et l'État, afin que les groupes religieux n'exercent pas de pression indue sur les politiques menées, et afin que soit préservé un espace public commun[62]». S'il est important de mentionner ces nombreux contribuables musulmans souhaitant le développement d'écoles publiques musulmanes, il est tout aussi crucial de souligner les divergences sur cette question : des mouvements peu ou prou élitaires comme BMSD, constitués d'autres contribuables musulmans, prônent une approche résolument laïque (bien que se distinguant de la laïcité radicale à la française) dans ces débats, ainsi que le rappelle Philippe Vervaecke[63]. Leur complexité est d'autant plus grande que l'on manque encore d'études sociologiques détaillées et sérieuses sur les modes de socialisation des élèves dans des écoles dont les premières ne furent inaugurées qu'en 1998.

───── **L'avenir**

Pour beaucoup de jeunes – et plus de 50 % des musulmans britanniques ont moins de 25 ans –, les attentats de 2005 semblent déjà de l'histoire ancienne. Pourtant, la révélation d'attentats ratés depuis lors, l'impasse tragique tant en Irak qu'en Afghanistan ou en Palestine, ou

---

60. Voir le rapport «*Faith Schools We Can Believe In*» publié par le think-tank Policy Exchange, consultable à l'adresse : www.policyexchange.org.uk
61. Voir BBC News, 22 novembre 2010.
62. Voir www.bmsd.org.uk
63. Voir son chapitre «*Un islam pluriel, l'action collective des musulmans modérés*», dans Olivier Esteves, Emmanuelle Le Texier et Denis Lacorne, Les Politiques de la diversité, op. cit., p. 205-220.

les multiples lois contre l'immigration[64] qui ont un impact négatif y compris sur des personnes nées en Grande-Bretagne, créent une atmosphère délétère de soupçon qu'on a cherché à analyser dans les derniers chapitres. À cela s'ajoute la crise économique qui touche le pays depuis 2008. Ainsi, des grèves d'ouvriers dans les raffineries de pétrole et les usines pétrochimiques de Lindsey (Lincolnshire) et de Fife et Lothian (Écosse) ont éclaté fin janvier 2009 avec un mot d'ordre sans ambiguïté, adressé à la direction de Total et Exxon : garantissez des emplois aux Britanniques avant de les donner aux étrangers, notamment Portugais et Italiens[65]. Ces mouvements menés par une base syndicale débordant largement sa direction ne sont pas xénophobes en tant que tels, car ils mettent avant tout en cause le *dumping social* en cours dans le pays. Mais il n'empêche : le BNP tente déjà d'instrumentaliser, à des fins électoralistes, ce mécontentement dû à la crise : singeant un slogan de Gordon Brown pour le moins maladroit, des manifestants ont choisi de cibler les localités où ont éclaté ces grèves sauvages (*wildcat strikes*) en proférant le message suivant : « Des emplois britanniques pour les travailleurs britanniques. Il est temps de riposter. Par autre chose que des promesses[66] ! » On peut penser que si ces revendications n'ont rien à voir avec les musulmans au départ, le BNP veille à amalgamer étrangers et minorités ethniques et religieuses nées en Grande-Bretagne. Tous, donne-t-on à penser, prennent les emplois des *vrais* Britanniques. Tant et si bien que le Runnymede Trust lui-même a produit en 2009 un rapport intitulé *Who Cares About the White Working Class ?*[67] (« Qui se soucie de la classe ouvrière blanche ? »), afin de jauger plus précisément l'intensité du ressentiment des « petits blancs », le tout en veillant à mesurer les discriminations dont cette partie de la population souffre, comme s'il s'agissait d'une minorité ethnique. Il en ressort que les ouvriers blancs font bel et bien l'objet de discriminations, mais que celles-ci ne sont pas imputables à leur couleur bien sûr, mais plutôt à leur classe.

---

64. *La litanie des lois contre l'immigration est aussi impressionnante qu'en France. Entre 1962 et la fin de la guerre froide, au moins huit lois limitent l'immigration du Commonwealth (1962, 1965, 1967, 1968, 1971, 1981, 1987, 1988). Depuis 1990, on compte au moins sept lois sur «l'immigration et les demandeurs d'asile», généralement considérés ensemble (1993, 1996, 1999, 2002, 2004, 2006, 2008).*
65. The Guardian, *3 février 2009.*
66. The Independent, *3 février 2009.*
67. *Publié en 2009. Voir www.runnymedetrust.org*

C'est dans ce contexte que le parti conservateur de David Cameron a remporté les élections générales en mai 2010. Arguant d'un budget national dangereusement proche de la faillite, le parti conservateur, aidé par les libéraux démocrates, a imposé une politique d'extrême rigueur qui, presque arithmétiquement, impactera davantage les couches de la population les plus faibles, parmi lesquelles les immigrés, les classes ouvrières blanches et les minorités ethniques. En cela, on peut parler d'une continuité avec le New Labour, même si les réformes libérales s'intensifient. Ironie du sort : on a opéré des coupes sombres dans les budgets du renseignement britannique, et enjoint MI5 et MI6 de faire mieux avec moins[68].

D'autres coupes budgétaires sont détestées, en particulier par les jeunes ; parmi eux, les étudiants verront sans doute leurs frais d'inscription à l'université augmenter de façon exponentielle. Les ambitions de ces étudiants (et surtout étudiantes) issus de familles pakistanaises ou bangladaises ne seront donc assouvies qu'au prix d'un endettement encore plus important qu'il ne l'était sous les gouvernements Blair.

Si David Cameron a fait sienne une partie du vague discours de célébration de la « diversité », malgré les plaintes au sein des militants et surtout, au final, l'extrême blancheur et masculinité de son gouvernement[69], sa vision du multiculturalisme est, quant à elle, tout à fait négative, ce qui n'a rien de surprenant. Dès 2008 en effet, il avait avancé que « le multiculturalisme est une doctrine perverse qui a eu des résultats désastreux[70]. » Pour « désastreux », on est tenté de lire « attentats de Londres », ce qui rapproche M. Cameron des travaillistes les plus critiques à l'égard des politiques multiculturelles. Le leader conservateur est revenu à la charge le 5 février 2011 lors d'un discours à Munich, ce qui a inspiré cette remarque de Romain Garbaye, pour qui « loin d'être un coup de tonnerre soudain dans le ciel de Grande-Bretagne », cette attaque « rappelle furieusement une inflexion du New Labour il y a déjà dix ans[71] ». Les deux grands partis ont peur de l'influence politique du BNP et de l'English Defence League, formée en juin 2009[72].

---

68. Voir Shamit Saggar, Pariah Politics, op. cit., p. xii.
69. Voir Agnès Alexandre-Collier, Les Habits neufs de David Cameron, les conservateurs britanniques (1990-2010), Paris, Presses de Sciences Po, 2010, p. 107-109.
70. Cité dans BBC News, 28 février 2008.
71. Cité dans Le Monde, 24 février 2011.
72. Les propos de David Cameron ont été tenus alors que l'English Defence League organisait un vaste rassemblement à Luton.

On peut pourtant penser que, malgré les crises et les discours négatifs analysés dans ces pages, c'est grâce à l'héritage multiculturel national que la Grande-Bretagne figure comme l'un des pays d'Europe où les minorités – notamment la minorité musulmane – s'épanouissent le mieux, malgré les attentats de Londres et la crise depuis 2008. Il incombera notamment aux plus de 2 millions de musulmans, dont le nombre précis sera confirmé par le recensement de 2011, de veiller à ce que cela demeure le cas. Le défi est d'autant plus grand qu'il repose sur des enjeux internationaux complexes sur lesquels Londres tout seul ne peut rien : ceux-ci sont d'ordre géopolitique (Palestine, Irak, Afghanistan) tout autant qu'économique (crise financière).

Bibliographie

Le Coran, Paris, Gallimard, coll. «La Pléiade», 1967.

ABBAS (Tahir) (ed.), *Muslim Britain: Communities under Pressure*, Londres, Zed Books, 2005.

AHSAN (Muhammad Manazir) et KIDWAI (Abdur Raheem), *Sacrilege vs. Civility, Muslim Perspectives on the Satanic Verses Affair*, Markfield, Islamic Foundation, 1991.

ALEXANDRE-COLLIER (Agnès), *Les Habits neufs de David Cameron*, Paris, Presses de Sciences Po, 2010.

ALI (Tariq), *Rough Music, Blair, Bombs, Baghdad, London, Terror*, Londres, Verso, 2005.

ALIBHAI-BROWN (Yasmin), *After Multiculturalism*, Londres, Foreign Policy Centre, 2000a.

ALIBHAI-BROWN (Yasmin), *Who Do We Think We Are? Imagining the New Britain*, Londres, Penguin, 2000b.

ANSARI (Humayun), *The Infidel Within, The History of Muslims in Britain since 1800*, Londres, Hurst & Co, 2004.

ANWAR (Muhammed), *The Myth of Return, Pakistanis in Britain*, Londres, Heinemann, 1979.

BAGGULEY (Paul) et HUSSAIN (Yasmin), *Moving on Up: South Asian Women and Higher Education*, Stoke-on-Trent, Trentham Books, 2007.

BAGGULEY (Paul) et HUSSAIN (Yasmin), *Riotous Citizens, Ethnic Conflict in Multicultural Britain*, Aldershot, Ashgate, 2008.

BALIBAR (Étienne), «Uprisings in the banlieues», *Lignes*, 23, novembre 2006.

BALIBAR (Étienne) et WALLERSTEIN (Immanuel), *Race, nation, classe: les identités ambiguës*, Paris, La Découverte, 2007.

BALLARD (Roger) et BANKS (Marcus) (eds.), *Desh Pardesh, The South Asian Presence in Britain*, Londres, Hurst & Co., 1994.

BANTON (Michael), *White & Coloured, The Behaviour of British People Towards Coloured Immigrants*, Londres, Jonathan Cape, 1959.

BANTON (Michael), *Promoting Racial Harmony*, Cambridge, Cambridge University Press, 1985.

BEGG (Moazzam), *Enemy Combatant, My Imprisonment at Guantanamo, Bagram, and Kandahar*, New York (N.Y.), The New Press, 2007.

BENYON (John) (ed.), *Scarman and After, Essays Reflecting on Lord Scarman's Report, The Riots and Their Aftermath*, Oxford, Pergamon Press, 1984.

BLUM (Lawrence), *I'm not Racist but... The Moral Quandary of Race*, Ithaca (N.Y.), Cornell University Press, 2002.

BOLOGNANI (Marta), *Crime and Muslim Britain : Race, Culture and the Politics of Criminology among British Pakistanis*, Londres, I.B. Tauris, 2009.

BONILLA SILVA (Eduardo), *Racism without Racists : Color-Blind Racism and the Persistence of Racial Inequality in the United States*, Lanham (Md.), Rowman & Littlefield Publishers, 2003.

BOURDIEU (Pierre) (dir.), *La Misère du monde*, Paris, Seuil, 1993.

BOWEN (John R), *Why The French Don't Like Headscarves : Islam, The State and Public Space*, Princeton (N.J.), Princeton University Press, 2007.

BREUILLARD (Michèle) et COLE (Alistair), *L'École entre l'État et les collectivités locales, en Angleterre et en France*, Paris, L'Harmattan, 2003.

BREWER (John D.) et HIGGINS (Gareth I.), *Anti-Catholicism in Northern Ireland, 1600-1998, The Mote and the Beam*, Londres, Macmillan, 1998.

BROWN (John), *The Un-melting Pot, An English Town and its Immigrants*, Londres, Macmillan, 1970.

BURUMA (Ian) et MARGALIT (Avishai), *L'Occidentalisme, une brève histoire de la guerre contre l'occident*, Paris, Flammarion, coll. « Climats », 2006.

BURUMA (Ian), *On a tué Théo Van Gogh, Enquête sur la fin de l'Europe des Lumières*, Paris, Flammarion, 2006.

CASHMORE (E. Ellis), *Dictionary of Race and Ethnic Relations*, Londres, Routledge, 1988.

CASTEL (Robert), *La Montée des incertitudes, travail, protections, statut de l'individu*, Paris, Seuil, 2009.

CESARI (Jocelyne), *When Islam and Democracy Meet : Muslims in Europe and in the United States*, Londres, Palgrave MacMillan, 2004.

CHOLLET (Mona) et al., *Les Éditocrates, ou comment parler de (presque) tout en disant (vraiment) n'importe quoi*, Paris, La Découverte, 2009.

CLARKE (Simon) et GARNER (Steve), *White Identities, a Critical Sociological Approach*, Londres, Pluto Press, 2010.

COHEN (Nick), *What's Left? How Liberals Lost Their Way*, Londres, Fourth Estate, 2007.

COHEN (Robin), *Migration and its Enemies, Global Capital, Migrant Labour and the Nation-State*, Aldershot, Ashgate, 2006.

COHEN (Stanley), *Folk Devils and Moral Panics, The Creation of the Mods and Rockers*, Londres, Routledge, 2002.

DANIEL (William Wentworth), *Racial Discrimination in England*, Harmondsworth, Penguin, 1968.

DAVIS (Mike), *City of Quartz, Excavating the Future in Los Angeles*, Londres, Pimlico, 1998.

DELTOMBE (Thomas), *L'Islam imaginaire, la construction médiatique de l'islamophobie en France, 1975-2005*, Paris, La Découverte, 2005.

DENCH (Geoff), GAVRON (Kate) et YOUNG (Michael), *The New East End: Kinship, Race and Conflict*, Londres, Profile Books, 2006.

DIN (Ikhlaq), *The New British, the Impact of Culture and Community on Young Pakistanis*, Aldershot, Ashgate, 2006.

DIXON (Keith), *Un Abécédaire du Blairisme, pour une critique du néo-libéralisme guerrier*, Bellecombe-en-Bauges, éditions du Croquant, 2005.

DUPUIS (Jacques), *L'Inde. Une Introduction à la connaissance du monde indien*, Paris, Kailash, 1997.

ELIAS (Norbert) et SCOTSON (John L.), *Logiques de l'exclusion*, Paris, Agora Pocket, 1997.

ESPOSITO (John L) et MOGAHED (Dalia), *Who Speaks for Islam?, What a Billion Muslims Really Think*, New York (N.Y.), Gallup Press, 2007.

ESPOSITO (John L), *The Future of Islam*, Oxford, Oxford University Press, 2010.

ESTEVES (Olivier), *Commnautés irlandaises à Glasgow et à Liverpool : sectarisme et identités*, Lille III, Thèse de doctorat, 2002.

ESTEVES (Olivier), « "Goin' Racial" : la construction d'une mémoire raciale des violences urbaines, de Nottingham (1958) à Bradford (2001) », dans Philippe Vervaecke, Andrew Diamond et James Cohen (dir.), *L'Atlantique multiracial*, à paraître.

Esteves (Olivier), Le Texier (Emmanuelle) et Lacorne (Denis) (dir.), *Les Politiques de la diversité : expériences anglaise et américaine*, Paris, Presses de Science Po, 2010.

Fassin (Éric) et Fassin (Didier) (dir.), *De la question sociale à la question raciale ? Représenter la société française*, Paris, La Découverte, 2006.

Favell (Adrian), *Philosophies of Integration, Immigration and the Idea of Citizenship in France and Britain*, Londres, Palgrave/Center for Research in Ethnic Relations (University of Warwick), 2001.

Fetzer (Joel S.) et Soper (J. Christopher), *Muslims and the State in Britain, France and Germany*, Cambridge, Cambridge University Press, 2005.

Fevre (Ralph), *Cheap Labour and Racial Discrimination*, Aldershot, Gower Publishers, 1984.

Finney (Nissa) et Simpson (Ludi), *"Sleepwalking to Segregation?" Challenging Myths about Race and Migration*, Bristol, Policy Press, 2009.

Foot (Paul), *The Rise of Enoch Powell, an Examination of Enoch Powell's Attitude to Immigration and Race*, Harmondsworth, Penguin, 1969.

Garbaye (Romain), *Getting into Local Power, The Politics of Ethnic Minorities in British and French Cities*, Oxford, Blackwell, 2005.

Garbaye (Romain), *Émeutes vs Intégration, comparaisons franco-britanniques*, Paris, Presses de Sciences Po, 2011.

Garnett (Mark), *From Anger to Apathy, the British Experience since 1975*, Londres, Jonathan Cape, 2007.

Gartner (Lloyd P.), *The Jewish Immigrant in England, 1870-1914*, Londres, Allen & Unwin, 1960.

Giddens (Anthony), *The Third Way, The Renewal of Social Democracy*, Londres, Polity Press, 1998.

Gilliat-Ray (Sophie), *Muslims in Britain, An Introduction*, Cambridge, Cambridge University Press, 2010.

Gilligan (Andrew) et Pratt (John) (eds.), *Crime, Truth and Justice, Official Inquiry, Discourse, Knowledge*, Collumpton, Willan Publishing, 2004.

Gilroy (Paul), *There Ain't No Black in the Union Jack*, Londres, Routledge Classics, 2002.

Glass (Ruth), *Newcomers : West Indians in London*, Londres, Allen & Unwin, 1960.

Gresh (Alain), *L'Islam, la république, le monde*, Paris, Fayard, 2004.

GUENIF-SOUILAMAS (Nacira) (dir.), *La République mise à nu par son immigration*, Paris, La Fabrique, 2006.

GUPTA (Rahila) (ed.), *From Homebreakers to Jailbreakers, Southall Black Sisters*, Londres, Zed Books, 2003.

HALLIDAY (Fred), *Arabs in Exile: Yemeni Migrants in Urban Britain*, Londres, I.B. Tauris, 1992.

HALSTEAD (Mark), *Education, Justice and Cultural Diversity, an Examination of the Honeyford Affair, 1984-5*, Londres, The Falmer Press, 1988.

HANSEN (Randall), *Citizenship and Immigration in Post-war Britain*, Oxford, Oxford University Press, 2000,

HARTMANN (Paul) et HUSBAND (Charles), *Racism and the Mass Media*, Londres, Davis/Poynter, 1974.

HATTERSLEY (Roy), *Fifty Years On, A Prejudiced History of Britain Since the War*, Londres, Little, Brown, 1997.

HERBERT (Joanna), *Negotiating Boundaries in the City, Migration, Ethnicity, and Gender in Britain*, Aldershot, Ashgate, 2008.

HEWITT (Roger), *Routes of Racism, The Social Basis of Racist Action*, Stoke-On-Trent, Trentham Books, 1996.

HEWITT (Roger), *White Backlash and the Politics of Multiculturalism*, Cambridge, Cambridge University Press, 2005.

HOLMES (Colin) (ed.), *Immigrants and Minorities in British Society*, Londres, Allen & Unwin, 1978.

HOLMES (Colin), *John Bull's Island, Immigration and British Society 1871-1971*, Basingstoke, MacMillan, 1988.

HOPKINS (Peter E.) et GALE (Richard) (eds.), *Muslims in Britain, Race, Place and Identities*, Édimbourg, Edinburgh University Press, 2009.

HUMPHREY (Derek), JOHN (Gus), *Because They're Black*, Harmondsworth, Penguin, 1971.

HUNTER (Kathleen), *History of Pakistanis in Britain*, Norwich, Page Bros, 1962.

HUNTINGTON (Samuel), *Who are We? The Challenges to America's National Identity*, New York (N.Y.), Simon & Schuster, 2004.

HUSBAND (Charles) (ed.), *"Race" in Britain, continuity and change*, Londres, Hutchinson, 1982.

HUSSAIN (Ed), *The Islamist: Why I joined Radical Islam in Britain, What I Saw Inside and Why I Left*, Londres, Penguin, 2007.

Hussain (Zahid), *The Curry Mile*, Londres, Suitcase Books, 2006.

Jaffrelot (Christophe) (dir.), *Le Pakistan*, Paris, Fayard, 2000.

Joly (Danièle), «The Opinions of Mirpuri parents in Saltley, Birmingham, about their children's schooling», Centre for the Study of Islam and Christian-Muslim Relations (Birmingham), *Muslims in Europe*, 23, septembre 1984.

Joly (Danièle), *L'Émeute, ce que la France peut apprendre du Royaume-Uni*, Paris, Denoël, 2007.

Jones (Kathleen) et Smith (Anthony Douglas), *The Economic Impact of Commonwealth Immigration*, Cambridge, Cambridge University Press, 1970.

Kalra (Virinder S.), *From Textile Mills to Taxi Ranks, Experiences of Migration, Labour and Social Change*, Aldershot, Ashgate, 2000.

Katz (Michael B.), *The Underclass Debate, Views from History*, Princeton (N.J.), Princeton University Press, 1993.

Kennedy (Helena), *Just Law, the Changing Face of Justice, and Why It Matters to Us All*, Londres, Random House, 2005.

Kepel (Gilles), *Jihad, expansion et déclin de l'islamisme*, Paris, Gallimard, 2000.

Kettle (Martin) et Hodges (Lucy), *Uprising! The Police, the People and the Riots in Britain's Cities*, Londres, Pan Books, 1982.

Kose (Ali), *Conversion to Islam, A Study of Native British Converts*, Londres, Kegan Paul International, 1996.

Kruse (Kevin M.), *White Flight, Atlanta and the Making of Modern Conservatism*, Princeton (N.J.), Princeton University Press, 2005.

Kundnani (Arun), «From Oldham to Bradford, the violence of the violated», *Race and Class*, 43 (2), 2001.

Kundnani (Arun), *The End of Tolerance, Racism in 21st century Britain*, Londres, Pluto Press, 2007.

Kureishi (Hanif), *The Word and The Bomb*, Londres, Faber & Faber, 2005.

Kynaston (David), *Austerity Britain, 1945-1951*, Londres, Bloomsbury, 2007.

Lassalle (Didier), *Les Minorités ethniques en Grande-Bretagne*, Paris, Ellipses, 1998.

Lawrence (Daniel), *Black Migrants, White Natives*, Cambridge, Cambridge University Press, 1974.

LEESE (Peter) et al., *The British Migrant Experience, 1700-2000, an Anthology*, Londres, Palgrave / Macmillan, 2002.

LEGRAIN (Philippe), *Immigrants, Your Country Needs Them*, Londres, Little & Brown, 2006.

LEVY (Laurent), *Le Spectre du communautarisme*, Paris, Éditions Amsterdam, 2005.

LEVY (Laurent), *La «Gauche», les arabes et les noirs*, Paris, La Fabrique, 2010.

LEWIS (Philip), *Islamic Britain, Religion, Politics and Identity among British Muslims*, Londres, I.B. Tauris, 2002.

LEWIS (Philip), *Young, British and Muslim*, Londres, Continuum, 2007.

MAMDANI (Mahmood), *Good Muslims, Bad Muslims, America, The Cold War and the Roots of Terror*, New York (N.Y.), Three Leaves Press, 2004.

MARKOVITS (Claude) (dir.), *Histoire de l'Inde moderne, 1480-1950*, Paris, Fayard, 1994

MARWICK (Arthur), *British Society since 1945*, Londres, Penguin, 2003.

MAUGER (Gérard), *L'Émeute de novembre 2005, une révolte protopolitique*, Bellecombe-en-Bauges, Éditions du Croquant, 2006.

MODOOD (Tariq), *Multicultural Politics, Racism, Ethnicity and Muslims in Britain*, Minneapolis (Minn.), University of Minnesota Press, 2005.

MODOOD (Tariq), *Multiculturalism : A Civic Idea*, Londres, Polity, 2007.

MODOOD (Tariq), *Still Not Easy Being British, Struggles for a Multicultural Citizenship*, Stoke-on-Trent, Trentham Books, 2010.

MODOOD (Tariq) et AHMAD (Fauzia), «British Muslim Perspectives on Multiculturalism», *Theory, Culture & Society*, 24 (2), 2007.

MOORE (Kathleen M.), *The Unfamiliar Abode : Islamic Law in the United States and Britain*, Oxford, Oxford University Press, 2010.

MUNGHAM (Geoff) et PEARSON (Geoff), *Working-class Youth Culture*, Londres, Routledge & Kegan Paul, 1976.

MURPHY (Dervla), *Tales from Two Cities, Travel of Another Sort*, Londres, J. Murray, 1987.

NAYLOR (Fred), *Dewsbury, The School Above the Pub*, Londres, Claridge Press, 1989.

NOIRIEL (Gérard), *À Quoi sert l'identité nationale*, Marseille, Agone, 2007a.

NOIRIEL (Gérard), *Immigration, antisémitisme et racisme en France, XIX*^{e}*-XX*^{e} *siècle, discours publics, humiliations privées*, Paris, Fayard, 2007b.

OKIN (Susan Moller) et al., *Is Multiculturalism Bad for Women?*, Princeton (N. J.), Princeton University Press, 1999.

OMAAR (Rageh), *Only Half of Me, Being a Muslim in Britain*, Londres, Penguin, 2007.

PANAYI (Panikos), *Racial Violence in Britain in the 19th and 20th Centuries*, Leicester, Leicester University Press, 1996.

PANAYI (Panikos), *Spicing up Britain : The Multicultural History of British Food*, Londres, Reaktion Books, 2010.

PAPE (Robert), *Dying to Win : The Strategic Logic of Suicide Terrorism*, New York (N.Y.), Random House, 2005.

PAREKH (Bhikhu), *Rethinking Multiculturalism, Cultural Diversity and Political Theory*, Londres, Palgrave Macmillan, 2006.

PAREKH (Bhikhu), *A New Politics of Identity : Political Principles for an Independent World*, Londres, Palgrave Macmillan, 2008.

PATEL (Nandini), «A Quest for Identity : the Asian Minority in Africa», Institut du fédéralisme, coll. «Travaux de recherche», 38, 2007 (www.federalism.ch)

PAUL (Kathleen), *Whitewashing Britain, Race and Citizenship in the Postwar Era*, Ithaca (N.Y.), Cornell University Press, 1997.

PHILLIPS (Anne), *Multiculturalism Without Culture*, Princeton (N. J.), Princeton University Press, 2007.

PHILLIPS (Melanie), *Londonistan, How Britain is Creating a Terror State Within*, Londres, Gibson Square, 2006.

POOLE (Elizabeth) et RICHARDSON (John E.), *Muslims and the News Media*, Londres, I.B. Tauris, 2006.

POOLE (Stephen), *Unspeak, Words are Weapons*, Londres, Abacus, 2004.

POWELL (Enoch), *Freedom and Reality*, Londres, Elliot Right Way Books, 1969.

PUTNAM (Robert D.), *Bowling Alone : The Collapse and Revival of American Community*, New York (N.Y.), Simon & Schuster, 2000.

QURAISHI (Muzammil), *Muslims and Crime, a Comparative Study*, Aldershot, Ashgate, 2005.

RAI (Milan), *7/7, The London Bombings, Islam and the Iraq War*, Londres, Pluto Press, 2006.

REDDIE, (Richard S.), *Black Muslims in Britain*, Oxford, Lion Hudson, 2009.

RENÉ (Émilie), «L'Affaire Rushdie, protestations mondiales et communauté d'interprétation», *Cahiers du CERI*, 18, 1997.

RENTON (Dave), *When We Touched the Sky. The Anti-Nazi League 1977-1981*, Londres, Pluto Press, 2006.

REX (John), *Ethnicité et citoyenneté, la sociologie des sociétés multiculturelles*, Paris, L'Harmattan, 2006.

REX (John) et MOORE (Robert), *Race, Community and Conflict, A Study of Sparkbrook*, Oxford, Oxford University Press, 1969.

REX (John) et TOMLINSON (Sally), *Colonial Immigrants in a British City : a Class Analysis*, Londres, Routledge & Kegan Paul, 1979.

RICHARDSON (Louise), *What Terrorists Want, Understanding The Terrorist Threat*, Londres, John Murray, 2006.

ROBINSON (Vaughan), «Choice and Constraint in Asian Housing in Blackburn», *New Community*, 7 (3), 1979.

RODINSON (Maxime), *Peuple juif ou problème juif ?*, Paris, La Découverte, 1997.

ROSE (Eliot Joseph Benn) (ed.), *Colour and Citizenship, A Report on British Race Relations*, Oxford, Oxford University Press, 1969.

SAGEMAN (Marc), *Leaderless Jihad, Terror Networks in the Twenty-First Century*, Philadelphie (Pa.), University of Pennsylvania Press, 2008.

SAGGAR (Shamit), *Pariah Politics, Understanding Western Radical Islamism and What Should be Done*, Oxford, Oxford University Press, 2010.

SAID (Edward W.), *Covering Islam, How the Media and The Experts Determine How We See The Rest of the World*, Londres, Routledge & Kegan Paul, 1981.

SALIM (Ahmad), *Lahore 1947*, New Delhi, India Research Press, 2001.

SARAGA (Esther) (ed.), *Embodying the Social, Constructions of Difference*, Londres, Routledge, 1998.

SARDAR (Ziauddin) et WYN DAVIES (Merryl), *Distorted Imagination, Lessons From the Rushdie Affair*, Londres/Kuala Lumpur, Grey Seal/Berita, 1990.

SAYAD (Abdelmalek), *L'Immigration ou les paradoxes de l'altérité*, Bruxelles, De Boeck, 1991.

SEABROOK (Jeremy), *City Close-Up*, Harmondsworth, Penguin, 1971.

SEARLE (Chris), *Your Daily Dose, Racism and* The Sun, Londres, Campaign for Press and Broadcasting Freedom, 1989.

SHAFFI (Wahida) (ed.), *Our Stories Our Lives, Inspiring Women's Voices*, Bristol, The Policy Press, 2009.

SHAHEEN (Jack), *Reel Bad Arabs : How Hollywood vilifies a people*, New York (N.Y.), Olive Branch Press, 2001.

SHAW (Alison), *A Pakistani Community in Britain*, Londres, Basil Blackwell, 1988.

SIVANANDAN (Ambalavaner), *Catching History on the Wing, Race, Culture and Globalisation*, Londres, Pluto Press, 2008.

SPALEK (Basia) (ed.), *Islam, Crime and Criminal Justice*, Collumpton, Willan Publishing, 2002.

SPENCER (Ian R. G.), *British Immigration Policy since 1939, the Making of Multi-Racial Britain*, Londres, Routledge, 1997.

STORA (Benjamin), *Ils venaient d'Algérie*, Paris, Fayard, 1992.

SUGRUE (Thomas), *The Origins of the Urban Crisis : Race and Inequality in Postwar Detroit*, Princeton (N.J.), Princeton University Press, 1996.

SURI (Sanjay), *Brideless in Wembley, In Search of Indian England*, New Delhi, Penguin, 2006.

SYED (Atif Imtiaj Muhamad), *Identity and the Politics of Representation, the Case of Muslim Youth in Bradford*, thèse de doctorat, London School of Economics, 1999.

THATCHER (Margaret), *The Downing Street Years*, Londres, Harper & Collins, 1993.

TODOROV (Tzvetan), *La Peur des barbares, au-delà du choc des civilisations*, Paris, Robert Laffont, 2008.

TOYNBEE (Polly) et WALKER (David), *Did Things Get Better ? An Audit of Labour's Successes and Failures*, Londres, Penguin, 2001.

TROYNA (Barry) et WILLIAMS (Jenny), *Racism, Education and the State*, Londres, Croom Helm, 1986.

WADDINGTON (David), JOBARD (Fabien) et KING (Mike), *Rioting in the UK and France, A Comparative Analysis*, Collumpton, Willan Publishing, 2009.

WARDAK (Ali), *Social Control and Deviance, A South-Asian Community in Scotland*, Aldershot, Ashgate, 2000.

WATSON (Richard), «The Rise of the British Jihad», *Granta*, 103, 2008.

WERBNER (Pnina), « Avoiding the ghetto, Pakistani Migrants and settlement shifts in Manchester », *New Community*, 7 (3), 1979.

WERBNER (Pnina), « From rags to riches, Manchester Pakistanis in the textile trade », *New Community*, Vol. 7 (2), 1980.

WERBNER (Pnina), *Imagined Diasporas among Manchester Muslims, the Public Performance of Pakistani Transnational Identity Politics*, Oxford, James Currey/Santa Fe (N.M.), SAR Press, 2002.

WIEVIORKA (Michel), *La Différence*, Paris, Balland, 2001.

WILLS (Jane), DATTA (Kavita), EVANS (Yara), HERBERT (Joanna), MAY (Jon) et MCLLWAINE (Cathy), *Global Cities at Work, New Migrant Divisions of Labour*, Londres, Pluto Press, 2010.

WILSON (Amrit), *Finding a Voice, Asian Woman in Britain*, Londres, Virago, 1978.

WILSON (Amrit), *Dreams, Questions, Struggles, South Asian Women in Britain*, Londres, Pluto Press, 2006.

WILSON (Amrit), « The Forced Marriage Debate and the British State », *Race & Class*, 49 (1), 2007.

WINDER (Robert), *Bloody Foreigners, The Story of Immigration to Britain*, Londres, Abacus, 2005.

WRIGHT (Peter L.), *The Coloured Worker in British Industry*, Oxford, Oxford University Press, 1968.

ZUHUR (Sherifa), *Revealing Reveiling*, Albany (N.Y.), State University of New York Press, 1992.

Rapports

AHMED (Nafeez Mosaddeq) *et al.*, *The Oldham Riots, Discrimination, Deprivation and Communal Tension in the United Kingdom*, Londres, Islamic Human Rights Commission, 2001 (www.ihrc.org.uk)

ALLEN (Christopher), *Fair Justice, The Bradford Disturbances, the Sentencing and the Impact*, Londres, Forum against Islamophobia and Racism, 2003 (www.fairuk.org)

BALD (John) *et al.*, *Faith Schools We Can Believe In*, Londres, Policy Exchange, 2010 (www.policy exchange.org.uk)

BRADFORD CITY COUNCIL, *The Bradford Commission Report: The Report of and Inquiry Into the Wider Implications of Public Disorders in Bradford*, Londres, Stationary Office Books, 1996.

BURNLEY BOROUGH COUNCIL, *Burnley: The Real Story*, Burnley, 2001 (www.burnley.gov.uk)

CANTLE (Ted), *Community Cohesion, a Report of the Independent Review Team*, Londres, Home Office, 2001.

CARLING (Alan) et al., *The Response of the Criminal Justice System to the Bradford Disturbances of July 2001*, Programme for a Peaceful City, Bradford, University of Bradford, 2004.

CENTRE FOR CONTEMPORARY CULTURAL STUDIES, *The Empire Strikes Back, Race & Racism in 70s Britain*, Londres, Routledge, 1992.

COMMISSION ON INTEGRATION AND COHESION, *Our Shared Future*, 2007. (www.integrationandcohesion.org.uk)

COMMISSION FOR RACIAL EQUALITY, *Learning in Terror, a Survey of Racial Harassment in Schools and Colleges in England, Scotland and Wales*, Londres, CRE, 1988.

COMMITTEE OF ENQUIRY INTO THE EDUCATION OF CHILDREN FROM ETHNIC MINORITY GROUPS, *The Swann Report, Education for All*, Londres, HMSO, 1985 (www.educationengland.org.uk)

COMMUNITY COHESION PANEL, *The End of Parallel Lives?*, 2004. (www.communities.gov.uk)

CONWAY (Gordon) (ed.), *Islamophobia, a Challenge For Us All*, Londres, The Runnymede Trust, 1997.

DENHAM (John), *Building Cohesive Communities: a Report of the Ministerial Group on Public Order and Community Cohesion*, Londres, HMSO, 2002.

HOLLAND (Milner), *Report of the Committee on Housing in Greater London*, Londres, HMSO, 1965.

OUSELEY (Sir Herman), *Community Pride, Not Prejudice: Making Diversity Work in Bradford*, Bradford, Bradford City Council, 2001.

PALL SVEINSON (Kjartan) (ed.), *Who Cares about the White Working Class?*, Londres, The Runnymede Trust, 2009 (www.runnymedetrust.org).

READINGS (George), BRANDON (James) et PHELPS (Richard), *Islamism and Language, How Using the Wrong Words Reinforce Islamist Narratives*, Londres, Quilliam Foundation, 2011 (www.quilliamfoundation.org)

THE RUNNYMEDE TRUST, *Developing Community Cohesion, Issues and Solutions*, Londres, The Runnymede Trust, 2002.

STONE (Richard) (ed.), *Islamophobia: Issues, Challenges and Action*, Stoke-on-Trent, Trentham Books/The Runnymede Trust, 2004.

Presse

Agone
The Baltimore Sun
The Birmingham Evening Mail
The Daily Mail
The Daily Telegraph
The Economist
L'Express
Le Figaro
The Financial Times
The Guardian
The Independent
Libération
Le Monde Diplomatique
Le Monde
New Internationalist
The New Statesman
The New York Times
Le Nouvel Observateur
The Observer
Le Point
Prospect
Q-news
The Salisbury Review
The Sunday Express
The Sunday Times
The Sunday Telegraph
The Times
The Yorkshire Post

Divers

Bradford Oral Archives

British Cartoon archives, Kent University (www.cartoons.ac.uk)

Entretiens

Hansard (parliamentary debates).

IMPRESSION, BROCHAGE

42540 ST-JUST-LA-PENDUE
MAI 2011
DÉPÔT LÉGAL 2011
N° 201105.0057

IMPRIMÉ EN FRANCE